Hakelmacher · Vom Teen-Ager zum Man-Ager

Sebastian Hakelmacher

Vom Teen-Ager zum Man-Ager

Über den Wolken der Spitzenleistungen

2., unvermeidbare und wesentlich erheiterte Auflage

GABLER

Die Deutsche Bibliothek – CIP-Einheitsaufnahme

Hakelmacher, Sebastian:
Vom Teen-Ager zum Man-Ager : über den Wolken der Spitzenleistungen / Sebastian Hakelmacher. – 2., unvermeidbare und wesentlich erheiterte Aufl. – Wiesbaden : Gabler, 1996
ISBN 3-409-23931-6

1. Auflage 1992
2. Auflage 1996
Nachdruck 1997

Der Gabler Verlag ist ein Unternehmen der Bertelsmann Fachinformation.

Lektorat: Jutta Hauser-Fahr

Satz: Publishing Service H. Schulz, Dreieich
Druck: Wilhelm & Adam, Heusenstamm
Bindung: Osswald & Co., Neustadt/Weinstraße
Printed in Germany

ISBN 3-409-23931-6

Vorwort zur 2. Auflage

Das vorliegende Buch erfüllt wichtige Voraussetzungen für einen Bestseller der Wirtschaftsliteratur. Es hat einen leicht fremdsprachlichen und daher absatzstimulierenden Titel und bestätigt gern verbreitete Vorurteile. Daher wendet es sich an den intelligenten Leser. Hinsichtlich leicht verkäuflicher Skandalgeschichten fehlt es dem Buch aber an Eindeutigkeit und für ein gängiges Werk über Organisationsmoden ist es zu eindeutig[1]. Dennoch konnte der Verlag trotz zurückhaltender Werbetätigkeit nicht verhindern, daß die erste Auflage ausverkauft wurde.

In der neuen, erweiterten Auflage wurde der ursprüngliche Charakter der Einzelbeiträge und ihre wissenschaftliche Anmutung, die in den erhellenden Fußnoten liegt, beibehalten. Bei der Überarbeitung wurden einige Aktualisierungen vorgenommen. Die neuen Beiträge runden den vielschichtigen Themenkreis systematisch ab.

Das Buch befaßt sich vor allem mit Top-Managern und Wirtschaftsprüfern. Beide Berufsgruppen bedrückt die Verpflichtung, permanent Spitzenleistungen zeigen zu müssen[2]. Zwischen beiden Stühlen sitzen die Aufsichtsräte, die mit diesen Spitzenleistungen fertig werden müssen. Sie werden deshalb ebenfalls hier beleuchtet.

Die in diesem Buch angesprochenen menschlichen Schwächen sind Top-Managern, Aufsichtsräten und Wirtschaftsprüfern nicht exklusiv überlassen. Sie finden sich in ähnlicher oder verstärkter Form auch bei Spitzenfunktionären und Würdenträgern anderer Institutionen (Parteien, Parlamente, Kirchen, Gewerkschaften u.ä.) sowie bei anderen Berufsgruppen (z.B. Juristen, Mediziner, Sportfunktionäre oder Ingenieure). Nach intensiver Forschung bin ich zu

---

1 Vgl. zu den Erfolgsfaktoren für diese Art von Literatur: *Kieser,* Moden und Mythen des Organisierens, in: Die Betriebswirtschaft, Heft 1/96, S. 21 ff.

2 Die Suche nach Spitzenleistern sowie die Kombination und Dokumentation von Spitzenleistungen sind wesentliche Aufgaben der Aufsichtsräte, der Top-Manager und der Wirtschaftsprüfer. Vgl. *Muse,* Merger and Acquisition of Excellence, Hamburg 1994.

der Überzeugung gelangt, daß bei den hier angesprochenen Berufsgruppen noch der größte Rest wirtschaftlicher Vernunft zu finden ist, weil ich ihnen selbst angehöre.

In Zeiten wirkungsvoller Unternehmenszusammenbrüche bietet das vorliegende Buch eine wichtige Handreichung für orientierungslose Managementaspiranten[3] und verunsicherte Aufseher und Kontrolleure. Dem etablierten Top-Manager erschließt es wichtige Verhaltensregeln für eine lange Managementtätigkeit. Aufsichtsräten und Wirtschaftswissenschaftlern werden neue Einsichten vermittelt. Wirtschaftsprüfern und -beratern werden neue Perspektiven geöffnet, die für eine zeitgemäße Berufsausübung unerläßlich sind. Schließlich ist das Buch für alle, die mit Managern umzugehen haben oder sie einigermaßen verstehen wollen, ein unentbehrliches Nachschlagewerk.

Volksdorf 1996 Sebastian Hakelmacher

3 U.a. zeigen Politiker und Gewerkschaftler einen nepotistischen Drang, ins Management zugänglicher Unternehmen zu wechseln.

Geleitwort zur 1. Auflage

Als literarisch interessierter Zeitgenosse habe ich den unaufhörlichen Aufstieg Sebastian Hakelmachers vom ungeratenen Zögling zum anerkannten Forscher und begnadeten Ratgeber bewundernd verfolgt. Ich bin daher ohne längeres Zögern dem Wunsch meines verehrten Kollegen Hakelmacher nachgekommen, meine zufällige Abhandlung über die Entwicklung vom Teen-Ager zum Man-Ager seinem genialen Oeuvre hinzuzufügen. Überwältigt hat mich die großmütige Geste, den Titel meines Beitrages dem Gesamtwerk voranzustellen.

Die angeborene Bescheidenheit verbietet es *Sebastian Hakelmacher,* selbst auf die außergewöhnliche Bedeutung seines Werkes hinzuweisen. Sie war ganz offensichtlich in dem ursprünglichen Untertitel des vorliegenden Buches „Beobachtungen und Erkenntnisse aus dem Habitat des Homo selectus“[1] verborgen. Wissenschaftliche Lauterkeit und die Verdienste Hakelmachers gebieten es, in diesem Geleitwort kurz, aber prägnant darauf einzugehen.

Der weltweit anerkannte Anthropologe *Leonardo Darwinzi,* der durch sein sechsbändiges Werk „Der unbarmherzige Ausleseprozeß vom Homo erectus zum Homo sapiens“ weit über die Grenzen Bolognas hinaus bekannt geworden ist, hat auf dem internationalen Anthropologen-Kongreß 1992 in Houston/Texas ein neues Kapitel der Menschheitsgeschichte aufgeschlagen. Nach der spektakulären Auffindung des Ötzis, der den Neandertaler uralt aussehen läßt, hat *Darwinzi* mit seinem Vortrag „Vom Homo oeconomicus zum Homo selectus“ für eine wissenschaftliche Sensation gesorgt. Auf der Grundlage der erstaunlichen Arbeiten von *Hakelmacher* und ergänzender eigener Forschungen hat Professor *Darwinzi* eine neue Spezies des Homo sapiens entdeckt, die er mit „Homo selectus“ be-

1 Nach reiflicher Überlegung hat sich der Verfasser für eine Änderung des Untertitels entschieden. Der ursprüngliche Untertitel erschien für Jungmanager, die Latein im Abitur abgewählt haben, schwer verständlich und hätte demzufolge die Chancengleichheit beeinträchtigt. Der Verlag hat insoweit das Geleitwort mit Genehmigung von Professor *Scheffler* entsprechend angepaßt.

zeichnet. Zu dieser noch verkannten Spezies gehören Spitzenmanager, Wirtschaftsprüfer, Topjuristen, Bankdirektoren und andere Würdenträger, die sich durch Unfehlbarkeit, Pathos und höher besoldete Einsicht auszeichnen. Äußerlich ist der Homo selectus für den Laien am besten daran zu erkennen, daß er keinen Chef, sondern eine Chefsekretärin hat und daß er im übrigen in seinem beruflichen Umfeld nur Mitarbeiter, allenfalls Kollegen oder Amtsbrüder kennt und in Ausnahmefällen einen Vorsitzenden über sich duldet. Das epochale Werk von *Sebastian Hakelmacher* widmet sich besonders intensiv der Erscheinung und dem Wesen des Homo selectus.

Aus eigener Erfahrung weiß ich, daß es unmöglich ist, von *Sebastian Hakelmacher* nicht angesprochen zu sein. Ich bin überzeugt, daß die universelle Gültigkeit seiner Aussagen dem vorliegenden Buch eine breite Leserschaft bescheren wird.

Hamburg 1992 — Prof. Dr. Eberhard Scheffler

Vorwort zur 1. Auflage

Vor gut 20 Jahren erschien mein Beitrag über „Neue Wege der Wirtschaftsprüfung“ in der Fachzeitschrift *„Die Wirtschaftsprüfung“*. Eine breite Zustimmung verwöhnter Leser veranlaßte weitere ungewohnte Veröffentlichungen über moderne Wirtschaftsprüfung und zeitgemäße Unternehmensführung. Wenn man von zwei Mordversuchen, einer mißlungen schweren Körperverletzung und zwei erfolgreichen Entführungen absieht, fanden meine Beobachtungen und Schlußfolgerungen stets die einhellige Zustimmung der Fach- und Halbwelt. Deshalb sind die einschlägigen Ausgaben der Zeitschrift „Die Wirtschaftsprüfung“ inzwischen vergriffen oder stark zerlesen. Durch das vorliegende Buch sollen ihre wirtschaftstragenden Aspekte interessierten Forscherkreisen sowie fachlich ausgehungerten Wirtschaftsprüfern und Managern wieder zugänglich gemacht werden. Die durch sachliche Zuordnung bedingte neue Reihenfolge der Beiträge wird der erinnerungsstarke Leser zu schätzen wissen.

Dankbar bin ich für die väterlichen Zusprüche, die ich stets von den Herren Professoren *Forster, Havermann* und *Scheffler* erfahren habe, und die mir immer Ansporn, Herausforderung und Handreichung waren. Zu meinen, z. T. für mich selbst überraschenden Erkenntnissen haben im übrigen hervorragende Topmanager, Wirtschaftsprüfer und andere angesehene Institutionen in ungeahnter Weise beigetragen. Rückschlüsse auf lebende Unternehmen oder Personen ließen sich nicht vermeiden. Sie sind aber rein zufällig und beabsichtigt.

Ich möchte etwaigen Spekulationen über konkrete Tat-, Um-, Vor- oder Zustände durch folgende Feststellungen beherzt entgegentreten. Mir sind die Gegebenheiten der Unternehmen A und B oder der Konzernchefs Y und Z nicht bekannt. Andererseits will ich nicht leugnen, daß ich von den Verhältnissen der Unternehmen C und D konkrete Vorstellungen habe und die Umstände von Wirtschaftsprüfer N und den Vorstandsvorsitzenden X und U ahne.[1]

---

1 Aus Datenschutzgründen wurden die Initialen geändert; die echten Namen sind bei einem Hamburger Notar hinterlegt.

Meine universell gültigen Ausführungen entziehen sich derartigen profanen Beziehungen. Sie lassen sich, wie der kritisch-nüchterne Leser leicht nachvollziehen kann, nur auf göttliche Eingebungen zurückführen. Ihm überlasse ich die Entscheidung darüber, wie weit solche heilbringenden Impulse auch von den Halbgöttern unter den Wirtschaftsprüfern und Spitzenmanagern vermittelt werden können.

Volksdorf 1992 — Sebastian Hakelmacher

Wegweiser

I. Vom Teen-Ager zum Man-Ager

Prolog[1]

Die Entwicklung vom Teen-Ager zum Man-Ager ist der emanzipatorische Versuch des modernen Mannes. Manager kann jeder werden; entweder durch eigenes Können oder durch die Dummheit der anderen. Die kurze Karriere vom Studium zum Frührentner wird durch das Peter-Prinzip geprägt: In der Hierarchie einer Unternehmung neigt jeder Beschäftigte dazu, bis zu seiner Stufe der Unfähigkeit aufzusteigen. Mit anderen Worten: Vom Man-Ager zum Vers-Ager. Man nennt dies „Management-Development“. Nachwuchskräfte, die so entsorgt werden, bezeichnet man als „vielversprechend“.

Aus dem Peter-Prinzip folgt, daß alle wichtigen Aufgaben in einem Unternehmen von Personen erledigt werden, die ihre hierarchische Endplazierung noch nicht erreicht haben. Das sind jene unersetzlichen Mitarbeiter, die frustriert ihrer diesbezüglichen Beförderung entgegenfiebern.

Das Wort „Manager“ wird nicht nur für Herren angewendet. Es führt zu Mißverständnissen, wenn man weibliche Führungskräfte mit „Miss Manager“ bezeichnet. Der Begriff „Mis-Management“ ist nicht dem weiblichen Geschlecht vorbehalten. Vielmehr gilt: Irren ist männlich.

Die Entwicklung vom Manager zum Top-Manager deutet sich dadurch an, daß der Manager zunehmend in der Ich-Form spricht und zu grundsätzlichen Monologen neigt. Hinzu kommt, daß seine menschlichen Grundbedürfnisse vom Geltungsbedürfnis dominiert werden.

Damit kommen wir zu der Unterteilung der Unternehmensangehörigen in Fachleute, Manager und Top-Manager. Der Fachmann denkt nicht, er weiß. Der Manager denkt, aber weiß nichts. Der Top-Manager erspart sich das Denken und weiß nichts, er hat

1 Diese programmatische Einleitung stammt von *Eberhard Scheffler*, dem der Autor sehr verbunden ist.

unternehmerisches Gespür. Top-Manager sind einsam, aber eben einsame Spitze.

Die Managertätigkeit selbst wird von Murphy's Gesetz beherrscht: „Wenn etwas schiefgehen kann, geht es auch schief." In der Management-Hierarchie heißt das: Je höher man die Leiter erklimmt, desto mehr Fehler kann man sich erlauben. Wenn schließlich nur noch Fehler gemacht werden, nennt man das Führungsstil. Mit anderen Worten: wo ein Top-Manager auftaucht, klappt nichts - aber er taucht nicht überall auf.

Art und Umfang der Entscheidungen werden wesentlich vom Temperament der Top-Manager bestimmt. Man unterscheidet folgende Manager-Typen.

Der Hyper-Dynamiker frönt der „Decision by Overdrive" und zeichnet sich durch provozierende Zielsetzungen für seine Untergebenen aus. Zugleich genießt er die bei seinen Kollegen ausgelösten Überraschungseffekte (Management by Fascination). Sachdienliche Hinweise, die die mit seiner Entscheidung verbundenen Risiken aufzeigen, vermögen ihn zur Raserei zu bringen. Das Unternehmen verkraftet seine Anstöße, wenn ein nicht unwesentlicher Teil durch ausgedehnte Dienstreisen und häufige Bewirtungen neutralisiert wird.

Den temperamentsmäßigen Gegenpol bildet der bürokratische Phlegmatiker. Dieser Manager-Typ, der in fanatischer Weise dem Vorsichtsprinzip huldigt, führt nach der Bonsai-Methode: Jede aufkeimende Initiative wird sofort kräftig beschnitten. Wenn es einen Weg gibt, wichtige Entscheidungen zu verzögern, wird er ihn mit Sicherheit finden.

Das Gegenstück ist der optimistische Manager-Typ, der auch dann, wenn er die Übersicht verloren hat, den Mut zur Entscheidung hat. Er nimmt die Dinge nicht so tragisch wie sie sind. Schließlich gilt: eine Fehlentscheidung auf Anhieb spart zumindest Zeit.

Der hochintellektuelle Manager weiß zu jedem Problem kluge Fragen zu stellen und schlägt scharfsinnige Lösungen vor, die nicht zum Problem passen. Bei Entscheidungen und insbesondere bei deren Umsetzung hält er sich zurück, um unbelastet durch neue kritische Fragen glänzen zu können.

Sein Pendant ist der Praktiker, der stets große Stücke auf sich selbst hält und für den Konzeption und Konfusion identische Begriffe sind. Er weiß, daß die Alternative zur Sackgasse der Holzweg ist und folgt ihm entschlossen.

Neben dem gemeinen Manager gibt es den distanzierten Konzern-Manager. Mit latentem Informationsdefizit ist er der einzige Manager mit Überblick. Wenn er eine Stimme aus dem Konzern-Chaos hört: „Sei gelassen und froh – es könnte schlimmer kommen", dann ist er gelassen und froh – und es kommt schlimmer!

Das Allerletzte ist der Euro-Manager. Er entstammt einem Elternhaus mit gemischten Nationalitäten, hat an einer ausländischen Business-School studiert, ist mit einer Exotin verheiratet, trägt Flanellhosen von Saint Laurent und hält sich vornehmlich auf Airports auf. Er ist ein gesellschaftliches As mit eurotischer Ausstrahlung.

Noch wenig ernst genommen wird der Biotop-Manager. Er fordert zur Belebung des Wirtschaftsstandortes Deutschland technische Innovationen und die Verhinderung ihrer Realisierung.

Ein unwiderstehliches Spielzeug für den Top-Manager ist die Planung[2], die in ihrem Kern auf das Ersetzen des Zufalls durch Irrtum zurückgeführt werden kann. Eine zeitgemäße Unternehmensplanung zerfällt in einen streng geheimen und einen praktischen Teil. Den okkulten Bereich nennt man auch strategische Planung. Sie verdankt ihren Sex Appeal dem hohen Abstraktionsgrad und einem zeitlich unbegrenzten Planungshorizont. Der praktische Teil versucht die betrieblichen Abläufe möglichst wenig zu beeinträchtigen. Eine gesunde Einstellung zur Planung beherzigt den Leitsatz: „Zuerst kommt das Geschäft, dann die Planung". Im übrigen ist das Vertrauen in die Nichterfüllung von Unternehmensplänen eine verhältnismäßig verläßliche Grundlage für richtige Entscheidungen.

Die zweite Leidenschaft des Top-Managers ist die Rechnungslegung seiner Spitzenleistungen[3]. Sie darf nicht einseitig gebildeten Bilanzexperten überlassen werden, sondern erfordert eine profes-

---

2 Siehe im einzelnen den Beitrag „Die hohe Schule der Unternehmensplanung".

3 Vgl. dazu den Beitrag „Die Rechnungslegung von Spitzenleistungen".

sionelle Behandlung durch das Top-Management. Beim Bilanzieren liegt die Betonung auf Zieren; eine Kunst, die nur im harten Daseinskampf der Top-Manager zur Vollkommenheit gelangt.

Zusammenfassend muß festgehalten werden: Der Manager ist eine sehr bedeutende, aber pflegebedürftige Spezies. Der Top-Manager ist die Krone der Erschöpfung; für ihn ist alles Streß, was nicht Lunch oder Kaffeepause ist. Obwohl Erfolg so ziemlich das Letzte ist, was einem Manager von Kollegen vergeben wird, spricht er ständig davon. Lassen Sie ihm dies selbst erarbeitete Vorurteil. Wer im Haushalt oder bei der Kindererziehung versagt, taugt immer noch zum Manager. Der Top-Manager ist ein Mensch wie alle anderen – er weiß es nur nicht.

Die Unerklärlichkeit fähiger Spitzenmanager

Das bekannt-berüchtigte Peter-Prinzip[1] und der ihm zugrunde liegende Unfähigkeitstrieb würden bei uneingeschränkter Wirksamkeit unausweichlich dazu führen, daß Hierarchien im Endstadium ausschließlich von Individuen geführt werden, die die Stufe ihrer Inkompetenz erreicht haben. Damit ließe sich der Untergang von Kulturen und Institutionen plausibel erklären; er wäre darauf zurückzuführen, daß alle Führungskräfte ihre Stufe der Endplazierung erreicht haben.

Unerklärlich bleibt aber das auch für die heutige Zeit unleugbare Phänomen fähiger Spitzenkräfte. Es ist immer wieder Anlaß, an der absoluten Gültigkeit des Peters-Prinzips zu zweifeln. *Peter/Hull* begründen die Erscheinung fähiger Spitzenkräfte damit, daß diese noch nicht genügend Zeit hatten, um ihre Stufe der Inkompetenz zu erreichen, oder damit, daß einzelne Hierarchien nicht genügend Rangstufen aufweisen.[2] Es sei lediglich eine Zeitfrage, bis das Peter-Prinzip zur vollen Blüte gelangt. Bei unzureichend ausgebauter Hierarchie der eigenen Institution würde in die Hierarchie einer passenden Institution gewechselt, die weitere Aufstiegsmöglichkeiten bietet, z. B. von der Universität zur Industrie, in der die Betroffenen ihre Stufe der Unfähigkeit finden.

Die als Überlebensstrategie empfohlene flache Hierarchie wäre demnach keine dauerhafte Lösung, sondern wieder einmal ein bedauerlicher Irrtum namhafter Unternehmensberater[3]. Auch die Vermutung, daß japanische Unternehmen anderen deshalb überlegen sind, weil sie weniger Hierarchiestufen aufweisen, ließe sich nicht aufrechterhalten. Darauf hat schon *Kawamatsu* unter Bezug auf den starken Verfall des Harakiri aufmerksam gemacht.[4]

---

1 *Peter/Hull,* Das Peter-Prinzip, Hamburg 1970.

2 a. a. O.

3 *Muhme, Kühntraum und Partner,* Flacher geht's nicht – Untiefen der Hierarchien, Erfurt 1991.

4 Die Degeneration der Samurai, Tokyo 1989, S. 144.

Licht in die Dunkelheit der verwirrten Managementlehre könnten die sensationelle Entdeckung des „Homo selectus“ durch den Anthropologen *Leonardo Darwinzi*[5] und seine diesbezüglichen Forschungsarbeiten bringen. Sie scheinen die Allgemeingültigkeit des Peter-Prinzips ernsthaft in Frage zu stellen. Der Homo selectus als eine durch hohen Rang und Pathos identifizierbare, aber durch Vorurteile gut getarnte Spezies des Homo sapiens ist nach *Darwinzi* in allen Hierarchien dieser Welt anzutreffen. Er lebt von der Hierarchie und kann nur in der Hierarchie existieren.[6] Wie *Darwinzi* festgestellt hat, sind bei ihm ein ausgeprägtes Standesbewußtsein und das Gefühl der Unfehlbarkeit anstelle des gesunden Menschenverstandes getreten.

Als eine bedeutende Art des Homo selectus hat *Darwinzi* den endplazierten Spitzenmanager identifiziert. Wie er durch Feld-, Wald- und Wiesenversuche nachweisen konnte, betrachtet der Homo selectus den fähigen Spitzenmanager als natürlichen Feind und hat spezielle Überlebensstrategien und Abwehrmechanismen entwickelt, wie z. B. Management by Champignon[7] oder Management by Blue Jeans[8]. Diese klar sichtbaren Reaktionen beweisen, daß der fähige Spitzenmanager nicht so leicht auszurotten und offenbar immer noch in einem von dem Homo selectus als bedrohend empfundenen Umfang verbreitet ist.

Darwinzi beschäftigt in seinen jüngsten, keineswegs abgeschlossenen Forschungsarbeiten vor allem die Frage, ob die Überlebensfähigkeit des Homo selectus davon abhängt, daß ein Mindestanteil an fähigen Managern in der Hierarchie stets erhalten bleibt. Hypothetisch geht er dabei von einem an den Fingern einer Hand

5 *Leonardo Darwinzi,* Vom homo oeconomicus zum homo selectus, Vortrag auf dem internationalen Anthropologen-Kongreß 1992, Houston/Texas.

6 Siehe dazu *Ludwig Schmalzgruber,* Die Bedeutung des Lebensraumes für das Überleben seltener Vögel, Hamburg 1992.

7 Mitarbeiter stets im dunkeln lassen, ab und zu etwas Mist darüberstreuen, und wenn jemand den Kopf herausstreckt: Sofort abschneiden!

8 An allen wichtigen Stellen sitzen Nieten.

abzählbaren Minimalverhältnis von 1:4 aus, das er wenig exakt, aber einprägsam mit „Vierungsprinzip" bezeichnet.[9]

Darwinzi stützt seine These zunächst auf historische Untersuchungsergebnisse: Für die rätoromanischen Herrschaften konnte der Historiker *Gründli*[10] belegen, daß in Graubünden vom 8. Jahrhundert bis zum Eintritt in die Eidgenossenschaft (1803) das Verhältnis von fähigen und unfähigen Führungsspitzen nicht unter 1:4 gesunken ist. Dasselbe Resultat wird von *Pistor* und *Wägelin*[11] bestätigt, die die Führungsqualität im römischen Heerwesen in der Zeit 60 v. Chr. bis 180 n. Chr. untersucht haben. Für die moderne bildende Kunst ermittelt die Kunsthistorikerin *Puhvogel-Riebele*[12] aufgrund einer Katalogdurchsicht der Dokumenta I bis IX einen ähnlichen Anteil von befähigten Künstlern.

Auch in der Biologie ist das Verhältnis 1:4 nicht unbekannt. So werden z. B. bei der Nachkommenschaft des Wolpertingers, eine bayerische Marderart, jeweils ein produktives Tier („Fähe" genannt) und vier anderweitig nutzbare Jungtiere geworfen. Entsprechende Beobachtungen in freier Wildbahn[13] wurden durch private Zuchtversuche in bayerischen Alpengärten untermauert.

Schließlich zielt auch die bisher noch unzureichend erforschte 20/80-Regel[14] auf das Vierungsprinzip. Diese Regel besagt, daß mit 20 % des Aufwandes 80 % des Ergebnisses erzielt werden können und für die restlichen 20 % Ergebnis mindest 80 % des Gesamtaufwandes geleistet werden müssen.

Dennoch ist *Darwinzis* Vierungs-These noch nicht endgültig abgesichert. Verwirrung stiftete in diesem Zusammenhang *Murxeneder* mit einem völlig neuen Denkansatz. Er kam bei Feldversuchen

9 Es kann sich hier auch um einen Schreibfehler handeln, da Professor Darwinzi die deutsche Sprache nur mangelhaft beherrscht.

10 Spitzen der Bergwelt, Chur 1986, insbesondere Teil IV.

11 Führungsqualitäten in römischen Legionen, Teil I, München 1987.

12 Könner als Künstler, Worpswede 1992.

13 *Peter Kirein,* Der Wolpertinger lebt, München 1968, S. 82.

14 Vgl. *Sabine Woydt,* ... und es gibt sie doch, Zielplanung und Erreichungsgrad, Nürnberg 1992.

mit Pfadfindern zu dem Schluß, daß jede Zeit ihre besonderen Unfähigkeiten erfordert und daß vier von drei Versuchspersonen unberechenbare Reaktionen zeigten.[15] Daraus folgert er, vermutlich etwas voreilig, daß eine Hierarchie zum Untergang verurteilt ist, wenn sie nicht in der Lage ist, die jeweils gefragte Inkompetenz hervorzubringen.

Es bleiben bis heute erhebliche Unsicherheiten, die dringend nach einer wissenschaftlichen Aufarbeitung rufen.

---

15 Pfade im Dunkeln, Köln 1992.

Die hohe Schule der Unternehmensplanung

I. Die Unternehmensplanung als berufliche Herausforderung
II. Die tiefe Bedeutung der strategischen Planung
III. Risikominimierung bei der operativen Planung

Die hohe Schule der Unternehmensplanung

I. Die Unternehmensplanung als berufliche Herausforderung

Die unbedenkliche Nutzung zukunftsbezogener Informationen für unternehmerische Entscheidungen entspricht einem inneren Drang vieler überforderter Topmanager. Der Reiz der Planung liegt darin, daß sie in ihrer Kompliziertheit der traditionellen Rechnungslegung[1] keineswegs unterlegen ist, sondern ehrgeizige Führungskräfte sogar zu weiterer Komplexsteigerung befähigt. Die Abneigung mancher Unternehmer gegenüber der Planung hängt mit ihrem prognostischen Aspekt zusammen.Sie fürchten ihn als Fessel ihres unternehmerischen Instinkts.[2] Wie noch auszuführen ist, kann diese unangenehme Seite der Planung durch verschiedene Regulative neutralisiert werden.

In der neueren betriebswirtschaftlichen Literatur wird der Planungsbegriff als eine homogene Teiltätigkeit definiert, mit der „eine Entscheidung … bereits vor Beginn jenes Zeitabschnitts getroffen wird, an dessen Datenkonstellation es sich anzupassen gilt“.[3] Es verwundert daher nicht, daß der aufwendigste Teil der praktischen Planungsarbeit die Festlegung des zeitlichen Planungshorizontes ist. Bei ausreichender Überzeugungskraft gelingt es einem durchsetzungsfähigen Top-Management aber doch, kurz- und langfristige Planung zu unterscheiden. Erfahrungsgemäß können Planungszeiträume bis zu sechs Monaten gefahrlos als kurzfristig eingestuft

1 Zur schamlosen Erweiterung vgl. *Bretzke,* Inhalt und Prüfung des Lageberichts, in WPg 1979, S. 337; *Scheibner-Lange,* Gewerkschaftliche Vorstellungen zur Rechnungslegung, Prüfung und Stabilität, in WPg 1979, S. 641 ff.

2 *von der Socke,* Die Prognosephobie des Unternehmers, Bern 1981. Vgl. demgegenüber die große Begeisterung der gelernten Topmanager über strategische Planungen.

3 *Koch,* Integrierte Unternehmensplanung, Wiesbaden 1982, S. 4.

werden.[4] Die Abgrenzung zwischen kurz- und langfristiger Planung ist deshalb wichtig, weil mit der kurzfristigen Planung der als ungesund empfundene Soll-Ist-Vergleich verbunden ist.[5]

Eine anspruchsvolle Unternehmensplanung gliedert sich darüber hinaus in strategische, taktische und operative Planung.[6] Die taktische Planung hat ausschließlich literarische Bedeutung[7]: Die Mehrzahl der Wirtschaftswissenschaftler definiert sie als missing link zwischen strategischer und operativer Planung.[8] Andere Forscher setzen die taktische mit der operativen Planung gleich und bezeichnen die operative Planung als Bindeglied zwischen strategischer und taktischer Planung.[9] Für die übliche Konfusion reicht die klassische Unterscheidung zwischen strategischer und operativer Planung völlig aus.

II. Die tiefe Bedeutung der strategischen Planung

Die betriebswirtschaftliche Theorie versteht unter Strategie eine auf langfristige Ziele ausgerichtete Vorgehensweise, die die relevante Umweltentwicklung einbezieht.. Der praktisch relevante Inhalt der strategischen Planung liegt in den treffsicheren, wenn auch meist unverstandenen Fachausdrücken wie „SWOT-Analyse“[10] oder „Poor Dogs“, die inzwischen zum aktiven Wortschatz fortgebildeter Manager gehören[11]. Um den wissenschaftlichen Anforderungen an die strategische Planung gerecht zu werden, genügt die sinnlose,

---

4 *Herten,* Der begrenzte Planungshorizont in ausgewählten Zweigen des Einzelhandels, 3. Auflage Hamm 1982.

5 *Überzwerch,* Planungsneurosen in der Konsumgüterindustrie, Mannheim 1979.

6 Vgl. *Wild,* Unternehmensplanung, 2. Auflage Reinbeck 1981.

7 Abgesehen von einigen Ausfällen in der Praxis, die höchste Planungspräzision präzisieren soll.

8 Vgl. u. a. *Wild,* a. a. O.; Hammer, Unternehmensplanung, München-Wien 1982.

9 *Koch,* a. a. O.

10 SWOT = Skelett, Weichteile, Organe und Transzendetes.

11 *Suhrbier,* Die Umgangssprache der Führungskräfte - eine Analyse ausgewählter Sitzungsprotokolle, Hamburg 1981.

aber umfassende Anwendung strategischer Planungstechniken wie insbesondere die vielfältigen Formen der Portfoliodarstellung[12].

Es ist bewährte Planungspraxis, keine einheitliche und verbindliche Auffassung von Begriff und Inhalt der strategischen Planung aufkommen zu lassen. Durch extensiv angelegte Umfrageergebnisse wird aber belegt[13], daß es sich hierbei um jene überirdisch anmutenden Planungselemente handelt, welche die Unternehmensleitung als Eigenleistung beansprucht. Die Güte und Ausstrahlung strategischer Visionen hängen in erster Linie davon ab, auf welcher hierarchischen Stufe sie angestellt werden. Im übrigen verdankt die strategische Planung ihren hohen Rang dem zeitlich unbegrenzten Planungshorizont, ihrem globalen Abstraktionsgrad sowie der allerhöchsten Geheimhaltungsstufe, der sie naturgemäß unterworfen ist.[14]

In Unternehmen mit feiner Lebensart ist die strategische Planung dem Vorstandsvorsitzenden vorbehalten. Er erwartet allenfalls, daß das Marketing-Ressort seine vorgefaßten Zielsetzungen bestätigt. Überlegungen anderer Ressorts, wie Produktions- oder Finanzbereich, erscheinen ihm durch berechnende Nüchternheit verzerrt und verdienen deshalb keine Akzeptanz. Diesen Bereichen bleibt die operative Planung überlassen, die als isolierte Quantifizierung unerreichbarer Zahlen geduldet wird. Um sicherzustellen, daß die operative Planung den höherrangigen Weitblick nicht stört, werden strategische und operative Planung strikt voneinander getrennt. Diese Trennung befähigt die Chefstrategen, die Eroberung neuer Märkte ohne Rücksicht auf vorhandene Ressourcen als oberste Zielsetzung für das Unternehmen durchzuhalten. Man spricht vom „Kangaroo-Syndrom".[15] Nur bei strikter Abstinenz vom Ta-

---

12 Solche Darstellungen, möglichst in Farbe, sind unentbehrlich für allfällige Fachvorträge von Topmanagern in akademisch verseuchten Zirkeln.

13 *Frust,* Auswertung eines Betriebspraktikums vor überfälliger Berufung in den Vorstand, Bremen 1980.

14 *Langemann,* Die Verschlüsselung strategischer Aussagen als Ausdruck der Pressefeindlichkeit eines Konzerns, in: Der Spiegel 1982, Heft 54.

15 *Kinsey,* Große Sprünge mit leerem Beutel – Das Kangaroo-Syndrom. Seine Ursachen, seine Geschichte und seine Ausbreitung in Europa, London-Berlin 1982.

gesgeschäft sind schädliche Auswirkungen dieser Erscheinung nicht zu befürchten.

Eine nicht zu unterschätzende Gefahr für eine topmanagement-adaequate Planung stellen jene verirrten Planungstechniker dar, die im Verkennen wahrer unternehmerischer Verantwortung eine vollständige und systematische Planung sicherstellen wollen. Es kann nämlich nicht ausgeschlossen werden, daß dadurch Unstimmigkeiten in den Planungsprämissen, Widersprüche der vorgesehenen Strategien oder finanzielle Grenzen der Unternehmensentwicklung vorzeitig bekannt werden. Daher müssen rechtzeitig organisatorische Vorkehrungen getroffen werden, um zweckorientierte Schlupfvariable[16] in das Planungswesen einzuführen, die etwaige Unstimmigkeiten unerkannt ausgleichen.

III. Risikominimierung bei der operativen Planung

Bei richtiger Handhabung beeinträchtigt die strategische Planung die betrieblichen Abläufe kaum. Dagegen können aus der operativen Planung Risiken für das laufende Geschäft entstehen, wenn sie mit einem falschen Grundverständnis betrieben wird. Es muß sichergestellt werden, daß der Schleier der strategischen Ziele die Realitäten ausreichend bedeckt.

Ein wesentliche Herausforderung der operativen Planung liegt darin, daß sie die Erwartungshaltung der Konzernführung oder des Aufsichtsrates nicht enttäuschen darf. Bei der schrankfertig abzuliefernden Planung werden daher mit zunehmendem Planungszeitraum die Prämissen an die gesetzten Ziele angepaßt, die Ergebnisse in den später liegenden Planungsperioden überproportional besser (sog. Hockey-Stock-Effekt[17]) und im übrigen Planwerte nur insoweit fixiert, wie sie plausibel kommentiert werden können. Um den

---

16 *Schnurrer,* Schlupfwinkel und Schlupfvariable als am thematische Herausforderung, Köln 1981

17 *Ranzich,* Sedative Erscheinungen der Planung, Hamburg 1981.

späteren Soll-Ist-Vergleich erträglich gestalten zu können[18], muß die Planung in einer anderen Struktur als die vergleichbaren Ist-Werte erstellt werden. Die dann noch unübersehbaren Soll-Ist-Abweichungen müssen durch zeitnahe Planänderungen oder durch unterjährige Veränderungen von Zurechnung und Bewertung minimiert werden.

Wie schon angedeutet, wird die operative Planung wegen des damit verbundenen Arbeitsaufwands untergeordneten Planstellen überlassen. Von existentieller Bedeutung ist aber der Top-down-approach, bei dem aus der Vogelperspektive der gewünschte Ergebnispegel eingestellt wird[19]. Dieses sog. Pegulieren ermöglicht es, die wegen einer gewissen Realitätsnähe dilletantisch anmutende Planungsrechnung zu einer vorlagefähigen Unternehmensplanung zu läutern.

Um eine nach oben pegulierte Planung für das operative Geschäft als Soll einsetzen zu können, bedient man sich der sog. Anspannung. Hierbei werden die nach höherbesoldeter Einsicht zu anspruchslos ermittelten Planwerte für die verantwortlichen Manager so angespannt, daß sie dem vom Top-Management überschätzten Anspruchsniveau genügen. Statt sich sinnlos um das operative Geschäft zu kümmern, sorgt sich der verantwortliche Manager um die Minimierung der unvermeidbar negativen Soll-Ist-Abweichung.

Führt die Pegulierung zu geringeren Planergebnissen, so wird allein die pegulierte Planung den ranghöheren Planungsempfängern zugänglich gemacht. Die realistischere ursprüngliche Planung wird zur operativen Steuerung beibehalten. Die dadurch zwangsläufig positiven Soll-Ist-Abweichungen, die letztlich allein auf das exzellente Topmanagement zurückgehen, müssen zur Vermeidung von richtigem Verdacht und unerwünschten Unsicherheiten bei höhergestellten Instanzen (Aufsichtsrat, Konzernleitung u. ä.) durch Abgrenzungsposten sorgfältig dosiert werden. Ein solches Vergehen

18 *Granini,* Minimalforderungen des Controlling, Modena 1982; *Schiwalski,* No Panic by Planning, Boston 1982.

19 *Doiseau,* Planification et Pegulation, Paris 1980.

steigert die Tantiemerelevanz der positiven Planabweichungen enorm.

In manchen Unternehmen herrscht die managementbedrohende Unsitte, das voraussichtliche Jahresergebnis vierteljährlich oder sogar monatlich hochzurechnen. Bei ungünstiger Entwicklung sollte das ursprünglich gewünschte Jahresergebnis als Hochrechnung zur Beruhigung des sonst nervös werdenden Aufsichtsrates möglichst lange beibehalten werden. Als weitere vertrauensbildende Maßnahme sollte darauf hingewiesen werden, welcher – bezogen auf das Bruttosozialprodukt – lächerlich geringen Umsatzsteigerungen oder Kosteneinsparungen es bedarf, um trotz widriger, vom Unternehmen daher nicht beeinflußbarer Umweltfaktoren das Planergebnis doch noch zu erreichen[20]. Im letzten Monat des Geschäftsjahres wird ein verantwortungsvolles Management die Aussage wagen, daß eingehende Untersuchungen darüber angelaufen sind, ob das inzwischen weit entfernte Ergebnisziel durch bilanzpolitische Maßnahmen noch sichergestellt werden kann.

---

20 *Heffel,* Die Konzentration der monatlichen Erfolgsrechnung auf die Monate Februar bis November, in: Brevier für Aufsichtsräte, Klagenfurt 1982.

Die Rechnungslegung von Spitzenleistungen

Die Rechnungslegung von Spitzenleistungen[1]

I. Einführung

Das existentielle Primat der Rechnungslegung[2] für Unternehmungen aller Größen und Rechtsformen wird bisher uneingeschränkt nur vom harmonisierenden Gesetzgeber, von testierenden Abschlußprüfern und bilanzfesten Hochschullehrern zugegeben[3]. Die Hyperfektion bei der Umsetzung der 4. und 7. EG-Richtlinie zur Harmonisierung der Rechnungslegung in deutsches Recht[4] bietet jedoch einen reichhaltigen Nährboden für den überfälligen Boom auf dem Gebiet der Rechnungslegung. Eindrucksvolle Komplikationen zeigen sich in der Vorläufigkeit und Unterschiedlichkeit der vielen einschlägigen Veröffentlichungen[5]. Alles deutet darauf hin, daß die Rechnungslegung die unternehmerische Kreativität weit mehr beflügeln kann als so banale Probleme wie Marktstellung oder Ertragslage der Unternehmung.

Bilanzpolitik, Bilanzstrategie und Bilanzmanagement sind unbestritten Ausdruck und Inhalt moderner Unternehmensführung[6] und damit eine permanente Herausforderung für jeden Top-Manager.

---

1 Ansätze einer topmanagement-adaequaten Bilanzpolitik.

2 Vgl. *Hakelmacher,* Der integrierte Gesamt-Wirtschaftsprüfer - Rechnungslegung und Prüfung in den 80er Jahren, in WPg 1980, Seite 98. Sh. auch *Faden:* Sind die Buchhalter von heute die Chefs von morgen.?, New Age 1985, Seite 35 ff.

3 Vgl. Kommission Rechnungswesen im *Verband der Hochschullehrer für Betriebswirtschaft,* Stellungnahmen, in DBW 1979, Seite 1 ff.; DBW 1980, Seite 589 ff. und DBW 1983, Seite 5 ff.

4 Bundesratsdrucksache 61/81; Umsetzungsentwurf des Bundesministers der Justiz vom 16. 4. 1984.

5 In 1984 erschienen neben zahllosen Fachaufsätzen u. a. *Castan,* Rechnungslegung der Unternehmung, 2. Aufl., *Busse von Colbe/Ordelheide,* Konzernabschlüsse, 5. Aufl., *Wöhe,* Bilanzierung und Bilanzpolitik, 6. Aufl., *von Wysocki/Wohlgemuth,* Konzernrechnungslegung, 2. Aufl.

6 Vgl. *Hamel,* Ansatzpunkte strategischer Bilanzierung, in ZfbF 1984, Seite 903 ff.; *Packmohr,* Bilanzpolitik und Bilanzmanagement, Köln 1984.

II. Begriff und Ziele der Bilanzpolitik

Bilanzpolitik bezeichnet die zielbewußte Verunstaltung des Jahresabschlusses[7]. Der umsichtige Bilanzpolitiker begnügt sich – ebenso wie der präzise arbeitende Abschlußprüfer – nicht mit der Bilanz, sondern befaßt sich ungehemmt auch mit der Gewinn- und Verlustrechnung sowie mit dem Anhang und dem Lagebericht. Dem Topmanager, der gegenüber den üblichen Tantiemeregelungen noch nicht völlig abgestumpft ist, erschließt sich damit ein reizvolles Tätigkeitsfeld. Eigenständige Bilanzpolitik soll dem ego-incentiven Spitzenmanager ermöglichen, weiterhin zu glauben, was er bereits einflußreichen Dritten glaubhaft vorgetragen hat.

Bilanzpolitik darf nach Ansicht der Herrschenden nicht mit dem irreführenden Ausdruck „Window-Dressing" in Verbindung gebracht werden. Diese Bezeichnung wurde irrtümlich aus dem Ausdruck „Bilanz der gläsernen Taschen" abgeleitet[8]. Auch der diskriminierende Name „Silvesterputz" muß als unpassend abgelehnt werden, insbesondere von den Unternehmungen, die ein vom Kalenderjahr abweichendes Geschäftsjahr haben.

Die bisher veröffentlichten Aufzeichnungen über Bilanzpolitik leiden unter dem Versuch eines sachbezogenen Ansatzes[9]. Danach dient die Bilanzpolitik zur Sicherung oder Verbesserung der Kapitalausstattung oder der Liquidität der Unternehmung, zur Minimierung oder Optimierung der Steueraufwendungen sowie zur Bemessung der aus Sicht des Vorstandes unvermeidbaren Gewinnausschüttung. Diese Ziele mögen akademisch gebildeten Bilanzbuchhaltern älterer Jahrgänge und traditionell gebundenen Abschlußprü-

---

7 Vgl. *Graefe,* Bilanzpolitik in Management-Enzyklopädie, 2. Aufl. 1982, Band 2, Seite 217, sowie *Knieweich.* Die Amorphie des Jahresabschlusses als unternehmerisches Gestaltungselement, Hamburg 1983.

8 So von *Schlauchwitz,* Die perfekte Dokumentation als Voraussetzung der Gläubigerwürdigkeit, Düsseldorf 1979.

9 Z. B. Aufzeichnungen wg Bilanzpolitik im Handbuch des kaufmännischen Geschäftsführers, München 1973, Band 2, Seite 823 ff.

fern einleuchten. Für ein vollblütiges Management sind sie schlicht unverständlich[10].

Managementorientiert firmieren die Ziele der Bilanzpolitik vielmehr als

- ständige Verbesserung des Images der Unternehmung sowie als
- Motivation der Führungskräfte und Mitarbeiter.

Diese Ziele sind klar, verbreitet und selten zutreffend. Die systemimmanente Selbstverwirklichung des Topmanagements verbietet eine allgemeinverständliche Beschreibung der Zielinhalte. In exzellent geführten Unternehmen werden die eigentlichen bilanzpolitischen Ziele von überragenden Unternehmenspersönlichkeiten individuell und ebenso emotional wie endgültig festgelegt. Infolgedessen lassen sich in der realen Ausgestaltung die oben erwähnten Zieldefinitionen selten erkennen. Berufsethisch fixierte Wirtschaftsprüfer und andere voreingenommene Beobachter mögen daher zu der praktisch unhaltbaren Auffassung neigen, daß es bei der Bilanzpolitik letztlich allein um das Image des Topmanagers gehe. Diese zynische Ignoranz muß angesichts der Erkenntnis verstummen, daß ohne die Ahnungen und Interviews erfolgsverwöhnter Spitzenmanager die Entwicklung der Unternehmen in der illusionsfreien Realität nackter Zahlen dekadent versinken würde[11].

Fachkenntnisse, Führungsqualität und Arbeitseinsatz mögen für Manager durchschnittlicher Güte als ausreichende Qualifikationen hingenommen werden. Exzellente Spitzenmanager müssen dagegen losgelöst von störenden Fakten den Eigennachweis hervorragender und moderner Unternehmensführung in überzeugender Permanenz gegenüber Aufsichtsräten, Wirtschaftspresse, Bankiers und

---

10 *Rüdiger von Pech,* Der fehlende Marketingaspekt bei herkömmlicher Bilanzierung, Hamburg 1984.

11 *Zobel,* Die tatsächliche Geschäftsentwicklung als Kontraindikation vernünftiger Bilanzierung. Frankfurt 1984; siehe auch *Knobloch.* Debilitätenbuchhaltung, Wiesbaden 1976.

anderen Meinungsmachern erbringen[12]. Der hierzu notwendige Mitteilungsdrang jedes Spitzenmanagers wird von dem unerschütterlichen Glauben an sich selbst sowie von der kühnen Schlußfolgerung getragen, daß sich ein hohes Ansehen der von ihm geleiteten Unternehmung allein aus seinem persönlichen Image ableidet. Die imageadäquate Bilanzpolitik erfordert elitäre Qualität und nicht ernüchternde Quantität. Skeptikern sollte zu denken geben, daß die unpositiven Realitäten ohne Bilanzpolitik schlicht deprimierend wirken und nicht in erfolgsverkündende Rechnungslegung transformiert werden können.

Bilanzpolitik zielt in der Hauptsache auf den gewünschten Ergebnisausweis im Jahresabschluß. Etwaige Übereinstimmungen mit der tatsächlichen Vermögens- und Ertragslage der Unternehmung werden dabei in Kauf genommen, sind aber keineswegs beabsichtigt. Nach dem bilanzpolitischen Imparitätsprinzip streben gesunde und rentable Unternehmen einen reduzierten Gewinnausweis an, während ertragsschwache Unternehmen möglichst hohe Gewinne zeigen wollen[13]. Im Gegensatz zu dieser in Deutschland vorherrschenden Erscheinung der Bilanzpolitik kommt es in der anglo-amerikanischen Bilanzierungspraxis darauf an, stets einen höheren Gewinn als in der vorhergehenden Abrechnungsperiode zu zeigen[14]. Bei seiner ständigen Demonstration von Spitzenleistungen[15] empfindet inzwischen auch der deutsche Topmanager diese Bilanzpolitik als motivierend und daher zutreffend.

---

12 *Schrottmacher,* Selbstzeugnisse des Managements als tragender Imagefaktor, 4. Aufl., Frankfurt 1982; *Seif,* Die Kommunikationsmanie in der Wirtschaftspresse, Frankfurt 1984.

13 „Gut gerechnete Bilanzen haben gute, schlecht gerechnete Bilanzen haben dagegen schlechte Kapitalversorgung zur Folge.“ *Schmalenbach,* Zur Reform der Aktienbilanz, in ZfhF 1927, Seite 51.

14 *Packmohr,* a. a. O., Seite 59.

15 Vgl. *Wassermann,* Die Psychose dauernder Spitzenleistungen, München 1984.

III. Professionelles Bilanzmanagement

Die Gestaltung des Jahresabschlusses darf als Aufgabe hoher Komplexität[16] nicht einseitig gebildeten Bilanzexperten überlassen werden. Sie erfordert vielmehr ein professionelles Bilanzmanagement durch die oberste Führungskraft der Unternehmung. Anerkannte Spitzenmanager sehen daher in einem erfolgreichen Bilanzmanagement ihren wichtigsten Beitrag zur Entwicklung des Unternehmens[17]. Die tantieme- und dividendenorientierte Führung des Unternehmens stellt hohe Anforderungen an den Einfaltsreichtum des Bilanzexperten.

Die Intensität des professionellen Bilanzmanagements wird von dem zeitlichen Abstand von Bilanzstichtag und Zeitpunkt der Pensionierung oder der voraussichtlichen Versetzung des Topmanagers bestimmt. Je ausgeprägter das Karrierestreben und je kürzer der genannte Zeitraum ist, um so intensiver werden bilanzpolitische Maßnahmen vorgenommen. Einen beachtenswerten Sonderfall verstärkter bilanzpolitischer Aktivitäten stellt ein Wechsel des Topmanagers oder der Gesellschafter dar. Um die bilanzpolitisch günstige Ausgangslage für die neuen Herrschaften zu schaffen, kommt es meist zu einer Richtungsänderung in der Bilanzpolitik, die an die Beweglichkeit des Abschlußprüfers höchste Anforderungen stellt, wenn er an einer Kontinuität des Prüfungsauftrages interessiert ist.

Das professionelle Bilanzmanagement vollzieht in folgenden Phasen[18]:

1. Präjudiz des Jahresergebnisses durch den Vorstandsvorsitzenden,
2. Aufstellung des Jahresabschlusses durch das Rechnungswesen,
3. Verwirrung des Vorstandes,

---

16 *Packmohr,* a. a. O., Seite 24.

17 *Leut-Selig,* Die jungen Bosse im neuen Licht, München 1983, insbesondere Abschnitt VI.

18 Vgl. *Schrammel/Busch,* Phrasen und Phasen erfolgsbetonter Rechnungslegung, Frankfurt 1991

4. Suche nach bilanzpolitischen Korrekturmöglichkeiten,
5. Frustration des Leiters und der Mitarbeiter des Rechnungswesens,
6. Begeisterung des Vostandsvorsitzenden,
7. Resignation des Abschlußprüfers,
8. Auszeichnung des Vorstandes durch den Aufsichtsrat,
9. Beruhigung der Kreditgeber.

IV. Grenzsätze omnipotenter Bilanzpolitik

In der Auseinandersetzung mit der managementorientierten Bilanzpolitik fühlt sich der Abschlußprüfer oft harten Belastungen ausgesetzt. Die berufsmäßige Selbstbehauptung verlangt von ihm eine unnachgiebige, aber flexible Rückzugslinie, die nur unter Androhung der Testatseinschränkung oder -verweigerung überschritten werden darf. Dem wiederholten Aufschrei leidgeprüfter Abschlußprüfer nach lindernder Handreichung durch ihre Berufsorganisation ist endlich durch die Gründung des Arbeitskreises zur Limitierung überzogener Bilanzpolitik (ALüBi) entsprochen worden. Unter der Federführung von WP *Harald Knieweich* hat der ALüBi die bahnbrechenden Grenzsätze omnipotenter Bilanzpolitik (GroB-Po) formuliert. „Es ist zweifelhaft so, daß damit ein irrsinniger Fortschritt erzielt worden ist“[19].

Die GroBPo lauten:

1. Bilanzpolitische Maßnahmen dürfen dem Wortlaut der gesetzlichen Rechnungslegungsvorschriften nicht widersprechen (Grundsatz der Mäßigung).
2. Eine solide Bilanzpolitik achtet darauf, daß in der Bilanz die Summe der Aktiva der Summe der Passiva entspricht (Grundsatz der Ausgewogenheit).

19 *Katuschewski,* Grundlagen zur freien Entfaltung der Vorstandspersönlichkeit, Düsseldorf 1985, Seite 231.

3. Die Bewertung einzelner Vermögensgegenstände kann unwirtschaftlich und bilanzpolitisch nicht vertretbar sein; daher sind geeignete Zusammenfassungen empfehlenswert. Aktiva und Passiva sind jedoch bis auf weiteres gesondert zu bewerten (Grundsatz der eingeschränkten Einzelbewertung).
4. Bei Verlust des halben Grundkapitals dürfen die Überbewertungen der Aktiva das verbliebene Eigenkapital nicht übersteigen (Grundsatz der Vorsicht).
5. Mögliche Steuerersparnisse vermögen ebenso wie der Verzicht auf mögliche Steuerminderungen jeden Wertansatz zu rechtfertigen (Grundsatz der Steuerneutralität).
6. Der Wechsel der Bewertungs- und Abschreibungsmethoden muß auch im Wiederholungsfall ergebnisorientiert begründet sein (Grundsatz der Willkürfreiheit).
7. Hektische Ausschläge des Jahresergebnisses, die lediglich durch die tatsächliche Entwicklung bedingt sind, sollten durch Änderungen der Bewertungs- und Abschreibungsmethoden ausgeglichen werden (Grundsatz der Stetigkeit).

V. Bilanzstrategie

Der Begriff „Bilanzstrategie" soll die latent gewünschte langfristige Ausrichtung der Bilanzpolitik andeuten, ohne pragmatisch diktierte kurzfristige Anpassungen oder Änderungen von Bilanzierung und Bewertung auszuschließen[20]. Die eigentliche Konstanz moderner Bilanzpolitik liegt in der ihr permanent zugrundeliegenden euphorischen oder opti-dynamischen Bilanztheorie. Diese realpolitisch orientierte Synthese brauchbarer Teile bekannter Bilanztheorien[21] geht davon aus, daß die Entwicklung der Unternehmung im Jahresabschluß nicht so tragisch dargestellt werden darf, wie sie tatsächlich ist. Sie beruht auf der Einsicht, daß die Aussicht wichti-

20 Vgl. *Fussan,* Strategie und Taktik der Bilanzierung, München 1976, S. 26.
21 Vgl. *Lacoste,* Die neuzeitliche Bilanz, Köln 1984.

ger ist als die Vorsicht und im Interesse der Weitsicht auf die Übersicht nicht Rücksicht genommen werden darf.

Die opti-dynamische Bilanztheorie wird von Wirtschaftsprüfern, die traditionell allenfalls Optimisten in bezug auf die Vergangenheit sind, nur zögernd angenommen. Sie verweisen auf ihre einschlägigen Erfahrungen, die den Jahresabschluß als Notverordnung gegen das Chaos managementorientierter Erfolgsrechnungen einordnen[22]. Solche No-Future-Bilanzauffassungen entsprechen nicht der psychologisch aufgeklärten, neuzeitlichen Managementpraxis. Heute dürfen schlechte Jahresergebnisse nicht herbeigerechnet werden[23]. Bilanzpolitisch gemanagte Jahresabschlüsse sind Laternen, die der Unternehmensführung und den Überwachungsorganen als Halt, nicht aber zur Erleuchtung dienen sollen. Hinweise auf angebliche Fehlschläge der opti-dynamischen Bilanztheorie sind sentimentale Ausrutscher von unbelehrbaren Anhängern althergebrachter Bilanzierungsprinzipien[24].

Bilanzstrategie und opti-dynamische Bilanzlehre sind in die personenorientierte Rechnungslegung (PR) eingebunden. Bei der PR geht es um die diffizile Aufgabe, die aufgrund verkrusteter Rechnungslegungsvorschriften vorgeschriebenen Zahlen des Jahresabschlusses so zu modellieren und zu interpretieren, daß sie das vom Spitzenmanager durch regelmäßige Erfolgsmeldungen während des Geschäftsjahres präjudizierte günstige Ergebnis erkennen lassen. Soweit die Istzahlen nicht genug hergeben, eignen sich dazu mit Überzeugungskraft vorgetragene Indiskretionen über unbeweisbare eigene Managementerfolge vor dem Hintergrund belegbarer widriger Markt- und Witterungsverhältnisse.

---

22 *Lang,* Der Soll-Ist-Vergleich als Störfaktor ordnungsmäßiger Bilanzierung. Frankfurt 1985, Seite 20 ff. Siehe aber auch *Achilles Ferse.* Das Überirdische der kurzfristigen Erfolgsrechnung als Voraussetzung managementmäßiger Akzeptanz, Davos 1985.

23 *Brecheisen,* Das Loch in der Bilanz als Hemmnis unternehmerischer Spitzenleistung, Köln 1983.

24 Eine aufschlußreiche Analyse findet sich bei *Düsterbruch.* Von der Intensiven Beteiligungs-Hysterie (IBH) der Archaischen Expansions-Gesellschaft (AEG) zur Selbst-Mörderischen Haftung (SMH), Frankfurt 1978 ff.

VI. Die retardierende Bilanzpolitik

Um die bei durchschlagendem PR-Erfolg unvermeidbaren Diskrepanzen zur tatsächlichen Entwicklung elegant ausgleichen zu können, wurde von überragenden Spitzenmanagern die retardierende Bilanzpolitik entwickelt[25]. Sie beruht auf dem wichtigen Grundsatz der opti-dynamischen Bilanzlehre: Risiko jetzt, Aufwand später. Erfolgreich retardierende Bilanzpolitik verzichtet auf hinderliche Sachkenntnisse, bedarf aber des vollen persönlichen Engagements des Topmanagers, welches durch kreativ-labile Bilanzexperten wirksam unterstützt wird. Ihre Vollendung erfährt sie, wenn auch der Abschlußprüfer die Überzeugung bekommen hat, daß es wichtiger ist, für den Jahresabschluß das Richtige zu tun, als ihn richtig aufzustellen.

Wichtigstes Instrument der retardierenden Bilanzpolitik ist der Kummerausgleichsposten (KAP)[26]. Unterschreitet der nicht weiter manipulierbare Ergebnisausweis die unternehmenspolitisch erwartete Höhe, so werden notwendige Wertberichtigungen oder Rückstellungen für drohende Verluste mit einem minimalen Betrag in den Jahresabschluß eingestellt und im übrigen auf künftige Jahresabschlüsse vorgetragen. Dieser sog. KAP soll den seriösen Abschlußprüfer soweit ruhig stellen, daß er den Jahresabschluß uneingeschränkt testieren kann. Der KAP ermöglicht ihm, betriebswirtschaftlich fundierte Kritik unauffällig in den Prüfungsbericht aufzunehmen.

Der angemessene Kummerausgleichsposten ist erfahrungsgemäß mit 30 % der an sich notwendigen Wertberichtigungen oder Rückstellungen anzusetzen. Können dem Abschlußprüfer plausibel

---

25 *Haeberlin.* Das retardierende Moment im unternehmerischen Drama, Düsseldorf 1984; *Giant,* The irrevocable Forecast, London 1985.

26 In der Schweiz spricht man vom „Kümmerpöstli“, während sich in Österreich die Bezeichnung „Risiko-Observanz-Posten“ durchgesetzt hat. – Vgl. *Blattschuß.* Die zielkongruente Verschwendung des Aufwandüberschusses, Ludwigshafen 1984. Interessante Hinweise in diesem Zusammenhang finden sich auch bei *Murks.* Das aktivierte Eigenkapital als soziales Experiment, Trier 1973.

präparierte Unternehmenspläne mit strategisch anmutenden Besserungsaussichten vorgelegt werden, liegt eine Reduzierung bis zu Null im Rahmen der berufsüblichen Zugeständnisse. Auf der anderen Seite sollte der gewissenhafte Abschlußprüfer bei Unternehmen, die bereits überschuldet sind, vor einer Anhebung des KAP auf 50 % nicht gleich zurückschrecken[27].

Der Kummerausgleichsposten stellt ein Bilanzstrategisches Sedativum (BiSS) mit hohem Wirkungsgrad dar. Es wird am besten nach vorsichtig dosierten Informationen, hartnäckig geführten Diskussionen und nicht auf nüchternen Magen verabreicht. Die Dosis pro Jahresabschluß sollte drei schwerwiegende Anlässe nicht übersteigen. Schädliche Nebenwirkungen konnten nur in Einzelfällen beobachtet werden; im Extremfall war ein Wechsel des Abschlußprüfers notwendig.

Der Kummerausgleichsposten ist im gesamten Bundesgebiet verbreitet. Allerdings zeigt sich auch hier ein Nord-Süd-Gefälle. Die Ursachen für die signifikant geringere Verbreitung im Süden, die von Bilanzkosmetikern als Degenerationserscheinung gewertet wird, konnten noch nicht abschließend geklärt werden. So werden z. B. das im Vergleich zum Preußen weniger ausgeprägte Selbstdarstellungsbedürfnis des Bayern und des Schwaben oder klimatische Bedingungen als Ursachen vermutet. Das unterschiedliche Temperament der Volksstämme scheint dagegen eine untergeordnete Rolle zu spielen, da eine Häufung des Kummerausgleichspostens gleichermaßen in Rheinland-Pfalz, in Düsseldorf und in Hamburg verzeichnet werden konnte. Insgesamt dürften etwa 27,2 % der prüfungspflichtigen Unternehmungen Kummerausgleichsposten in nennenswertem Umfang ausweisen. Er wird sowohl in Produktions- wie in Dienstleistungsunternehmen beobachtet.

---

27 Weitere Hinweise zum reichhaltigen Instrumentarium der retardierenden Bilanzpolitik enthält der Leasing-Verlaß der Deformierten Abschreibungs-Liga (DAL), herausgekommen 1983. Sh. auch *Pfeffer,* Die unendliche Abschreibungsdauer als bilanzwirksame Lösung, Freiburg 1984 sowie *Shakebeer,* To lease or not to lease ..., Oxford 1984.

Im deutschsprachigen und im übrigen Ausland ist der Kummerausgleichsposten ebenfalls in erheblichem Umfang vertreten. Selbst im fernen Osten, z. B. Singapur, konnte der Kummerausgleichsposten gesichtet werden. Die in der anglo-amerikanischen Rechnungslegung als Sorrow Softener (SoSo) bekannte Erscheinung ist allerdings noch nicht systematisch erforscht worden, wie dies nunmehr in Ansätzen in der Bundesrepublik der Fall ist[28].

VII. Die retardierende Redepflicht des Revisors

Die retardierende Bilanzpolitik hat in der retardierenden Redepflicht des Revisors (ReReRe) ihr würdiges Pendant gefunden. Der ohnedies schwer geprüfte Berufsstand empfindet dankbar eine Linderung seiner ungehemmten Testatsucht[29] darin, daß die in § 321 Abs. 2 HGB (vorm. § 166 Abs. 2 AktG) manifestierte Redepflicht des Abschlußprüfers keine zeitliche Fixierung enthält. Diese Flexibilität gestattet es dem Abschlußprüfer, seine Redepflicht der retardierenden Bilanzpolitik des Topmanagements anzupassen. Dies kann sowohl durch ein abgestimmtes Hinausschieben des Prüfungsbeginns, durch eine adaptive Verzögerung des Prüfungsendes oder durch die verspätete Auslieferung des Prüfungsberichtes bewerkstelligt werden.

---

28 Vgl. dazu *Dietel.* Kosmetische Eingriffe in die Bilanzierung, Hamburg, 4. erweiterte Aufl. 1985.
Um die wissenschaftliche Diskussion um den Kummerausgleichsposten in geordnete Bahnen zu lenken, ist noch folgende Klarstellung erforderlich. Topmanager, die glauben über ihre Spitzenleistungen laufend Rechnung legen zu müssen, besetzen zur Erhaltung der interessewahrenden Distanz von den Realitäten alle relevanten Posten im Unternehmen mit Kollegen oder Mitarbeitern, die ihnen er- und hingegeben sind. Es wäre irreführend, die solchermaßen besetzten Positionen ebenfalls als Kummerausgleichsposten zu bezeichnen. Der Begriff sollte allein dem bilanzmäßigen Posten vorbehalten werden. Allein für diesen besteht eine Passivierungspflicht; bei den anderen kann nur eine Passionspflicht gegeben sein.

29 *Piepenbrink,* Pestilentia Testatus – Diagnose und Therapie, Düsseldorf 1983.

Um den strengen Berufsgrundsätzen der Unabhängigkeit und Eigenverantwortlichkeit zu genügen, muß die Verzögerung mit Tatbeständen begründet werden, die der Abschlußprüfer glaubhaft nicht beeinflussen kann. Neben gesundheitlicher Beeinträchtigung wie plötzliche Verschnupfung, auftretende Schwindelgefühle oder unerwartete Kurzsichtigkeit kommen als vorzügliche Gründe z. B. die zeitraubende Nachbesserung des Inventurergebnisses durch das zu prüfende Unternehmen oder die Rekonstruktion vernichteter Belege in Betracht.

Die retardierende Redepflicht des Revisors trägt wesentlich zur Humanisierung des Verhältnisses zwischen Abschlußprüfer und geprüften Unternehmen bei. Sie gestattet gleichzeitig die systemerhaltende Mumifizierung der Kummerausgleichsposten. Dazu ein praktisches Beispiel: Bei der MOLOCH AG bildete der Kummerausgleichsposten den gewichtigsten Bilanzposten, was von Kreditgebern und Wirtschaftspresse als Ausdruck konservativer Bilanzierung und Bewertung gewürdigt wurde[30]. Flankiert wurden die bravourösen Maßnahmen der retardierenden Bilanzpolitik durch die nicht unübliche Durchhalteparole „Wir schaffen es doch noch!" (kurz „Doch-noch-Parole" genannt)[31]. Als dieser Unternehmenspolitik wegen vorhersehbarer widrigerer Markteinflüsse der durchschlagende Erfolg versagt blieb, konnte durch das Institut der retardierenden Redepflicht des Revisors vermieden werden, daß Management und Aufsichtsrat zur rechten Zeit ein Problembewußtsein entwickelten. Kummerausgleichsposten und retardierende Redepflicht des Revisors gestatteten darüber hinaus die gewünschte, vom störenden Ertragsverfall unabhängige Dividendenkontinuität. Die notwendigen Sanierungsmaßnahmen konnten damit zu einem pressewirksamen Ausmaß ausgeweitet werden.

Die retardierende, aber letztlich unumgängliche Redepflicht des Revisors gestaltet sich dadurch erträglich, daß sie sich der okkulten Redekunst unter Spezialisten (ORKUS) bedient. Hierbei handelt es

30 U. a. Börsenzeitung vom 29. 2. 1985, S. 3.

31 *Schrott,* Das Manager-Motivations-Manifest – Ein Leidfaden, Essen 1984.

sich um die expertiöse Form der Berichterstattung, die in Anwendung der Vexierbildtechnik allein dem Fachmann Hinweise auf bestehende Risiken, Überbewertungen usw. erschließt. Intime Kenner der ORKUS wissen um die verräterische Bedeutung des Konjunktivs oder der Begriffe wie „grundsätzlich, in der Regel, insgesamt und wesentlich“. Dennoch kann mit *U. N. Fug*[32] behauptet werden, daß der Prüfungsbericht eine berufliche Äußerung des Abschlußprüfers darstellt, deren Informationsgehalt bei fürsorglicher Abwägung der Interessenlagen zum Minimum tendiert[33].

32 Vgl. *Habersack,* Der Prüfungsbericht als Mittel zur Erkenntnisverhütung, Opladen 1985.

33 *U. N. Fug,* Die Verbreitung der Null-Information, Bonn 1982, S. 192 ff.

Der optimale Pensionspunkt für Spitzenkräfte

Der optimale Pensionspunkt für Spitzenkräfte

Neue Betroffenheiten auf dem Gebiet der Pensionsverpflichtungen

I. Zur Themenwahl

Die optimale Emeritierung von Spitzenkräften[1] ist ein generelles Problem, das einer allseits befriedigenden Lösung harrt. Nachfolgend wird eine zukunftsweisende Antwort versucht.

1. Die bilanzielle Einordnung des Themas

Mit bewundernswerter Beharrlichkeit haben sich die Wirtschaftsprüfer seit alter Zeit für die Passivierungspflicht von Pensionsverpflichtungen eingesetzt[2], obwohl sie deren umständliche versicherungsmathematische Berechnung kaum verstehen. Selbst als ihnen der Bundesgerichtshof[3] diesbezüglich in den Rücken fiel, hielten fanatische Berufsangehörige an der Passivierungspflicht fest. Mandatsschonend vertraten sie diese Ansicht in einschlägigen Kommentaren und Fachbeiträgen[4], während in Anwendung des stets hochgehaltenen Prinzips der Vorsicht im Testat oder Prüfungsbericht unterlassene Pensionsrückstellungen nicht notiert wurden. Eine Entkrampfung dieses zwiespältigen Zustandes wurde endlich durch das Bilanzrichtliniengesetz ermöglicht, das wenigstens für

1 Bei der hohen Stellung der Spitzenkräfte erscheint es passender, von „Emeritierung" anstatt von „Versetzung in den Ruhestand" zu sprechen (vgl. *Drengler,* Die Emeritage auf höchster Etage, Düsseldorf 1989, S. 2).

2 Vgl. u.a. *Adler-Düring-Schmaltz,* Rechnungslegung und Prüfung der Aktiengesellschaft (ADS), 3. Aufl., Stuttgart 1957, § 131, Textziff. 164 ff.

3 BGH vom 27.02.1961 (DB 1961, S. 498).

4 ADS, 4. Aufl., Stuttgart 1968, § 152 Textziff. 161 m.w.N.

Neuzusagen von Pensionen ab 1.1.1987 eine Passivierungspflicht vorsieht (vgl.§ 249 Abs. 1 HGB, Art. 28 EG HGB).

Die Bewertung der Pensionsverpflichtungen erfolgt unverdrossen nach versicherungsmathematischen Grundsätzen und wird daher vom Wirtschafsprüfer entsagungsvoll anderen Sachverständigen überlassen[5]. Mit ähnlichem Gleichmut hat er die fiskalisch verbogene Bewertung nach § 6 a EStG als handelsrechtlich zulässig akzeptiert[6]. Als mildernder Umstand kann aber angeführt werden, daß die Wertansätze für Pensionsverpflichtungen ohnehin das Schicksal der Unternehmensplanung teilen: Sie werden nie tatsächlich so eintreffen.

Im Zusammenhang mit der zunehmenden Diskussion über die internationale Rechnungslegung erwacht bei hellhörigen Berufsangehörigen zaghaft ein neues Problembewußtsein. Bei ihnen verfestigt sich nämlich der Eindruck, daß die Pensionsrückstellungen zu niedrig angesetzt sein könnten, weil bei ihrer Bewertung die zwangsläufige Dynamisierung der Renten und Anwartschaften unberücksichtigt bleiben[7]. Daher gestehen selbst Bilanzexperten mit gesundem Vorurteilsvermögen zu, daß sowohl die US-amerikanischen General Accepted Accounting Principles (GAAP)[8] als auch die International Accounting Standards (IAS)[9] in die richtige Richtung weisen, wenn sie langfristige Lohn- und Gehaltstrends bei der Bewertung der Pensionsverpflichtungen berücksichtigen.

5 *Institut der Wirtschaftsprüfer (IdW),* Fachgutachten 1/1988, Abschn. 7

6 Vgl. u.a. WP-Handbuch 1992, Bd. I, Düsseldorf 1992, S. 171. Protestzuckungen enthält die Stellungnahme des Hauptfachausschusses des IDW HFA 2/1988.

7 ADS, 5. Aufl., § 253, Anm. 262

8 Vgl. SFAS 87 und 88.

9 Vgl. IAS 19; vgl. *IdW* (Hrsg.), Rechnungslegung nach IAS, Düsseldorf 1995, Anhang 7, S. 359 ff.

2. *Die fokussierte Themenformulierung*[10]

Um auf den Punkt zu kommen und um eine sträflich vernachlässigte Lücke im Fachschrifttum zu schließen, geht der folgende Beitrag nicht auf die gesamte Problematik der Pensionsverpflichtungen ein, sondern beschränkt sich auf einen bisher wenig beachteten, aber wichtigen Punkt, nämlich den Zeitpunkt der Pensionierung (kurz Pensionspunkt genannt[11]). Ab diesem Zeitpunkt nagt die Pensionsverpflichtung an der Liquidität des Unternehmens.

Aber nicht nur aus schnöden Liquiditätserwägungen ergibt sich die bisher weder ernsthaft gestellte, geschweige denn leichtfertig zu beantwortende Frage nach dem optimalen Pensionspunkt. Dieser Zeitpunkt ist für die von Pensionierung berührten Institutionen vor allem ein existenzielles Rätsel. Die Frage nach dem Optimum bewegt Arbeitnehmer, Vorgesetzte, Personalmanager, Sozialpolitiker, Gewerkschaftler und anderere Betroffene mit gleicher Vehemenz, wobei jeder ein für seine speziellen Zielvorstellungen befriedigendes Optimum sucht. Die Wissenschaft hat bisher keine überzeugende oder wenigstens halbherzig akzeptierte Lösung gefunden; die Praxis verfährt aus ihrer Sicht eher willkürlich.

Um die aufgeworfene Problematik mit der gebotenen Fokussierung auf die Spitze zu treiben, wird hier auf den Pensionspunkt für Spitzenkräfte abgestellt. Unter Spitzenkräfte sind Amts-, Würden-, Bedenken- und Geschäftsträger auf der obersten Hierarchiestufe einer Institution (Staat, Kirche, Unternehmung, Gewerkschaft usw.) zu verstehen. Stellvertretend für die verschiedenen Organisationen werden im folgenden Beitrag in erster Linie die Unternehmungen angesprochen, da sie im Vergleich zu anderen Institutionen den größten Rest wirtschaftlicher Vernunft aufweisen. Mit Spitzenkräf-

10 Der folgende Abschnitt wurde mit dem Prix des Experts der *Chaine des Conseilleurs* ausgezeichnet, weil er ein überzeugendes Beispiel dafür bietet, wie man einen Beratungsauftrag so umformuliert, daß er dem Nervenzustand des Mandanten und den Kenntnissen des Beraters gerecht wird.

11 Auch *Parkinson* spricht vom „Pension Point" (Parkinsons Law, Reprint London 1985, S. 111)

ten sind also vor allem die Mitglieder der obersten Managementebene gemeint, d.h. die Topmanager[12]. Die Richtigkeit dieser Auswahl wird dadurch bestätigt, daß Pensionsverpflichtungen für Topmanager wegen ihrer relativ hohen Bezugsbasis erheblich ins Gewicht fallen und bei Topmanagern der tatsächliche Pensionspunkt mit besonders großer Unsicherheit behaftet ist.

Mit dem optimalen Pensionspunkt wird der aus Unternehmenssicht bestmögliche Zeitpunkt für die Überführung des Topmanagers in den Ruhestand gesucht. Theoretisch ist es jener Zeitpunkt, in dem die Pensionierung des Topmanagers den Wert des Unternehmens am stärksten erhöht. Das ist der Fall, wenn der abgezinste Nutzenwert der Lücke, die den Manager ersetzt, höher ist als der Barwert der künftigen Auszahlungen an den Manager[13].

Angestrebt wird, daß der vertragliche Pensionierungszeitpunkt, der u.a. bei der Berechnung der Rückstellung für Pensionsanwartschaften zugrunde gelegt wird, und der tatsächliche Pensionspunkt, der die Pensionszahlungen und etwaige Anpassungen der Pensionsrückstellungen auslöst, mit dem optimalen Pensionspunkt übereinstimmen. Wie die umfangreiche Rechtsprechung zeigt, wohnt dem optimalen Pensionspunkt auch ein steuerliches Problem inne[14].

---

12 Topmanager ist, wer anstelle der Übersicht die Weitsicht gewonnen hat und damit in der Lage ist, frei von operativen Sachzwängen trächtige Strategien für das Unternehmen zu entwickeln.

13 Vgl. *Flausen,* Der Lückenausgleich, Bremen 1995.

14 vgl. *Schmidt,* Einkommensteuergesetz-Kommentar, 14. Aufl., München 1995, § 6 a Anm. 18 m.w.N.

In Europa bewegt sich das vertraglich festgelegte Pensionsalter zwischen 53 und 74 Jahren[15].

Zur Rechtfertigung wird jeweils darauf hingewiesen, daß drei Jahre vor dem fixierten Pensionsalter die geistige Kraft und Leistungsfähigkeit des Menschen nachzulassen beginnt[16], so daß die zwangsmäßige Pensionierung zum festgesetzten Zeitpunkt unabhängig vom Alter und Zustand des Betroffenen unvermeidlich ist.

Bei der relativ großen Zeitspanne von 53 bis 74 Jahren, die fast eine ganze Degeneration umfaßt, mag es theoretisch nützlich sein, das vertragliche Pensionsalter als frühzeitig (53–59 Jahre), zunehmend normal (60–61 Jahre), abnehmend üblich (62–65 Jahre) und verdammt spät (66 Jahre und älter) einzustufen. Dieser niveauvollen Unterscheidung zum Trotz qualifiziert die Praxis bei gesunden Pensionsberechtigten den tatsächlichen Eintritt in den Ruhestand einfach als zu früh, als früh, als vorzeitig oder als zu spät.

Als zu früh wird die Pensionierung angesehen, wenn der Manager aus zeitlichen Gründen keine Gelegenheit hatte, seinem Unternehmen ernsthaft zu schaden. Als früh läßt sich die Pensionierung bezeichnen, die sich bei voller Gesundheit unmittelbar an die Lehrzeit, das Studium oder die Traineezeit anschließt. Zu spät liegt der Pensionspunkt dann, wenn die Lücke, die der pensionierte Manager hinterläßt, ihn voll ersetzt. Die theoretisch denkbare Alternative, daß jemand zum richtigen Zeitpunkt in Pension geht, scheint nicht zu existieren (s. aber Abschnitt III).

Gegen den Sonderfall der vorzeitigen Pensionierung sind selbst Topmanager nicht gefeit. In der Regel zieht sich die Dienstzeit bei

---

15 Ohne fixierten Pensionszeitpunkt müssen Hausfrauen und Mütter auskommen, ferner ist abgeschwächter Form Freiberufler, Kirchliche Würdenträger, Politiker und Funktionäre. In den letztgenannten Fällen denkt man frühestens ab 70 Jahren und bei offensichtlichen körperlichen oder geistigen Gebrechen über einen Ruhestand ernsthaft nach. In Ausnahmefällen werden in diesem Zusammenhang gravierende Fehlentscheidungen als Gebrechen gewertet.

16 *Mienenschneider,* Die präsenile Berufsausübung, 8. Auf., München 1994.

Topmanagern nach Maßgabe der betrieblichen Pensionsordnung in die Länge, bis wegen guter Führung in den Ruhestand entlassen werden. Wenn man von unglücklichen Umständen absieht (z.B. nachhaltig gestörtes Informationsverhalten gegenüber dem Aufsichtsrat oder fortgesetzte Unfreundlichkeit der Realität gegenüber selbst provozierten Zielen), erfolgt eine Pensionierung vor dem vertraglichen Pensionsalter auf dieser Ebene nur dann, wenn die fragwürdig gewordene Managementstruktur durch eine hirnverbrannte neue Form ersetzt werden soll. Ein solcher Umbruch geschieht manchmal beim Wechsel von Vorstandsvorsitz oder Unternehmenseigentümer, bei Fusionen mit einem anderen, stärkeren Unternehmen oder wenn Berater Unternehmenskrisen auslösen oder lösen wollen.

Interessant ist in diesem Zusammenhang, daß sich die subjektiv empfundene eigene Pensionsreife und die ebenso abgeleitete Pensionsreife der Kollegen während der aktiven Dienstzeit unterschiedlich entwickeln. Während das Alter der eigenen Pensionsreife zu Beginn der Dienstzeit unter dem vertraglichen Pensionsalter liegt, dann aber kontinuierlich gegen Unendlich ansteigt, schwankt die Pensionsreife der Kollegen um das vertraglich festgelegte Pensionsalter[17].

17 *Kienspan,* Top-Gespräche am Kamin, Hintergrund an der Basis 1994, Serie IV-XXII.

III. Lösungsansätze

1. Der Erklärungsversuch von Parkinson[18]

Laut *Parkinson* durchlebt jeder Manager im Verlaufe seiner Karriere die folgenden Altersstufen:

Alter der	*nach ... Berufsjahren*
Qualifikation	0
Vernunft	3
Beförderung	10
Verantwortung	15
Autorität	18
Vollendung	25
Auszeichnung	34
Würde	40
Weisheit	43
Behinderung	50

Die berufliche Karriere beginnt mit dem variablen Zeitpunkt der Qualifikation (Abschluß der Ausbildung oder Beginn der Förderung durch persönliche Beziehungen), der mit dem Einstieg in die berufliche Laufbahn gleichgesetzt wird. Nach der allgemeinen Vorstellung sollte ein Manager spätestens pensioniert werden, wenn er das Alter der Behinderung erreicht hat[19]. Offen bleibt, ob der Manager tatsächlich in Pension geht.

---

18 *Parkinson,* a.a.O., S. 112 ff.

19 Obwohl *Parkinson* das Peterprinzip (*Peter/Hull* The Peter Principle, New York 1969) bei der erstmaligen Veröffentlichung seines Gesetzes in 1957 nicht kannte, darf man annehmen, daß er später davon wußte, es aber nicht bezüglich des Pensionspunktes für relevant hielt. Empirische Forschungen belegen auch, daß – von seltenen Ausnahmen abgesehen – Inkompetenz kein Anlaß zur Pensionierung von Spitzenkräften ist.

Der naheliegende Ansatz, der zur Bestimmung des optimalen Pensionspunktes auf den Zustand des zu pensionierenden Managers abstellt, führt nach den Erkenntnissen von Parkinson in die Irre. Stattdessen sei der Nachfolger zu beobachten, wobei nach aller Erfahrung der Altersunterschied zwischen dem zu pensionierenden Manager und seinem Nachfolger im Durchschnitt 15 Jahre betrage.

Nimmt man als Zeitpunkt der Qualifikation ein Alter von 24 Jahren, dann wäre das Pensionsalter mit 74 Jahren erreicht. Der Nachfolger wäre bei dem üblichen Altersabstand dann 59 Jahre alt, obwohl er bei gleichem Qualifikationsalter die Phase der Vollendung schon mit 49 Jahren erreicht hat, also zu einem Zeitpunkt, in dem sein Vorgänger erst 64 Jahre zählt und keinen Anlaß hat, in den Ruhestand zu treten. Wird aber der Ehrgeiz des potentiellen Nachfolgers im Alter der Vollendung gebremst, weil der Amtsinhaber weiter aktiv bleibt[20], dann wird seine berufliche Entwicklung in folgende Phasen gelenkt[21], die ihn als tatsächlichen Nachfolger ausschließen.

Phase der/des	*Berufsjahre*
Frustration	25
Eifersucht	34
Resignation	38
Vergessens	43

Damit stellt sich die schicksalhafte Frage, wie man einen Topmanager dazu bewegt, vor dem Alter der Behinderung in den Ruhestand zu treten.

Aus Ablehnung brutaler, in zivilisierten Ländern weitgehend veralteter Methoden (z. B. schlichte Ermordnung des altersschwachen Königs), schlägt *Parkinson* zur Beschleunigung der Pensionsbereitschaft eine unendliche Reihe von eng aufeinander folgenden

20 So schon eine geheime Studie des Deutschen Getränkeverbandes „Im Vollbesitz unserer Säfte", Bonn 1978

21 *Parkinson,* a.a.O., S. 113

Konferenzen und Tagungen vor, bei denen der zu pensionierende Topmanager aufgrund seiner Stellung und seines Rufes unabkömmlich ist. Die aufeinander folgenden Tagungsorte müssen ein Maximum von Entfernung sowie von Temperatur- und Höhenunterschieden garantieren, damit durch ständige Zeit- und Klimaumstellungen die Schlafmöglichkeiten des Topmanagers gegen Null tendieren.

Diese genial anmutende Lösung bleibt jedoch unvollkommen, wenn hartnäckige Pensionsverweigerer oder aufgeweckte Leser dieses Beitrages zur Vermeidung der Pensionssucht einen Vertreter zu den Tagungen und Konferenzen entsenden.

2. *Das deutsche Entsorgungsmodell*

Angesichts der in Deutschland üblichen langen Ausbildungszeiten und des breit angestrebten Frührentnertums bestehen Zweifel, ob das *Parkinson*'sche Phasenschema auf deutsche Verhältnisse übertragen werden kann[22]. Eine erste Annäherung wird erreicht, wenn man die Entsorgung von Topmanagern in den Aufsichtsrat einbezieht[23]. Darüber hinaus wird man wegen des relativ späten Qualifikationsalters und der früher einsetzenden Pensionsneigung in Deutschland nicht umhin kommen, die bis zur Obstruktionsphase in Kauf zu nehmenden Berufsjahre um 10 % zu kürzen. Damit ergibt sich das folgende, auf deutsche Verhältnisse modifizierte Schema, das um die üblichen Hierarchiestufen ergänzt wurde.

---

22 Grundlegend dazu: *Filzer/Streuter,* Kontinuität und Kontrolle ordnungsmäßiger Überkreuzverpflechtungen, 4. Aufl., Frankfurt 1995

23 Pietät und Neutralität gebieten, sich mit dem schlichten Hinweis auf die einschlägigen Wirtschaftsblätter zu begnügen. Als Trost sei angefügt, daß Spitzenpensionäre, die als Haushaltshilfe versagen, als Freiberufler oder Politiker tätig werden können und somit das „ewige Berufsleben" erlangen.

Alter der	*Berufsjahre*	*Hierarchiestufe*
Qualifikation	0	
Vernunft	2	Trainee, Sachbearbeiter
Beförderung	5	Referent (unteres Management)
Verantwortung	10	Abteilungsleiter (mittl. Mgt.)
Autorität	15	Hauptabteilungsleiter (höheres Mgt.)
Vollendung	20	Direktor (oberes Management)
Auszeichnung	24	Vorstand (Top-Management),
Würde	28	Vorsitzender des Vorstandes
Weisheit	35	Aufsichtsrat
Behinderung	45	Pensionär

Die generelle Akzeptanz dieses Ablaufschemas hat empfindlich darunter gelitten, daß tragische Fälle bekannt geworden sind, in denen eine Entsorgung von Topmanagern in den Aufsichtsrat nicht möglich war[24]. Die Gründe für solche anormalen Exkretionen reichen von Ab- und Anstand über Verlust von Lust oder Vertrauen bis zu Zerwürfnis. Eingeweihte Greise bestreiten, daß das folgende Ergebnis gereatrischer Untersuchungen auch für Spitzenkräfte repräsentativ ist: normale Menschen werden im Alter entweder weise oder blöd, wobei eine weit verbreitete Form der Altersblödheit darin besteht, daß man sich für weise hält[25].

Die Zweifel an der Übertragbarkeit solcher Befunde unterstreicht das folgende Beispiel aus der Unternehmenspraxis[26]: Bei dem 73jährigen Aufsichtsratsvorsitzenden, dem ehemaligen Vorstandsvorsitzenden, machten sich – bei derartigen Spitzenkräften natürlich völlig unerwartet – gesundheitliche Schwächen so bemerkbar, daß vorzeitig an einen Nachfolger gedacht werden mußte.

---

24 *Gießmann,* Vom Bürden- und Würdenträger, Essen 1994, Kapitel V. Zur histrorischen Entwicklung, siehe *Fissus d.A.,* Otium Interruptum, in: *Hinterlechzer,* Der Ruhestand der römischen Konsulu, Leipzig 1928, S. 437 ff.

25 *Thorberg,* Natürliche Grenzen der Zurechnungsfähigkeit, Hamburg 1992, S. 276 f.

26 Entnommen aus *Schlawitzel,* Der Boss im Würdegriff, Frankfurt 1995, S. 187

Der geborene Nachfolger, also der amtierende Vorstandsvorsitzende, fühlte sich mit 60 Jahren noch nicht reif. Er konnte sich darauf berufen, daß ihm die Nachfolge erst mit 62 Jahren zugemutet und zugesagt worden war. Sein früherer, ebenfalls in den Aufsichtsrat entsorgter Kollege kam als Nachfolger nicht in Betracht, weil er zu jung war. Ihm konnte mit 68 Jahren nicht abverlangt werden, daß er nach 2 Jahren, also schon mit 70 Jahren, wieder in die Reihe der gemeinen Aufsichtsratsmitglieder einrücken sollte, um dem geborenen Nachfolger Platz zu machen.

3. Zwischenergebnis

Der optimale Pensionspunkt ist offenbar jener Zeitpunkt, in dem der Topmanager seine Aufgaben besser erfüllt als jeder andere im Unternehmen und in dem daher kein Grund für eine Pensionierung besteht. Es kann aber wohl die Hypothese gewagt werden, daß für einen Topmanager der optimale Pensionspunkt zwischen dem 35. und 40. Berufsjahr liegt.

IV. Pensionsreife und Pensionsbereitschaft

Die Pensionsreife beschreibt den Zustand, der eine Pensionierung des Betroffenen im Interesse Dritter notwendig macht. Die Pensionsbereitschaft ist das Verlangen des Betroffenen, in Pension zu gehen. Sie ist bei Spitzenkräften die Voraussetzung dafür, daß der Betroffene tatsächlich in den Ruhestand tritt. Das Dilemma liegt darin, daß Pensionsreife und Pensionsbereitschaft zeitlich nicht übereinstimmen. Während die Pensionsreife mit höherem Alter kontinuierlich zunimmt, schiebt sich die Pensionsbereitschaft wie die Lebenserwartung mit steigendem Alter immer weiter hinaus. Daraus ergibt sich die Notwendigkeit, überzeugende Methoden zu entwickeln, um die Pensionsreife einwandfrei festzustellen und die Pensionsbereitschaft darauf abzustimmen.

Die betriebswirtschaftlichen Ansätze, die z. B. in Anlehnung an den Produktlebenszyklus, das Shareholders' Valuekonzept oder die Kosten-Nutzen-Analyse den optimalen Pensionspunkt bestimmen wollen, scheiterten daran, daß der Input der Topmanager nicht meßbar und ihr Output unberechenbar ist[27]. Andere wissenschaftliche, z. T. interdisziplinäre Versuche, die neben medizinischen Indikationen die Erkenntnisse der Chaostheorie einbeziehen, stecken noch in den Anfängen[28]. Die Praxis muß sich daher bis auf weiteres mit relativ einfachen Indikatoren behelfen.

Zur Ermittlung der Schulreife dient ein einfacher, allgemein anerkannter Test: Die Schulreife ist gegeben, wenn das Kind mit dem rechten Arm über den Kopf sein linkes Ohr berühren kann. Eine ähnliche simple Versuchsanordnung ermöglicht die Feststellung der Pensionsreife. Sie ist gegeben, wenn der Betreffende mit seinem großen Zeh nicht mehr die Nasenspitze berühren kann (Wegen der Risiken und Nebenwirkungen sollte bei entsprechenden Versuchen vorher der Arzt oder der Apotheker befragt werden). Der Test sollte spätestens dann erfolgen, wenn der Manager „Alzheimer" für ein Mineralwasser hält[29].

Eine an sich unfehlbare, aber schwer meßbare Indikation für die Pensionsreife liegt darin, daß der Topmanager anfängt zu glauben, daß er unersetzlich sei. Einen ersten Anhaltspunkt liefert die Tatsache, daß der Topmanager die Zeit, die er nicht zur Selbstverherrlichung braucht, dazu benutzt, um sein Amt zu vernachlässigen. Aufsichtsräte oder andere Dienstherren merken die eingebildete Unersetzbarkeit daran, der Topmanager weitergehend durch Tätigkeiten absorbiert wird, mit denen er Existenz und Erfolg des Unternehmens nicht gefährden kann.

---

27 *Schall/Rauch,* Modelle zur Optimierung von Amts-, Dienst- und Fehlzeiten, Hamburg 1994

28 Vgl. *Rübsamen* (hrsg.), Herrschaftsstrukturen und Chaos, Wiesbaden 1996

29 Hiermit wird deutlich, wie nützlich die Anschaffung eines Lexikons sein kann.

2. *Neue Anreize für die Pensionsbereitschaft*

Die Pensionsbereitschaft von Spitzenkräften beruht fast ausschließlich auf körperlicher Gebrechlichkeit. Die Ursache für diese Einseitigkeit dürfte darin liegen, daß die mentalen Herausforderungen des Ruhestandes total unterschätzt werden[30]. Erst *von Bülow* hat in einem eindrucksvollen Dokumentarfilm überzeugend darstellen können, wie ungemein wirtschaftsfördernd es ist, wenn pensionierte Manager ihre Fähigkeiten der Familie und dem häuslichen Bereich widmen und wie der Ruhestand geistig höchst anspruchsvoll gestaltet werden kann[31]. Diese wichtige Botschaft ist in höheren Kreisen von Politik und Wirtschaft entweder noch nicht empfangen oder nicht verstanden worden.

Seit 1995 widmet sich ein prominent besetzter Arbeitskreis „Lebensqualität im Alter" (LimA) der Attraktivität des Ruhestandes. Sein mitreißendes Motto lautet: Wenn der Anzug abgetragen ist, beginnt seine Glanzzeit. Der LimA hat klar erkannt, daß die Anziehungskraft des Rentnerdaseins nicht durch die Hobbys geschaffen wird, die Ehefrauen und andere Ratgeber dem pensionsreifen Topmanager einreden. Vielmehr geht es um anspruchsvollere, mental herausfordernde Aufgaben, denen sich ein aktiver Pensionär widmen sollte. Aus der Fülle der noch nicht abschließend zusammengestellten Vorschläge des LimA seien folgende Beispiele zitiert:

- Innovation: Eigene Programmierung des Videorecorders, um endlich von Kindern oder Enkelkindern unabhängig zu werden.
- Kostenredizierung: Optimale Ausnutzung des Telekom-Tarifes, wie z. B. die Anrufbereitschaft der Schwiegermutter zwischen 2.00 und 5.00 Uhr morgens organisiert wird.
- Optimierung von Geschäftsprozessen: Reibungslose Abwicklung der Müllentsorgung.

---

30 so schon *Paradowich,* Die Inmutidität der Veteranen, Wien 1879. Aus neuerer Zeit *Kropp,* Sortiervorgänge beim alten Eisen – Eine Allegorie, Duisburg 1990, S. 154 ff.

31 *Von Bülow* (alias Loriot), Papa ante portas, 1989.

V. *Schlußbemerkung*

Vieles spricht dafür, daß die Durchsetzung des optimalen Pensionspunktes die Unternehmen aufwandsmäßig nennenswert entlasten und ihre Antriebskräfte steigern würde. Ob dieser Spielraum ausreicht, um die im Abschnitt I. genannte Deckungslücke bei den Pensionsrückstellungen zu schließen, sollte in Anbetracht der Redepflicht des Abschlußprüfers[32] näher geprüft werden.

Spitzenkräften kann nicht länger zugemutet werden, daß sie im Interesse des Unternehmens oder der Öffentlichkeit mit Zurückhaltung, aber fordernd einer Verlängerung ihrer Dienstzeit über den vertraglichen Pensionszeitpunkt zustimmen.

32 Ausführlich dazu *Lückenhalber,* Der Abschlußprüfer als Warnleuchter, Düsseldorf 1996.

II. Virtuelles Business Reengineering

Strategies follow Structures

I. Einführung
II. Der alte Charme des strategischen Managements
III. Der Status der Unternehmensstrukturen
IV. Die Immunität der Strukturen
V. Das Tabu der Managementstruktur
VI. Die strukturerhaltenden Aufgaben des Top-Managements
   1. Imagepflege
   2. Unternehmensplanung
   3. Rechnungslegung
   4. Befriedigung des Aufsichtsrates
VII. Schlußbemerkungen

Strategies follow Structures

I. Einführung

Wir leben in einer Zeit des Umbruchs, in der scheinbar unerschütterliche Strukturen zerfallen. Dabei zeigen überholte Strukturen eine Zerfalldauer, die gefährlich länger dauert, als es für den notwendigen Wandel gut ist. Erstaunlich ist, wie vollkommen die zerfallenden Strukturen die schon länger schwelende Krise verbergen konnten.

Bei diesem Szenario denkt man in erster Linie an das politische Umfeld, insbesondere an die Veränderungen im ehemaligen Ostblock. Aber fragwürdige Strukturen gibt es auch in der westlichen Wirtschaft und ihren Unternehmen. Beispiele sind das europäische Währungssystem oder Unternehmen wie Bundesbahn und Lufthansa, aber auch wie IBM, Daimler-Benz oder Gerling[1].

Zur Krisenbewältigung werden immer wieder vielversprechende Strategien propagiert, die allerdings den unscheinbaren Nachteil haben, daß sie sich mit den gegebenen Unternehmensstrukturen nicht bewältigen lassen. Strukturen ändern sich nur im Katastrophenfall[2].

II. Der alte Charme des strategischen Managements

Jede anspruchsvolle Anhandlung über modernes Management beginnt mit der Feststellung, daß die Managementherausforderungen unserer Zeit durch eine diskontinuierliche Dynamik der Umwelt ge-

1 Dieser Beitrag erschien erstmals in 1994. Das erklärt die genannten Beispiele. Er hat aber von seiner Aktualität nichts verloren. Es gibt neuere ähnlich gelagerte Fälle, aber leider auch ältere, weiter schwelende Unternehmenskrisen.

2 Diese Tatsache wird von den meisten Unternehmensberater übersehen, da sie sich mit der Implementierung ihrer Vorschläge selten befassen.

prägt sind, die neue Denkansätze und flexible Handlungsweisen erfordert[3]. Unternehmensberater und andere Theoretiker kommen dann automatisch auf die überirdische Form des Managements zu sprechen, nämlich auf die strategische Unternehmensführung.

Die strategische Unternehmensführung wird von jedem aufstrebenden Manager als berufliche Erfüllung angesehen, weil sie mit der Weihe zum Top-Manager verbunden ist. Mit natürlichem Instinkt setzt der Top-Manager strategische Führung und Planung gleich[4]. Eine etwaige Umsetzung der strategischen Planung würde in die Niederungen operativer Entscheidungen führen, die ein standesbewußter Top-Manager delegiert[5].

In Unternehmen feiner Lebensart ist die strategische Planung dem Vorstandsvorsitzenden vorbehalten, der sie bis zum Untergang des Unternehmens perfektionieren wird[6]. Es wundert daher nicht, daß die „Strategische Planung“ als Placebo für nervöse oder mäkelnde Aufsichtsräte am häufigsten verwendet wird. Ihre vermeintliche Heilkraft beruht auf markant formulierten Packungsbeilagen wie die Hypothese“ Structures follow Strategies“.

Die Autorität der modernen Wirtschaftsfachleute beruht auf dem selbstverständlichen Umgang mit amerikanischen Begriffen[7] – englische genügen dem anspruchsvollen Ökonomen nicht[8]. Diese Begriffe sind im Vergleich zu deutschen Bezeichnungen zwar ebenfalls ungenau, aber in ihrer Bedeutung diffuser. Ihre wörtliche Über-

---

3 Siehe dazu die pathetischen Einleitungen der Abhandlungen über strategische Unternehmensplanung und moderne Unternehmensführung.

4 *Riesel-Kalck,* Natürliche Lebensweisen in den Topetagen, Frankfurt 1987, insbesondere S. 87 ff.

5 *Lescartes:* „Ich delegiere, also bin ich“ spricht der Boss; zitiert nach *Tapissier,* Le Roi c'est moi, Paris 1991, S. 128.

6 Vereinzelt beansprucht sogar der Vorsitzende des Aufsichtsrates die Aufgabe, eigenständige Konzeptionen für das Unternehmen zu entwickeln. Der damit angerichtete Schaden hält sich aber in denselben Grenzen, wie sie bei der üblichen Zuständigkeit des Vorstandsvorsitzenden bestehen.

7 *Gin-Seng,* Talking Global, Sprache und Ausdruck, Marburg 1989, Heft 5.

8 *Zanglgruber,* Die linguistische Herausforderung der modernen Wirtschaftswissenschaft, 3. Auflage, München 1990, S. 18 ff.

setzung verschließt sich oft einer sinnvollen Deutung oder erweist sich sogar als irreführend[9]. Durch ihre Vieldeutigkeit sind angloamerikanische Begriffe den deutschen weit überlegen. Die Zweifel an der wissenschaftlichen Durchsetzungskraft der deutschen Fachsprache sind nicht ganz unberechtigt. Während sie z. B. „Kosten" unmißverständlich als „Unkosten" bezeichnet, wird es als ehrenrührig empfunden, wenn man vom Unsinn sinnvoll gemeinter Managerentscheidungen spricht.

Analog zur Überzeugungskraft einzelner Begriffe klingen amerikanisch formulierte Thesen wie „Structures follow strategies" für jeden intellektuellen Wirtschaftler wahnsinnig logisch. Selbst Pragmatiker lassen sich auf diese Weise von realisierbaren Unmöglichkeiten faszinieren. Die deutsche Übersetzung der genannten These: „Die Strukturen passen sich den Strategien an" erscheint dagegen blaß und wenig glaubwürdig.

III. Der Status der Unternehmensstrukturen

Verunsicherungen stiften allerdings deutliche Anzeichen, daß in der Managementpraxis die Antithese „Praktizierte Strategien richten sich nach den vorhandenen Strukturen" eher zutreffend ist. Wissenschaftlich formuliert heißt das: „Strategies follow structures". In dieser verschwommenen Prägnanz gewinnt die ungewohnte Antithese erheblich an Überzeugungskraft. Renommierte Managementgurus bemängeln aber immer noch ihre Abweichung von der herrschenden Lehre und lehnen sie daher als unwissenschaftlich ab. Willensstarke Top-Managern beschleicht das Gefühl, daß die Antithese zu anspruchslos ist.

---

9 Vgl. z.B: die zahlreichen, aber vergeblichen Versuche, den „true and fair view" wahr und zutreffend zu beschreiben.

Zur Aufmunterung skeptischer Führungskräfte setzen im Trend liegende Managementphilosophen auf das Chaos als Grundlage weiser Managemententscheidungen[10]. Sie predigen mit Nachdruck, von der Mystik der strategischen Planung Abschied zu nehmen. Angesichts solcher Heilsverkündigungen in Wort und Schrift verbleibt den Experten der Streit darüber, welche Strategien erfolgreich ins Chaos führen. Vieles spricht dafür, daß die vorhandenen Strukturen das Chaos sind, an das wir uns gewöhnt haben. Insofern gehört chaotisches Management bereits zum bewährten Repertoire vieler Unternehmen.

Viele modische Managementlehren und -techniken, die als Aufblähung des Alphabets in edel ausgestatteten Managementbüchern oder teuren Beratungsgutachten beschrieben wurden, konnten trotz kostspieliger Implementierungversuche bisher nicht verhindern, daß die meisten Unternehmen erfolgreich geführt wurden und werden. In anderen Unternehmen haben sie den Trend zur selbsthemmenden Organisation nicht gebrochen. Auf diesem Phänomen beruht übrigens der nachhaltige Erfolg cleverer Management-Consultants, deren Brillanz die Abwesenheit fundierter Erkenntnisse verdeckt. Banal in der Sache, aber repräsentativ und ästhetisch in der Darstellung kombinieren solche Vakuumstrategen ihre auf individuell getrimmten Ratschläge mit strukturgefährdenden Andeutungen und bewahren sie so vor Realisierungsversuchen.

Der praxisrelevante Befund lautet, daß sich operable Unternehmensstrategien nur im Rahmen der vorhandenen Organisations- und Managementmuster entwickeln lassen. Das aber beweist die Antithese „Strategies follow structures“ oder in strenger deutscher Sprache: „Straffe Strukturen strangulieren strapaziöse Strategien“.

Jede Unternehmensstruktur ist spätestens dann überholt, wenn es der Unternehmensspitze zu wohl wird. Sie verspürt dann einen unwiderstehlichen Expansionsdrang, den sie strategisch verbrämt

10 *Gerken,* Helden des Chaos, Düsseldorf 1992; *Lentz,* Führen muß Spaß machen, Capital 1992, Heft 9, S. 210 ff.

als „gezielte Diversifikation“ bezeichnet, d.h. die Richtung ist egal, wenn es nur vorwärts geht. Mit anderen Worten: Diversifikation ist der richtige Schritt in die falsche Richtung oder umgekehrt.

Einzelunternehmer, die sich ihrem Steuerberater ausliefern, gründen eine GmbH & Co. KG nach der anderen. Wenn sie die Übersicht vollends verloren haben, kaufen sie ein Hotel. Großunternehmen erzielen mit der Akquisition von Unternehmen dasselbe Resultat. Hochrangige Projektgruppen sind unter Dauerstreß damit beschäftigt, die Spreu vom Weizen zu trennen, um die Spreu als strategische Neuausrichtung zu verkünden. Was der Praktiker als Aufeinanderprallen verschiedenartiger Unternehmenskulturen empfindet, rechtfertigen strategische Köpfe als Synergieeffekte.

Obwohl die dazu von namhaften Managementexperten empfohlene Matrixorganisation praktisch nie funktioniert hat, sind viele Diversifikationen gescheitert und, wenn die Finanzmittel ausreichten, rückgängig gemacht worden[11]. Immerhin wurden in diversifizierten Unternehmen die ursprünglichen Strukturen soweit verbogen, daß der heute empfohlenen Besinnung auf das Kerngeschäft erneut strukturelle Schwierigkeiten entgegenstehen.

IV. Die Immunität der Strukturen

Die hohe Widerstandskraft vorhandener Strukturen hat ihre Gründe. Veränderungen der Strukturen führen nämlich zu Änderungen des Status seiner Glieder und – was praktisch viel gravierender ist – zu Veränderungen der Statussymbole. Es wundert daher nicht, daß Daimler-Benz seine verkündete Umstrukturierung der Führungshierarchie mit einer großzügigeren Dienstwagenregelung verbindet[12]. Empirische Studien der Internationalen Pförtner-Vereinigung[13] bele-

11 *Gaitanides,* Mischkonzerne verändern das Geld, München 1991.

12 Autorität leitet sich von Auto, also von dem Dienstauto ab, das man fährt.

13 *International Gatemen Association* (IGA), In Search of Evidence, Kongreßbericht, Baltimore 1991, S. 127.

gen, daß eine Veränderung der Prioritäten auf dem Firmenparkplatz ein größeres Durcheinander im Unternehmen auslöst als ein Großbrand.

Auch die übliche Arbeitsteilung im Unternehmen stabilisiert vorhandene Strukturen. Die Gliederung in Arbeiter, Fachleute, Manager und Top-Manager[14] ist dadurch geprägt. daß mit zunehmender Verantwortung anstelle des gesunden Menschenverstandes Erfahrung und Standesbewußtsein treten. Der Arbeiter weiß, daß er zu arbeiten hat und gedenkt, dies im tariflichen Rahmen zu tun[15]. Der Fachmann erspart sich das Denken, er weiß. Als Experte weiß er immer mehr über immer weniger, bis er schließlich alles über nichts weiß. Der Manager denkt sich manches, weiß aber nichts. Der Top-Manager schließlich gibt zu denken und weiß zu delegieren.

Strukturgefährdung gebiert selbst in scheintoten Organisationen ungeahnte Kreativitäten. Karriereverbissene Manager entwickeln ein Arsenal von Abwehrstrategien gegen strukturelle Veränderungen. Besonders beliebt sind:

- die Einrichtung von Projektgruppen, für die man mangels Zeit keine Sitzungstermine findet,
- die Ausdehnung des Problemkreises auf unbeherrschbare Ebenen,
- die Behandlung ungefährlicher Teilaspekte bei gleichzeitiger Eliminierung der echten Problemfelder,
- zeitraubende Auswahlverfahren für letztlich ungeeignete Berater.

Strukturen werden weiter dadurch abgesichert, daß in den Spitzengremien rationale Entscheidungen erst dann getroffen werden, wenn alle anderen Möglichkeiten erschöpft sind. Ein Top-Manager, der die einzige Lösung kennt, aber davon nichts wissen will, wird

14 Die Grundlagen wurden gelegt von *Scheffler,* Vom Teen-Ager zum Man-Ager, FAZ vom 4.11.1989.

15 Die Tarifpolitik der Gewerkschaften scheint darauf angelegt zu sein, die Arbeit als finanziell bedingten Verzicht auf Freizeit so teuer wie unmöglich zu machen.

einen Unternehmensberater einschalten, um die unerfreuliche Angelegenheit professionell zu bereinigen.

Das bewahrende Element der Strukturen bildet die solide Grundlage für die Windstille in den Topetagen vieler Unternehmen und damit für das Kartenhaus der strategischen Planung. Allfällige Unternehmenskrisen können so ungestört bis zur Katastrophe reifen, die das strategische Kartenhaus einstürzen läßt. Nur aus seinen Ruinen entstehen neue Strukturen. Nur dann gelangt die modische Hypothese „Structures follow strategies" in Wirklichkeitsnähe, was sie intellektuell so attraktiv macht wie die Empfehlung, gegen Zahnschmerzen Zyankali zu schlucken.

Sieht man von solchen apokalyptischen Ausschweifungen ab, so muß man für eine realistische Strategieentwicklung die Unantastbarkeit vorhandener Strukturen akzeptieren. Allenfalls lassen sich Pseudoveränderungen applizieren, wie z.B. die Abspaltung einer Strategie-Holding, die man besser als Frustrationstreibhaus bezeichnen sollte[16].

V. Das Tabu der Managementstruktur

Ein absolutes Tabu gilt für die Managementstruktur. Wie an lesenswerter Stelle schon ausgeführt ist die steile Karriere vom Studium zum Frührentner durch das Peter-Prinzip[17] geprägt, nach dem jeder Angehörige einer Hierarchie dazu neigt, bis zur Stufe seiner Unfähigkeit aufzusteigen. Zur Erreichung von Spitzenpositionen reicht allerdings der Unfähigkeitstrieb allein nicht aus. Karriere ist vor allem die Gunst des Vorgesetzten. Mit ihrer Hilfe kann die Hierarchie aus einem Idioten ein Genie machen.

---

16 *Sühner,* Von der Strategieholding zu Holdingstrategien, Wiesbaden 1992, Anhang VI.

17 Siehe dazu *Peter/Hull,* Das Peter-Prinzip, Reinbeck, 1970.

Eine solche Evolution ist in allen Hierarchien anzutreffen. Sie ist nicht auf Unternehmen beschränkt, sondern auch in Parlamenten, Parteien, Kirchen, Gewerkschaften und anderen Institutionen zu beobachten. Spitzenkräfte, die den Höhepunkt ihrer Karriere systemgerecht geschafft haben, beanspruchen kraft Amtes politischen Instinkt oder unternehmerische Intuition, d.h. sie können eine Lage in Sekundenschnelle falsch beurteilen.

Die Existenz des Top-Managements und die Erhaltung der Hierarchien hängt von den Beschäftigten ab, die die Stufe ihrer Inkompetenz noch nicht erreicht haben. Sie werden durch geeignete Managementsysteme unter Kontrolle gehalten und von einer gut organisierten Personalabteilung zur Strukturerhaltung durch Beförderung oder Frustration regelmäßig entsorgt. Zum Ausgleich werden planmäßig Nachwuchskräfte eingestellt, die nach maßgeblicher Fehleinschätzung der Personalmanager Führungspotential besitzen. Für die weitere Entwicklung wird der Tatbestand genutzt, daß ehrgeizige Jungmanager zwar nicht wissen, wo sie hin wollen, aber sie wollen wenigstens als erste da sein.

Eine verantwortungsbewußte Spitzenkraft beweist ihre Dynamik dadurch, daß sie hin und wieder einen höhergestellten Manager feuert, wenn dessen Fähigkeiten befürchten lassen, daß die Lücke, die er hinterläßt, ihn nicht ersetzen kann. Mit solchen Maßnahmen werden den jüngeren Managern Aufstiegschancen im Unternehmen demonstriert. Zugleich wird allen Managern bewußt gemacht, daß ihre Position keine durch Leistung absicherbare Pfründe darstellt. Fähige Führungskräfte werden nicht zur Unternehmensspitze, sondern auf die Palme getrieben.

Management-Development, Peter-Prinzip und Sponsorentum verhindern nicht, daß auch fähige Köpfe in das Top-Management gelangen. Das passiert dann, wenn Manager wegen der begrenzten Zahl der Rangstufen ihre hierarchische Endplazierung im Unternehmen nicht erreichen können. Die populistische Forderung nach flachen Hierarchien hat daher eine wirtschaftliche Berechtigung. Das vereinzelte Auftreten fähiger Spitzenmanager hat zur Folge, daß strukturbedingte Unternehmenskrisen auch im Top-Management erkannt werden können. Warum dennoch nur im Katastrophenfall strukturelle Veränderungen zu befürchten sind, hängt mit dem üblichen Karriereverlauf zusammen.

Zur Bewahrung eingesessener Strukturen trägt nämlich ferner bei, daß man in etablierten Unternehmen zum Top-Manager erst in einem Alter avanciert, in dem sich Weisheit und Mäßigung ballen[18]. Das Temperament der obersten Führungsgremien ist daher so ausgeglichen, daß sie denselben Fehler wiederholen können, ohne nervös zu werden. Bei Ratlosigkeit werden behutsam handelnde Spitzenmanager nicht gleich sachlich werden, wenn es auch emotional geht. Sie werden vor allem keine unangenehmen Entscheidungen fällen, wenn deren positiver Erfolg erst die nachfolgende Führungsgeneration ernten kann.

VI. Die strukturerhaltenden Aufgaben des Top-Managements

Der durch Business Schools und MBA-Kurse vervollkommnete Manager hat gelernt, daß heute nur ein kooperativer Führungsstil angesagt ist. Er wird daher nicht alle Fehler selbst machen, sondern auch anderen eine Chance geben. Ein gewitzter Top-Manager wird sich auf jene Führungsaufgaben beschränken, die wesentlich zum Strukturerhalt beitragen, d.h. er konzentriert sich auf Imagepflege, Unternehmensplanung, Rechnungslegung und Befriedigung des Aufsichtsrates.

1. Imagepflege

Image ist für den erfolgsüchtigen Mann das Parfum der Kompetenz. Es beruht auf der Annahme, daß die Tube wichtiger ist als die Zahnpasta. Ein angesehener Top-Manager muß nicht immer an sein Image denken, aber wenn er denkt, denkt er an sein Image. Denn

18 *Noll/Bachmann,* Der kleine Machiavelli, Zürich 1987, S. 13.

Image muß durch ständige Präsentation hart erarbeitet und gepflegt werden. Es verwirklicht sich in der Reflexion und Akzeptanz der Artgenossen. Über den verwöhnten Umgang mit seinesgleichen hinaus kommt es dem Imagebesessenen aber auch darauf an, das von der öffentlichen Meinung erwartete Image zu haben.

Bei kritischer Lage des Unternehmens wird von der dann wichtiger werdenden Finanzwelt das Image des knallharten Managers am höchsten geschätzt. Es ähnelt dem Solei: beknackt und hartgesotten. Während willenschwache Kollegen strukturgefährdenden Vorschlägen ihr „Das haben wir immer so gemacht" entgegenhalten, killt sie der unerbittliche Managertyp mit dem wuchtigen Argument „Das kann ich mir gar nicht vorstellen".

Ein unnachgiebiger Manager irrt nicht, denn irren ist menschlich. Er muß sich allerdings fragen lassen, was er als Außenstehender von der Intelligenz hält.

Zum Image des progressiven Managers gehören die Laptop-Attrappe als Handgepäck und das Handy im dunklen Zweireiher. Für ihn ist die größte Sünde, nicht erreichbar zu sein. Er läßt sich daher regelmäßig in Flughafenterminals oder First-Class-Lounges ausrufen.

Der sportliche Typ optimiert den Einsatz selbstbräunender Gesichtscreme. Sein Motto ist: Lieber von Picasso gemalt, als vom Streß gezeichnet.

Ein fröhlicher Top-Manager weiß, daß ein anderer für Mißerfolge verantwortlich ist.

Der Finanzchef lebt von dem Image, das kaufmännische Gewissen des Unternehmens zu sein. In vielen Unternehmen ist es ein reines Gewissen, weil so selten benutzt wird. Das gewissenhafte Finanzgenie wird bei drohender Überschuldung den Kreditrahmen dadurch erweitern, daß es die Zahl der Bankverbindungen erhöht. Bei guter Ertragslage wird es die Überzeugung vertreten, daß die beste Stellung für das Unternehmen die Rückstellung ist. Im übrigen muß der Finanzvorstand die dreifache Buchführung beherrschen: sie muß den Vorstandsvorsitzenden, die Kapitalgeber und den Fiskus zufriedenstellen.

2. *Unternehmensplanung*

Bei der Unternehmensplanung beschränkt sich – durch die Fachliteratur bestätigt – die Unternehmensspitze auf die strategische Planung. Strategische Planung hilft die kleinen Irrtümer zu vermeiden, während man dem großen Trugschluß entgegentreibt. Sie ist Irrtum auf lange Sicht. Dennoch darf ein vollblütiger Strukturbewahrer auf der Hierarchiespitze die operative Planung nicht völlig übersehen. Es läßt sich im Krisenfall kaum vermeiden, daß höhere Instanzen wie Aufsichtsrat oder Konzernleitung danach fragen. Um deren Erwartungshaltung nicht zu enttäuschen, wird ein vorsorgender Top-Manager die wegen einer gewissen Realitätsnähe dilletantisch anmutende Planungsrechnung untergeordneter Managementebenen zu einer vorlagefähigen Unternehmensplanung läutern.

Unternehmensplanungen sind Märchen der Vernunft. Das bevorzugte Kriterium für ihre Akzeptanz ist die die größte annehmbare Unwahrscheinlichkeit (GAU). Für die Kompetenzträger im Unternehmen ist daher das Vertrauen in die Nichterfüllung der Planung eine verläßliche Grundlage für richtige Entscheidungen.[19]

Wer nicht bereits beim Planen versagen will, strukturiert die Planwerte anders als die sonst vergleichbaren Istwerte. Das Absurde der zwangsläufigen Soll-Ist-Abweichungen eröffnet einen ausreichenden Interpretationsspielraum, der situations- und empfängerbedingt emotional einleuchtende und allgemein verträgliche Erklärungen zuläßt. Auf diese Weise werden strukturbedingte Krisen mit dem Mantel der Nächstenliebe[20] bedeckt, daß sie bei gutem Glauben einem scharfsinnigen Überwacher oder Abschlußprüfer nicht auffallen. Mit anderen Worten: Bei kritischem Zustand nutzt ein Vorstand mit Anstand jeden Umstand zum Abstand vom Ergebnisrückstand.

19 Aufsichtsräte halten mit dieser Erkenntnis noch zurück.

20 Bei Erfolgen und Krisen ist sich jeder Manager selbst der Nächste.

3. Rechnungslegung

Neben der Planung erschließt die Rechnungslegung dem engagierten Top-Manager ein reizvolles Betätigungsfeld. Rechnungslegung ist die immer weiter verfeinerte Methode, in aufwendiger Form wenig über ein Unternehmen auszusagen. Ihre Zwecksetzungen sind: Bestätigung des Vorstandes, Beruhigung des Aufsichtsrates, Tröstung der Kreditgeber, Resignation der Aktionäre. Mit anderen Worten: Erhalt der Strukturen.

Auf der Suche nach Spitzenleistungen wird der exzellente Unternehmenschef das Jahresergebnis bereits vor Ablauf des Geschäftsjahres intuitiv, aber endgültig festlegen. Es ist schlimm für den Ist-Verlauf, wenn er davon abweicht. Die Fairness gebietet den Hinweis, daß das Präjudiz des Jahresergebnisses durch den Spitzenmanager mit überzogenen finanziellen Zielvorgaben für das operative Geschäft verbunden wird. Dem liegt die tiefe Erkenntnis zugrunde, daß hoher Gewinn aufwendige Geschäfte erträglicher macht. Wissenschaftlich spricht man vom Top-down-Approach, d.h. die Planergebnisse sind top und die Ist-Ergebnisse down. Als Prothese für die damit verbundene Dialogschwäche im Management hat man das Controlling geschaffen.

Erstaunlich sind Energie und Phantasie, mit denen Manager versuchen, die hochgesteckten Ziele entgegen aller wirtschaftlichen Vernunft zu erreichen. Die Engländer haben diese Anstrengungen unter Berufung auf das flexible „true and fair view"-Konzept als „Accounting for Growth"[21] gewürdigt, da es der Performance-Mentalität der institutionellen Anleger sehr entgegenkommt. Wie selbst erfahrene Wirtschaftsprüfer zugeben, ist die ergebnisorientierte Kurzsichtigkeit den Finanzanalysten nicht zur exklusiven Benutzung überlassen.

Die Bilanzpolitik, also die zielbewußte Verunstaltung des Jahresabschlusses, darf nicht engstirnigen Buchexperten überlassen werden. Der weltoffene Rechnungsleger darf sich nicht durch Fakten vom gewünschten Ergebnisausweis abbringen lassen. Etwaige Über-

---

21 *Smith,* Accounting for Growth, London 1992.

einstimmungen mit der tatsächlichen Lage des Unternehmens sollten dennoch mutig in Kauf genommen werden. Einem uneinsichtigen Abschlußprüfer ist entgegenzuhalten, daß die Abschlußprüfung keine Dopingkontrolle ist.

4. Befriedigung des Aufsichtsrates

Ein sensibles Element der Unternehmensstruktur ist der Aufsichtsrat, häufig die letzte Domäne der Amateure. Die Frage, ob der Aufsichtsrat notwendig oder überflüssig ist, ist mit einem klaren Ja zu beantworten[22]. Seine Unterrichtung gehört zu den exklusiven Privilegien des Top-Managements. In strukturbewahrender Sensibilität darf dem Aufsichtsrat nur eine begrenzte Aussagekraft und Aktualität der Informationen zugemutet werden. Etwaige Nachfragen müssen mit einer zurückgenommenen Zeitnähe und einer eingeschränkten Vergleichbarkeit der Daten durchgestanden werden. Als Ersatzdroge haben sich Zahlen des Vorjahres bewährt. Auch eine begeisternde Darstellung künftiger Marktstrategien kann über schwierige Realitäten hinweghelfen.

VII. Schlußbemerkungen

Der Top-Manager ist frei bei seinen strategischen Zielsetzungen. Schwierigkeiten ergeben sich nur bei der selbstzerstörerischen Absicht, entsprechende Strategien verwirklichen zu wollen. Strategien lassen sich nämlich nur dann realisieren, wenn sie die bestehenden Strukturen nicht antasten. In der Mitte dieser Strukturen steht der Top-Manager und damit allem im Wege. Dennoch ist der Top-Manager unentbehrlich, denn: es geht nicht oben ohne! Zum Erhalt der Strukturen müssen manche Manager auf die höheren Hierarchiestufen befördert werden, weil sie unten Unheil anrichten würden.

22 *Scheffler,* Der Aufsichtsrat – nützlich oder überflüssig?, ZGR 1993, S. 63 ff.

Hält die Holding, was von ihr gehalten wird?

I. Problemstellung
II. Ursprung und Wesen der Holding
III. Die Holding in der Unternehmenstheorie und -praxis
   1. Die Arten der Holding
   2. Organe und andere Werkzeuge der Holding
   3. Holdings in der Praxis
IV. Zusammenfassung und Testfragen

Hält die Holding, was von ihr gehalten wird?

Der Verfasser gehört zu den vorbehaltlosen Bewunderern der Wirtschaftsprüfer. Umso mehr hat ihn die Erkenntnis erschüttert[1], daß es Dinge im Wirtschaftsleben gibt, von denen die Wirtschaftsprüfer keine Ahnung haben. Trotz anderweitiger Beanspruchung fühlt sich der Verfasser daher aufgerufen, als steter Tropfen das Faß des wirtschaftlichen Universalwissens der Wirtschaftsprüfer aufzufüllen. Die Gefahr des Überlaufens ist dadurch gebannt, daß der stete Tropfen den Stein des Unwissens höhlt, der groß und schwer in dem Faß liegt.[2]

I. Problemstellung

Der modische Trend avantgardistischer Unternehmensstrategen zielt hinsichtlich moderner Organisationsformen unbeirrt auf die Holdinggesellschaft (kurz Holding).[3] Sie wird von agilen Beratern als Patentlösung empfunden, um mit der zunehmenden Dynamik der Umwelt unternehmerisch fertig zu werden.[4] Viele Unternehmen von ABB bis Tchibo und von AMB bis Winterthur haben sich in den letzten Jahren der Holdingstruktur ergeben. Die Holding ist dadurch und durch andere Vorurteile zum Inbegriff moderner Konzernführung geworden.

---

1 Schmerzliche Erfahrungen als Mitglied des Prüfungsausschusses für Wirtschaftsprüfer haben anfängliche Zweifel des Verfassers radikal beseitigt. Siehe dazu auch *Unfug*. Die überlegene Intelligenz des Wirtschaftsprüfers als psychologisches Problem, Frankfurt, 2. Aufl. 1984.

2 Vgl. dazu *Algori,* Sinnbilder wirtschaftlicher Katastrophen seit Martin Luther, Heidelberg 1957, S. 267.

3 Vgl. u. a. *Keller,* DB 1991, S. 1633-1639.

4 „A holding company is the wave of the future“. Global Finance. November 1991, S. 85. Siehe auch *Bühner,* ZfO 1990, S. 299-308.

Auch der auf Perfektion bedachte Wirtschaftsprüfer muß sich mit der Problematik der Holding auseinandersetzen, zumal diese weitgehend unverstandene Organisationsform selbst von großen Wirtschaftsprüfungsgesellschaften schon verwirklicht worden ist.[5] Der angerichtete Schaden hält sich auskunftsgemäß in Grenzen. Dem aufmerksamen Wirtschaftsprüfer mag auffallen, daß eine Holding in ihrem Jahresabschluß als wesentlichen Bilanzposten Beteiligungen (§ 271 HGB) und keine Umsatzerlöse (§ 277 Abs. 1 HGB) ausweist. Es wäre aber einfältig anzunehmen, daß damit bereits die Wesenszüge einer Holding beschrieben wären.

Die hohen Erwartungen, die Hochschullehrer, Unternehmensberater, Konzernstrategen und andere Theoretiker an die Holdingkonzeption knüpfen, sind ohne Zweifel darauf zurückzuführen, daß man sich bisher nicht intensiv genug mit dem Ursprung und dem Wesen der Holding auseinandergesetzt hat.

II. Ursprung und Wesen der Holding

Der Ursprung des Begriffes „Holding“ ist bisher nur wenig erforscht worden. Er ist daher vage und fragwürdigen Spekulationen ausgeliefert. Erst in jüngster Zeit konnte ein interdisziplinäres Forschungsprojekt über Herkunft und Sinngehalt des Begriffes „Holding“ abgeschlossen werden, das endlich Klarheit in den dunklen Sprachgebrauch bringen kann. Mit hohen Forschungsaufwendungen konnten Sprach-, Geschichts- und Wirtschaftswissenschaftler in gemeinsamer Anstrengung nachweisen, daß der Begriff „Holding“ - entgegen landläufiger Meinung - dem deutschen Sprachschatz entlehnt worden ist.[6] Lediglich hinsichtlich des Bedeutungsinhaltes sind noch leicht unterschiedliche Auffassungen verblieben.

---

5 Z. B. Deutsche Revisions-AG.

6 *Kaiser/Lüthi* u. a.: Holding oder Hohlding?, Forschungsbericht 1357/9 1 zur Erforschung und Deutung des modernen Sprachschatzes. Ergänzend *Reis-Wolff,* Wirtschaftswissenschaftliche Anmerkungen zum Forschungsbericht 1357/91. Bisher unveröffentlichte Manuskripte.

Die Germanisten führen den Begriff „Holding" auf das mittelhochdeutsche „hold" zurück, das u. a. in „Holda" und „Frau Holle" steckt.[7] Frau Holle ist ursprünglich die Führerin einer primitiven Geisterschar, die sich dann zur dämonischen Einzelpersönlichkeit und weiter zum bald freundlichen, bald strafenden Jenseits-Wesen entwickelte.[8] Die Parallelen zur Entwicklung der Holding bleiben dem Kenner der Holdingpraxis nicht verborgen. Holding heißt also in freier Übersetzung „Kopf(kissen) schüttelnde jenseitige Führung, die sich gern aus dem Fenster lehnt" – nach Expertenmeinung ein zutreffendes Abbild der Realität.

In diesem Zusammenhang beweist sich auch der symbolhafte Wahrheitsgehalt unserer Volksmärchen. Das Märchen von Frau Holle[9] macht in eindringlicher Form deutlich, daß Töchter, die der Frau Holle, in Realität also der Holding, fleißig dienen und beherzt heiße Sachen anfassen (die brennenden Brote im Ofen), mit Gold überschüttet werden. Jene Töchter aber, die arrogant sind und die Holding nicht als der Weisheit letzter Schluß akzeptieren, werden vom Pech verfolgt oder gar verstoßen.

Die Historiker[10] verweisen auf die Verwendung des Begriffes im frühen Mittelalter und belegen damit ebenfalls den deutschsprachigen Ursprung des Holding-Begriffes. Die Wahl zum deutschen König war für den Gewählten „ein hold Ding"[11], weil das Amt zwar keine materiellen Rechte (potestas), wohl aber einen Vorrang an Würde und Hoheit (auctoritas) verlieh. Materielle Rechte hatten die gewählten Könige nur durch ihre Hausmacht, die jedoch von den Landesfürsten immer wieder in Frage gestellt und begrenzt wur-

---

7 *Mackensen,* Percht, Holda, Holding, Ibbenbüren 1986.

8 *Brockhaus,* Enzyklopädie Band 10, Wiesbaden 1989, S. 188. Der Freudenruf „Holdrio", der namentlich in den Alpenländern verbreitet ist, ist offenbar aus dem Dank für die holden (= guten) Gaben der Frau Holle entstanden.

9 *Brüder Grimm,* Frau Holle, Volksmärchen, nacherzählt von Oma Hakelmacher, Föhr 1991.

10 *Heinrichsen,* Die historische Entwicklung der Holding seit Otto I., Dissertation Frankfurt 1991.

11 *Puhvogel,* Die Königswahl im frühen und mittleren Mittelalter, Tübingen 1981, S. 17.

de.[12] Eine verblüffende Übereinstimmung mit dem Herrschaftsgefühl des Holding-Manager. Holding bedeutet demnach „Hochwürdigkeit ohne materielle Kraft".

Eine hochqualifizierte Minderheit von Wirtschaftswissenschaftlern sieht sich aufgrund empirischer Studien in der Ansicht bestätigt, daß der Begriff orthographisch richtig als „Hohlding" zu schreiben wäre, weil er „einen auf tönernen Füßen stehenden Führungsanspruch" beschreibt. Seit der 13. Gesamtschulreform von Nordrhein-Westfalen[13] wird jedoch das phonetisch überflüssige Dehnungs-H allgemein weggelassen[14], so daß die Schreibweise „Holding" selbst im Abitur nicht zu beanstanden ist.

Dagegen behauptet die anglo-amerikanisch beeinflußte Betriebswirtschaftslehre in professionellem Trotz, daß der Begriff aus dem englischen „to hold" (= (fest-)halten, nicht fallen lassen) abgeleitet wurde.[15] „Holding" bedeutet danach lediglich das Halten von Beteiligungen an anderen Unternehmen. Die zahlenmäßig noch überlegenen Anhänger der anglo-amerikanischen Etymologie gestehen allenfalls zu, daß „Holding" auch mit „Haltung" interpretiert werden kann, weil viele eine solche bewahren, wenn in Extremsituationen die Holdingorganisation in einem Scherbenhaufen endet.[16]

Der nunmehr nachgewiesene deutsche Sprachursprung des Begriffes „Holding" führt zu neuartigen betriebswirtschaftlichen Erklärungsmodellen, mit denen sich das Phänomen der Holding wirklichkeitsnäher erläutern und wissenschaftlich logischer und vollständiger untermauern läßt.

---

12 *Boockmann,* Das Reich im Mittelalter in: Deutsche Geschichte, Berlin 1984, S. 86 ff.

13 Selbst diese Schulreform konnte nicht verhindern, daß die Kinder etwas lernen bzw. gelernt haben.

14 *Schmitz,* Ortogravie unt Zeichensätzunk als Hinterniss der Schangsengleichheid, Düsseldorf 1987. Ähnlich *Raab,* Abitur für alle ohne Lehrer/Innen und Außen, Hamburg 1990.

15 Vgl. *H.O.W. Shocking,* To hold or not to hold – The Empire of British Holding Companies since 1858, Oxford 1987.

16 So schon *Mattes-Scheibe,* Die Folgen der Gemeinwirtschaft als Bewährungsprobe, Frankfurt 1982. Nicht ganz unkritisch dazu *Brown,* UNS-Holding, Washington 1982: „The whole problem was a hole problem".

III. Die Holding in der Unternehmenstheorie und -praxis

1. Die Arten der Holding

Die Betriebswirtschaftslehre kennt in der für sie typischen Streubreite der Begriffe zahlreiche Holdingarten. Sie spricht z. B. von Beteiligungs-, Regional-, Landes-, Funktions-, Zwischen-, Auslands-, Führungs-, Verwaltungs-, Familien-, Branchen-, Dach- und Mega-Holdings, die sowohl rein wie gemischt auftreten können.[17] Nach Maßgabe des Holdingzwecks lassen sich drei Arten von Holdings unterscheiden:

- Finanzholding,
- Strategieholding,
- Managementholding.

Die Finanzholding hält lediglich Beteiligungen an anderen Unternehmen und große Stücke auf sich selbst. Ihre aktive Tätigkeit beschränkt sich auf die Ausübung der formalen Gesellschaftsrechte bei den Tochterunternehmen sowie auf die Verbuchung der Beteiligungsverluste oder allfälliger Dividenden. Der publizitätsscheue Höhlen- und Hohldingforscher *Jens-Olaf Diepenbagger* bezeichnet die Finanzholding wegen ihrer Enthaltsamkeit gegenüber den Tochterunternehmen in manieristischer Form als „Entholding"[18]. Präziser definiert die etymologische Abteilung die Finanzholding als „ein durch Beteiligungen ausgehöhltes Finanzgebäude", das unter Ausnutzung der holden (sic!) Finanzmacht entstanden ist.

Die Finanzholding ist die Passiv- oder Leideform der Holding.[19] Ihr Gedeihen ist der Geschäftsentwicklung der Tochterunternehmen ziemlich hilflos ausgesetzt, was sich unter glücklichen Umständen

---

17 Vgl. *Theisen,* Der Konzern, Stuttgart 1991, S. 51 ff.

18 In dieser Art beschreibt er das Stammhaus als „Unholding" und die Managementholding als „Endholding". Siehe *Diepenbagger.* Die Holding in allen Not- und Lebenslagen, Passau 1987 ff., Band IV, S. 21 ff.

19 *Schluchzer,* Grundlagen des apathischen Managements, Düsseldorf 1978, S. 128.

als Segen, in der Regel aber als Existenzbedrohung auswirkt. In dieser fatalistischen Ausprägung kommt die Holding der zur Zeit noch präferenzierten anglo-amerikanischen Sprachquelle im tragischen Sinn von „Stillhalten“ am nächsten. Diese vom Management der Tochterunternehmen aus naheliegenden Gründen als angenehmste Form empfundene Holding wird auch bei WP-Holdings bevorzugt. Sie kommt der gesetzlich geforderten Eigenverantwortung der Wirtschaftsprüfer formal entgegen und bietet dennoch dem Konferenz- und Fernreisebetrieb höher besoldeter Berufsangehöriger ausreichenden Spielraum.

Die Strategieholding ist die rechtliche Verselbständigung der operativen Windstille in den Chefetagen größerer Unternehmen. Sie verdankt ihre ansprechende Bezeichnung dem Umstand, daß sich ihr Management in der strategischen Unternehmens- und Konzernplanung erschöpft.[20] Der kaum zu überschätzende Vorteil der Strategieholding liegt darin, daß die strategischen Ambitionen ihrer Führung genügend Distanz zur Realität wahren, um die operativen Betriebsabläufe nicht zu stören und die Existenz der Tochterunternehmens nicht unmittelbar zu gefährden. Die wahren Unternehmensstrategen brüten bereits, bevor das Ei gelegt ist. Diese pränatalen Kopfgeburten, die besonders hingebungsvoll durch eine Zentralabteilung „strategische Planung gepflegt werden, bezeichnet man mit Egghead-Syndrom.[21]

Dennoch ist auch die Strategieholding problembehaftet, nämlich dann, wenn ihre Aufwendungen die Beteiligungserträge nachhaltig übersteigen (= Crash-flow). Darüber hinaus gerät sie in einen kritischen Zustand, wenn der triebhafte Wille ihres Managements und die Chance zum Beteiligungserwerb aufeinandertreffen. Hier sind neben überschüssigem Kapital Kreativität und Einbildungskraft gefordert, um die zuvor formulierten und effektvoll publizierten strategischen Ziele der Holding mit den Erwerbsgelegenheiten in Einklang zu bringen.

---

20 Zu den theoretischen Ansätzen siehe *Bühner,* Management-Holding, DBW 1987, S. 40-49.

21 *Hakelmacher,* Windegg-Planning, unveröffentlichtes Manuskript 1992.

Von einer Managementholding spricht man, wenn die gewöhnliche Windstille der Strategieholding durch gelegentliche Böen des Holdingmanagements erschüttert wird. Diese operativen Winde sollen den eigenwilligen Tochterunternehmen die Konzernzugehörigkeit eindringlich bewußt machen. Damit wird der strategische Tiefgang der Holding ergänzt durch operative Geduldsproben für die Tochterunternehmen. Erst mit der Managementholding wird die Verwirrung im Konzern komplett, denn ihre Beweggründe werden allenfalls von Holding-Angehörigen verstanden. Es verwundert daher nicht, wenn die meisten Tochterunternehmen, bereits einfache Informationswünsche der Holding als störende Einflußnahmen ansehen.

Diese bedenkliche Gemütskrankheit der Holdingtöchter wird leichtfertig von Konzernjuristen gefördert, die wider die Sünde des faktischen Konzerns zu Felde ziehen und ständig das Unheil des qualifizierten faktischen Konzerns predigen.[22] Vom faktischen Konzern spricht man, wenn die rechtliche Eigenständigkeit der Konzernunternehmen faktisch ignoriert und der Konzern ohne vertragliche Absicherung arglos geleitet wird. Ein qualifizierter faktischer Konzern liegt vor, wenn die Arglosigkeit der Konzernleitung zur Rücksichtslosigkeit entartet. Bei dem Missionseifer der Konzernrechtler, der selbst vor dem Bundesgerichtshof nicht haltmacht[23], kann es nicht ausbleiben, daß interessierte Kreise anstelle der Wertsteigerung für die Unternehmenseigner nur das ungestörte Weiterwursteln der Konzernunternehmen als oberste Zielsetzung akzeptieren.[24]

Eine solche bedauerliche Fehlentwicklung ist angesichts der etymologischen Abteilung des Holding-Begriffes schlicht auf mangelndes Sprachbewußtsein zurückzuführen. Auch die Management-

---

22 Z. B. *Emmerich/Sonnenschein,* Konzernrecht, 3. Auflage, München 1989, § 18.

23 Vgl. BGH-Urteil vom 23. 9. 1991, DB 1991, S. 2176 ff. Dazu kritisch u. a. *Flume.* DB 1992, S. 25 ff.

24 *Wassermann,* Die Psychose dauernder Spitzenleistung, München 1984. Siehe auch *Tiefenbohrer,* Manager auf dem Ledersofa, 3. Auflage, Wien 1990.

holding ist im Regelfall harmlos und läßt sich durch resistente Tochterunternehmen ruhigstellen. Sie bietet aber eine Spielwiese für jene Spitzenleistungen, die vielfach gesucht werden.[25]

Strategie- und Managementholding müssen gemäß Definition und Satzung versuchen, auf die Geschäftsführung der Tochterunternehmen Einfluß zu nehmen. Da sie um des Konzerninteresses willen leiden, spricht man auch von konzernleidenden Holdings.[26] Die Holding ist der verzweifelte Versuch, die Zentrifugalkräfte einer dezentralen Führungsstruktur zu bändigen.[27] Damit wird der Holdingkonzern zum organisierten Wettlauf zwischen der einsamen Spitze visionärer Strategen und den Ballungszentren mittelmäßiger Entscheidungen bei den Tochterunternehmen.

Bei konzernleidenden Holdings muß für Wirtschaftsprüfer ein Achtungszeichen gesetzt werden, weil sie gewöhnlich zur Aufstellung eines Konzernabschlusses verpflichtet sind (§ 290 HGB). Das eröffnet für den Abschlußprüfer der Holding die Chance, zum Konzernabschlußprüfer aufzusteigen (§ 316 Abs. 2, § 318 Abs. 2 HGB). Die dadurch legitimierte robuste Kollegen-Kontrolle (Rokoko)[28] in bezug auf die Abschlußprüfer der Tochterunternehmen zielt auf die Maximierung der eigenen Prüfungstätigkeit innerhalb des Konzerns.

---

25 *Peter/Watermann,* Auf der Suche nach Spitzenleistungen, Landsberg 1985.

26 *Düsterbruch,* Die Konzernleitungspflicht und ihre natürlichen Grenzen, Berlin 1991, S. 89 f. Für Anspruchsvolle wird zum ernsthaften Kauf und Studium das Buch von *Scheffler,* Konzernmanagement, München 1992, empfohlen.

27 *Keller,* BFuP 1992, S. 14 ff.

28 Dazu grundlegend Hakelmacher, WPg 1980, S. 100. Weniger deutlich *IDW,* Fachgutachten 1/1988 und *IDW* (Hrsg.) WP-Handbuch 1992, 10. Auflage, Düsseldorf 1992, Band I. P 459 ff. Vgl. auch § 317 Abs. 2 HGB.

Die wichtigste Insignie der Holding ist ihr Geschäftsführungsorgan, das unter der Bezeichnung „Vorstand“[29] Gefechtsreife erlangt. Dem Vorsitzenden des Vorstandes gebühren die höchsten Repräsentationsrechte und -spesen. Das Ansehen des Holdingvorstandes lebt von seinem Image; sein Führungsanspruch von dessen Hausmacht. Der ideale Konzernchef kümmert sich nur um übergeordnete Angelegenheiten wie das Erscheinungsbild des Konzerns auf Schriftstücken und in der Öffentlichkeit oder wie die Hierarchie der Dienstwagen im Konzern. Er kann es sich leisten, sachliche Entscheidungen erst dann zu treffen, wenn alle anderen Möglichkeiten erschöpft sind.

Im übrigen übt ein aktiver Holdingvorstand wie die deutschen Könige seine Herrschaft im Umherziehen aus. Was im Mittelalter die Königspfalzen waren, sind heute die Sitze der Tochterunternehmen; der Pomp ist der gleiche geblieben.

11,3 % aller Top-Manager rechnen damit, ihre Karriere durch einen Vorstandsposten bei einer konzernleidenden Holding zu krönen. Weitere 67,8 % haben den geheimen Wunsch, Vorstand einer solchen Holding zu werden.[30] Die Faszination der Holdingspitze erklärt sich hauptsächlich daraus, daß der am höchsten besoldete Manager als der qualifizierteste gilt. Hinzukommt, daß sich der Unfähigkeitstrieb bei ehrgeizigen Managern nie befriedigen läßt. Der Topmanager bleibt dem Streben nach höherer Inkompetenz verfallen, selbst wenn die hierarchische Endplazierung[31] erreicht hat. Seine Aufstiegschancen beruhen darauf, daß unkompetente Holdingspitzen bei bewußter Auswahl unfähige Mitarbeiter und Nachfolger bevorzugen.

29 „Vorstand“ und „Verstand“ unterscheiden sich nur durch einen einzigen Buchstaben – doch dazwischen können Welten liegen.

30 *Hohlfeld,* Der Boss als Mensch, in Empirische Studien zur Führungspsychologie, Harzburg 1987.

31 *Peter/Hull.* Das Peter-Prinzip, Hamburg 1970, S. 28.

Die germanistisch-historische Sinndeutung des Begriffes „Holding“ wird eindrucksvoll weiter dadurch unterlegt, daß auch die Managementholding durch ihren Hofstaat glänzt, der im modernen Sprachgebrauch mit „Zentralabteilungen“ bezeichnet wird. Die Tüchtigkeit des Holding-Vorstandes wird gemessen durch die Anzahl, Personalstärke und den Fleiß der Zentralabteilungen. Sie tragen mit hoher strategischer Anmutung und auch sonst nur mäßig zum Konzernerfolg bei. Als unentbehrlich haben sich folgende Holdingämter erwiesen, deren Wesensgehalt hier nur dramatisch verkürzt wiedergegeben werden kann.

Die namentlich die Strategieholding schmückende Zentralabteilung „strategische Planung“ zerbricht sich die strategischen Köpfe der Tochterunternehmen, definiert auf der Basis umfangreichen Literaturstudiums strategische Geschäftsfelder für den Konzern und ist Auftraggeber für schubladenfertige Markt- und Projektstudien zur Absicherung strategischer Manöver. Sie ist das Hauptopfer der verbreiteten Beratungsgier großer Holdings, die die Lebensgrundlage für viele Unternehmensberater darstellt.[32] Die große Stunde schlägt für diesen Brain-Trust bei akutem Diversifikationsdrang der Holding.

Als ebenso unverzichtbar erweist sich eine permanente Öffentlichkeitsarbeit zur Imagepflege für Holding und Konzern, so daß sich jede Holding von Format eine Zentralabteilung „public relations“ leistet. Da sich Konzerndaten viel zu selten für positive Signale eignen, konzentriert sich die PR-Tätigkeit häufig auf die musischen oder sportlichen Qualitäten des Vorstandsvorsitzenden. Relativ erfolgreich sind Holdings mit fotogenen Konzernchefs, deren regelmäßig publiziertes Konterfei in einschlägigen Gazetten Damen jeglichen Geschlechts zur erotischen Raserei treiben.[33]

In wohletablierten Holdings ist eine zentrale „Rechtsabteilung“ zur Lähmung des Managements unabwendbar. Der Justitiar der Holding begleitet als Chefbedenkenträger jeden Schritt der Kon-

32 Siehe dazu *Kalkfuss,* Symptome der Aviditas consultationis, Marburg 1969.
33 *Mary Gordon,* The Man of Sexcellence, London 1991, S. 6.

zernleitung, läßt Gutachten zur rechtlichen Irrelevanz der Konzernleitung anfertigen und erarbeitet weitere Entlastungspapiere. Er protokolliert die spärlichen Entschlüsse von Vorstand und Aufsichtsrat in juristisch unbedenklicher Form.

Das ebenfalls als unvermeidlich eingestufte „Konzern-Controlling“ wird am besten als behinderte Kontrolle der Konzernunternehmen mit systemimmanentem Informationsdefizit charakterisiert. Es wird mit zunehmender Konzerndauer bis zur Unwesentlichkeit immer weiter verfeinert. Die große Wertschätzung für den Konzern-Controller beruht auf dem aristokratischen C im Begriff „Controlling“. Das hohe C leitet sich aus Assoziationen mit „Contenance“ und „Couture“ ab. Der Controller hat erstere zu bewahren, wenn ihm die Tochterunternehmen unvollständige, zumindest aber unübersichtliche oder unheilverkündende Informationen gnädig und verspätet überlassen. Seine eigentliche Aufgabe gleicht der des Couturiers: er muß aus unzulänglichen Materialien elegante und passende Managementberichte schneidern.

In reifen konzernleidenden Holdings ist zur Konzernüberwachung zusätzlich die „Konzernrevision“ als mobile Eingreiftruppe angesiedelt. Diese durch Überlebenstraining abgehärtete Elite soll durch Beunruhigung der operativ tätigen Mitarbeiter Konzernführung und Aufsichtsrat beruhigen. Im übrigen arbeitet eine moderne Konzernrevision wie eine interne Unternehmensberatung: störend, aber mit zum Teil beachtlichen Zufallstreffern. Fehlgeleitete Top-Manager sehen in der Konzernrevision ein Mittel, um die Kosten des externen Abschlußprüfers nachhaltig zu senken.

Kraftvolle Holdings beanspruchen mit aufreizender Selbstverständlichkeit das Konzernmonopol für gesellschaftliche Kontakte zu Kreditinstituten. Untermauert wird dies durch die Vorteile, die sich aus der Bündelung der Kreditnachfrage und aus dem zentralen Cash-Management ergeben können. Solche Banalitäten vermögen profilneurotische Tochterunternehmen nicht zu überzeugen, selbst dann nicht, wenn die zentrale Finanzwirtschaft der Holding erfolgsumwittert und energisch als „Corporate Finance“ firmiert.

Konzernabschlußprüfer bestätigen gern, daß es sachdienlich ist, wenn die Pflicht zur Konzernrechnungslegung durch eine zentrale Fachabteilung der Holding erledigt wird. Daher haben selbst eigenwillige Tochterunternehmen eine Zentralabteilung „Bilanzwesen und Konzernrechnungslegung" akzeptiert. Die dem gesunden Menschenverstand schwer zugänglichen Jahres- und Konzernabschlüsse gelten allgemein als unentbehrlich zur Imagepflege, wobei Konzernabschlüsse in besonders hohem Maße zu irritieren vermögen.

3. Holdings in der Praxis

Holdings entstehen aus vielen Gründen, z. B. aus Nachahmungstrieb, Naivität oder Zufall, um nur die ehrlichsten zu nennen. Praxis und einschlägige Literatur sprechen hauptsächlich von Flexibilität und Synergiegewinnung. Die Befreiung von rechtlichen und branchenmäßigen Restriktionen gibt gewiß Fehlentscheidungen einen größeren Spielraum. Die größte Verlockung für Holdingkonzerne wird jedoch in den unermeßlichen Synergiemöglichkeiten gesehen.

Synergie bedeutet den nicht ausrottabren Verdacht, daß 1 + 1 wirtschaftlich mehr als + 1 ergibt. Holdingprotagonisten gehen in ihrer Annahme sogar so weit, daß in Konzernen 1 + 1 mehr als + 2 ausmacht. Ihre komplizierten Experimente lassen sich in der Zielvorstellung vereinfacht so beschreiben: legt man einen guten und einen faulen Apfel zusammen, so erhält man mindestens die doppelte Menge gesundes Obst. Bei diesen Versuchen siegt immer wieder die Neugierde über die Erfahrung.

Wie andere wirtschaftliche Zusammenhänge wird auch die Holding von tonangebenden Gewerkschaftern nicht verstanden. Der teure Ausflug in die Gemeinwirtschaft läßt zumindest vermuten, daß die Gewerkschaftsholding GBAG als ein „Ding" betrachtet wurde, bei dem es nur was zu „holen" gibt. Die „Hol-Ding" wäre demnach ein Selbstbedienungsladen. Diese Auslegung entspricht zwar den Neidlinien sozialistischer Politik, ist aber nach den jüngsten Erkenntnissen schon sprachlich eine verhängnisvolle Mißdeutung. Die GBAG läßt sich dem Typ nach als „Hohlding" einstufen. Die neue Heimat für das Gewerkschaftsvermögen und ihr Unvermögen brachten die Gewerkschaften nahe an den wirtschaftlichen Abgrund. Nach jüngsten Äußerungen wollen sie jetzt einen kräftigen Schritt nach vorn tun.[34] Durch den Mangel an Klassenkampf, der nur unzureichend durch den Überfluß an Funktionären ausgeglichen werden kann, sehen sich die Gewerkschaften auf konjunkturwürgsame Tarifforderungen angewiesen.

Als praktisches Beispiel für den Typus „hold Ding" sei die Sovereign Holding Inc., Texas (SHIT) erwähnt, die als Strategieholding konzipiert ist. Zu ihren hoffnungsvollsten Tochterunternehmen gehört das große Warenhausunternehmen Stockpiler & Co., Delaware. Die hoch dotierten Strategen von SHIT haben für dieses Tochterunternehmen, aufwendig unterstützt von der Boss Consulting Group, eine als bahnbrechend einzustufende Strategie erarbeitet unter dem neuartigen Motto „Der Kunde ist König". Das Management von Stockpiler widersetzte sich der Realisierung mit dem durchschlagenden Argument „Wir sind nicht für Monarchie". Das traditionelle Konzept von Stockpiler „Wir wissen, was der Kunde braucht" und eine hartnäckige Standortexpansion führten nicht nur zu einem enormen Anstieg des Vorratsvermögens, sondern auch dazu, daß das Eigenkapital den größten Aktivposten in der Bilanz des Unternehmens darstellt. Dies belegt sehr einprägsam, auch bei Tochterunternehmen gibt es Top-Manager, die so zuverlässig sind, daß sie regelmäßig versagen.

Der verbreitete Glaube, daß sich wirtschaftliche Probleme durch Quantität lösen lassen, führt u. a. zu Mega-Holdings. Als jüngstes Beispiel kann die Treuhandanstalt in Berlin angeführt werden. Qualitativ läßt sie sich als Frau Holle-Typ charakterisieren. Ihre entscheidende Komponente wird durch politische Einflüsse bestimmt, die sachgerechte Entscheidungen nicht in jedem Fall ausschließen. Die Treuhandanstalt ist allen Dementi zum Trotz in flagranti eine konzernleidende Holding. Dies manifestiert sich u. a. in zeit-, aber

34 *Fritz Keinfühler,* Die Konjunktur im Würgegriff, Stuttgart 1992, S. 1 ff.

praxisfernen Weisungen an Vorstände und Aufsichtsräte der ihr gehörenden Unternehmen, z. B. zum Abschluß von Sozialplänen, zur DM-Eröffnungsbilanz oder zur Aufstellung von Abhängigkeitsberichten. Informations- und andere Defizite lassen sich durch geringe Aktualität zumindest zum Teil wettmachen.

Die aufgeführten Beispiele könnten einen naiven Betrachter zu dem voreiligen Schluß verleiten, daß Mischkonzerne wenig erfolgreich sind, obwohl sie eine klare Linie mit vielen Abzweigungen verfolgen. Ursache für Enttäuschungen sind oft überzogene Synergieerwartungen, die nicht nur verwandten Branchen wie Stahlproduktion und Softeisherstellung schonungslos abverlangt werden. Auf der anderen Seite macht in branchenreinen Konzernen der Wettbewerb mit Schwestergesellschaften oft mehr zu schaffen als der mit Konkurrenzunternehmen. Man nennt dies dezentrale Führungsstruktur. Da in Konzernen die Überforderungen des Top-Managements von Mutter- und Tochterunternehmen ein Gleichgewicht anstreben, ist das Durchhaltevermögen in kapitalmäßiger und zeitlicher Hinsicht zu untersuchen.

IV. Zusammenfassung und Testfragen

Zum Abschluß stellt sich die Frage: Hält die Holding, was von ihr zu halten ist? Nach althergebrachtem Sprachgebrauch wird man diese Frage ohne Zögern bejahen: sie hält Beteiligungen. Der erst jetzt entdeckte wahre sprachliche Ursprung des Holdingbegriffes eröffnet demgegenüber neue Perspektiven. Er kann wirklich erklären, was von der Holding zu halten ist. Die Betriebswirtschaftslehre drückt das – noch etwas unbeholfen – so aus: Die Holding ist ein komplexes Paradigma zur Komplexitätsreduktion mit Kriterien der größeren Flexibilität, Dezentralisation, Innovation und Motivation.[35] Der Konzernpraktiker *Markus Mümmelmann* hat das so beschrieben: „Nur wer die Holding kennt, weiß was ich leite."

35 Ähnlich *Keller,* BFuP 1992, S. 15.

Zur Lernerfolgskontrolle für Wirtschaftsprüfer und andere Eliten sind die folgenden Prüfungsfragen entwickelt worden (Multiple-Joy-Verfahren):

Was ist ein Geschäftsführungsorgan?
a) eine Betriebszeitung
b) ein notwendiges Teil einer Körperschaft
c) ein Spürelement für Führungsqualitäten

Was nennt man Konzernleitung?
a) den Draht zur Konzernspitze
b) die Wasserversorgung in einem Konzern
c) ein juristisch zweifelhaftes Bemühen

Was ist Strategie?
a) eine geologische Schicht
b) eine Kriegskunst
c) ein griechischer Geigenbauer

Was ist Controlling?
a) ein Happening von Trollen (= Unholden)
b) eine neuartige Rebsorte
c) Navigation im Nebel

Was bedeutet Rokoko?
a) ein Prüfungsstil
b) eine Kulturepoche
c) Devisenbeschaffung

Was bezeichnet man mit Holding?
a) einen entkernten Müsliriegel
b) einen Haltegriff auf Fährschiffen
c) eine gewagte Konstruktion

Berufsangehörige mit Selbstzweifel können die Zusendung der richtigen Antworten beantragen. Dringlichkeitsanträge sollten besonders kenntlich gemacht werden.

Der Aufsichtsrat – ein sensibles Organ

I. Was ist der Aufsichtsrat?
II. Auftreten des Aufsichtsrates
III. Zusammensetzung des Aufsichtsrates
IV. Die Aufsichtsratssitzung
V. Der Umgang mit Aufsichtsräten

Der Aufsichtsrat – ein sensibles Organ

Die irdische Herkunft der Aufsichtsräte wird für ungläubige Betrachter allein durch die Angaben im Anhang des Jahresabschlusses bezeugt. Sonst ist über ihr geheimnisvolles Wesen und Treiben wenig bekannt. Daher sollen mit der durch Takt gebotenen Ungenauigkeit nachfolgend die Ergebnisse mehrjähriger Forschungsarbeit über das unbekannte Wesen der Aufsichtsräte vorgestellt werden.

I. Was ist der Aufsichtsrat?

Der Aufsichtsrat gilt als hochstehendes und sensibles Organ, das vor allem bei Kapitalgesellschaften als sekundäres Gefechtsmerkmal entwickelt ist[1]. In seiner nützlichen Form, nämlich als fakultativer Aufsichtsrat, ist er dem Beirat von Personen- und Familiengesellschaften verwandt und mit unternehmerischen oder betrieblichen Fragestellungen befaßt. Für Forschung und Praxis ergiebiger ist der obligatorische Aufsichtsrat. Erst in dieser weniger harmlosen Ausprägung entfaltet der Aufsichtsrat formale Würde und abnehmende Effizienz, die mit der qualifizierten Mitbestimmung ihre komplizierte Vollendung erreichen. Namentlich anglo-amerikanische Wirtschaftskreise preisen die Mitbestimmung wie der Teufel das Weihwasser[2]. Ihre positiven Wirkungen sind in der Tat nicht zu übersehen. Die Mitbestimmung hat das Durchschnittsalter der Aufsichtsratsmitglieder erheblich gesenkt und die Frauenquote in dem sonst patriarchaisch geprägten Gremium außergewöhnlich stark angehoben.[3]

---

1 *Sauerbrot,* Organogenese, 8. Auflage, Berlin 1975; *von Reitzenstein,* Die Intimstruktur prominenter Organe unter besonderer Berücksichtigung der Leberzirrhose, München 1989.

2 *Leviathan,* Codetermination – Purgatory for Industry and Commerce, London 1977.

3 Bei der Mehrzahl einer Unzahl von Aufsichtsräten fiel das Durchschnittsalter von 62,56 Jahren auf 50,21 Jahre zurück. Die Frauenquote erhöhte sich von 0,6 % auf 12,8 %.

Der Sprachgebrauch bezeichnet dementsprechend mit „Aufsichtsrat“ nicht nur das Organ als Ganzes, sondern auch das einzelne Glied. Denn derAufsichtsrat setzt sich nicht nur in Sitzungen, sondern auch aus natürlichen Personen zusammen, die so tun können, als wissen sie alles. Daher möchten Top-Manager und andere Spitzenleute gern Aufsichtsrat werden. Auch sonst ist der durchaus geläufige Begriff „Aufsichtsrat“ keineswegs durch einheitliche Interpretation gefestigt.

Die gemeinhin verbreitete Ansicht, daß sich seine Bedeutung aus den Wortstämmen „Aufsicht“ und „Rat“ ableiten läßt, wird von kritischen Geistern als unzulässige Simplifizierung abgelehnt. Dabei wird übersehen, daß „Rat“ in seiner ursprünglichen Bedeutung „Mittel, die zum Lebensunterhalt wichtig sind“ bezeichnet[4], so daß „Aufsichtsrat“ analog zu Vorrat, Hausrat oder Unrat als „auf Sicht unentbehrlich“ zu deuten wäre.

Eine als gekünstelt bemängelte Lehrmeinung besagt, daß der Aufsichtsrat eigentlich „Aufsehensrat“ heißen müßte, weil er mit der Vernachlässigung seines Amtes Aufsehen erregt; der Verschleiß durch die Umgangssprache habe zu dem unpräzisen Ausdruck „Aufsichtsrat“ geführt.[5] Der volksetymologischen Auslegung, daß der Aufsichtsrat „auf Sicht rät“, blieb eine wissenschaftliche Anerkennung bisher ebenfalls versagt.

In der praktischen Nutzanwendung hat sich folgende Definition als universell gültig erwiesen: der Aufsichtsrat ist eine Gruppe von Interessenvertretern, die als Interesse des Unternehmens ihre Interessen vertreten.

---

4 *Wahrig,* Deutsches Wörterbuch, ohne Ortsangabe 1980, Spalte 2992; *Duden,* Etymologie der neuhochdeutschen Sprache, Duden Band 7, Mannheim 1963, S. 551. Zum Grundsätzlichen siehe *Boretzky,* Einführung in die historische Linguistik, Hamburg 1977.

5 *König,* Haplographie als Wortschöpfung, München 1983, S. 318.

II. Auftreten des Aufsichtsrates

Nach dem Gesetz ist der Aufsichtsrat eine vernünftige irdische Einrichtung. Dennoch wird in der Öffentlichkeit über sein verborgenes Wirken gerätselt. Die legale Geheimhaltung, die alle Aufsichtsratstätigkeiten umgibt und die nur bei Hintergrundgesprächen mit Journalisten, zur Abstimmung in Gewerkschaftskreisen sowie beim Gedankenaustausch mit Kollegen oder mit vertrauenswürdigen Personen preisgegeben wird, stand einer näheren Beschreibung des Aufsichtsrates und seines Treibens lange Zeit im Wege.[6] Die starke Aufblähung und Vermehrung der Aufsichtsräte[7], die offenbar keine natürlichen Feinde haben, führten in den letzten Jahren zu Indiskretionen in repräsentativem Umfang. Sie erlaubten kaum bemerkte Aufklärungen in größerem Umfang.

Es gilt heute als empirisch abgesichert, daß die Mitglieder des Aufsichtsrates nicht als Einzelgänger, sondern herdenweise in dem Dickicht der Unternehmensverfassung leben. Ihre Ansammlung nennt der Fachmann wegen der dominierenden Beanspruchung des Sitzfleisches „Sitzung".[8] Studien von anerkannten Biologen belegen, daß bei mitbestimmten Aufsichtsräten die Meute in zwei Rudel zerfällt, die sich in den Sitzungen häufig angreifen, aber stets zur Nahrungsaufnahme wieder friedlich zusammenfinden. Letztere scheint die natürliche Rechtfertigung für jede Sitzung zu sein.

Art und Weise der Fortpflanzung von Aufsichtsräten liegen noch im Dunkeln, obwohl häufig das Ritual des Balzens beobachtet werden konnte. Hinweise auf nepotische oder feudale Formen der Art-

---

6 Zur Problematik einschlägiger Ermittlungen siehe besonders von *Knitterfels,* Geheimbündelei und rechtsstaatliche Ordnung, Karlsruhe 1982. Zum aktuellen Stand der Erkenntnisse sei u. a. verwiesen auf *Merkpöstle,* Ich sage nichts – Beredte Memoiren eines Geheimrates, Stuttgart 1989.

7 Die Meinung, daß die zahlreichen Aufsichtsräte z. B. wegen beengter Raumverhältnisse auf sich treten und daher die Bezeichnung „Aufsichtsrat" als „auf sich trat" zu lesen sei, konnte trotz vieler Indizien bisher nicht hinreichend verifiziert werden.

8 Grundlegend dazu *Berlichinger,* Gesäßorientierte Kontrolle zur sozialverträglichen Evolution in Politik und Wirtschaft, 3 Bände, München, im Erscheinen seit 1984.

erhaltung müssen als Spekulationen zurückgewiesen werden. Die geringe Frequenz der Aufsichtsratssitzungen – bisher wurden im Durchschnitt nur zwei bis vier Sitzungen pro Jahr registriert - macht weitere Langzeituntersuchungen erforderlich.

Die Zahl der Aufsichtsratsmitglieder ist ohne Rücksicht auf vernünftige Alternativen gesetzlich festgeschrieben.[9] Sie kann zwischen 3 und 21 schwanken, wobei mit steigender Mitgliederzahl die Kampfkraft des Aufsichtsrates im Quadrat abnimmt. Die Effizienzformel lautet $e = \frac{1}{n^2}$, wenn n die Anzahl der Mitglieder ausdrückt.[10] Als tragfähiger Kompromiß hat sich außerhalb des Gesellschaftsrechts der Elferrat etabliert.[11] Bei Aufsichtsräten mit höherer Mitgliederzahl kann ein Absinken der Effizienz unter Null – im Gegensatz zu produktiven Tätigkeiten – nur durch Ausschußbildung verhindert werden.[12] Gezielte Lauschangriffe konnten dies eindrucksvoll belegen.

III. Die Zusammensetzung des Aufsichtsrates

Aufsichtsrat wird man ohne Ansehen der Person wegen des Stellenwertes seiner hierarchischen Position in anderen Organisationen. Top-Manager, die neben der Unternehmensführung echte Herausforderungen suchen, haben daher gute Chancen. Gemeinsame Unzulänglichkeiten verbinden stärker als gemeinsame Überzeugungen. Der Vorwurf, daß manche Aufsichtsratsmitglieder vom Geschäft des Unternehmens keine Ahnung haben, wird dadurch entkräftet, daß sie zugleich Mitglieder anderer Aufsichtsräte sind, wo

---

9 Vgl. ß 95 AktG; ß 76 BetrVG 1952; ß 7 MitbestG; ß 4 und 9 MontanMitbestG; ß 5 MitbestErgG.

10 *Wurzelzier,* Vom indianischen Palaver zu modernen Boardsitzungen, Harvard Business Studies Vol. LXII 1990, S. 101 bis 154.

11 Die mit etwa 8 % berechnete Effizienz dieses Gremiums wird durch laute Fröhlichkeit erheblich gesteigert. So schon *Grazzini,* Trionfi, canti e mascherate carnascialeschi, Florenz 1559.

12 *Dorner,* Versuch einer Systematik des Ausschußwesens in ökonomisch-ökologischer Perspektive, St. Gallen 1986.

sie vom Geschäft ebenfalls nichts verstehen. Je mehr Mandate die einzelnen Aufsichtsratsmitglieder wahrnehmen, umso professioneller ist der Aufsichtsrat. Manche Manager sammeln Aufsichtsratsmandate wie andere Leute Tassen, die sie nicht im Schrank haben.

Morphologisch gliedert sich der Aufsichtsrat in den Vorsitzenden, dessen Stellvertreter und die gemeinen Aufsichtsratsmitglieder. Der Vorsitzende und sein Stellvertreter tragen die Hauptverantwortung für Ablauf und Pathos der Aufsichtsratssitzung. Im übrigen unterteilt man die Mitglieder nach ihrer Abstammung in Anteilseigner- und Arbeitnehmervertreter, die als Interesse des Unternehmens jeweils ihre Interessen vertreten.

Der Vorsitzende des Aufsichtsrates stammt in alter Regel aus den Greisen der Aktionärsvertreter. Golfspieler sind ideale Vorsitzende, weil sie gewohnt sind, einfache Spaziergänge durch komplizierte Regeln zum Problem zu machen. Auch der stellvertretende Vorsitzende sollte um sein Handikap wissen. Bei mitbestimmten Aufsichtsräten ist er ein Vertreter der Gewerkschaften, manchmal auch der Arbeitnehmer. Als stellvertretende Vorsitzende reifen begnadete Arbeitsnehmervertreter zu episkopalen Würdenträgern, denen nicht das Wasser, sondern nur Champagner gereicht werden kann.[13] Die auserwählten Aktionärsvertreter tragen durch Prominenz, seltener durch Präsenz zum Erfolg der Aufsichtsratstätigkeit bei.[14]

Zappen/Duster haben in ihrer glänzend gelungenen Abhandlung[15], die auf einer bahnbrechenden Untersuchung von etwa 3 128 Kapitalgesellschaften beruht, folgende Typ- und Ethologie der Aufsichtsratsmitglieder herausgearbeitet:

---

13 Aus Hygienegründen beschränkt sich das Küssen des Rocksaumes auf Klausurbegegnungen von Betriebsratsvorsitzer und Vorstand. Vgl. *Rülpsnagel,* Anstandsregeln für Manager, Berlin 1987, Fn. 86.

14 Prominent wird man durch wiederholte Begegnung mit Prominenten und der gegenseitigen Empfehlung für vielseitigen Einsatz. Prominente begegnen ständig ihresgleichen, um sich bei öffentlichen Veranstaltungen gegenseitig Beifall zu zollen. Siehe dazu *Hirschmieder,* Promi statt Profi – eine Analyse der Untergrunddynamik in Unternehmen, Stanford/Hamburg 1990.

15 *Zappen/Duster,* Verhaltensforschung bei prominenten Organen – erste Ansätze für eine umfassende Organtheorie, Frankfurt 1990.

Bei abhängigen Unternehmen ist ein Aufseher aus der Konzernleitung als Vorsitzender des Aufsichtsrates kaum vermeidbar. Die übrigen Anteilseignervertreter sind häufig von gleicher Provenienz, damit ein möglichst großer Teil des Aufsichtsrates die allgemein unverständliche Berichterstattung des Managements unter konzerneinheitlichen Wahnvorstellungen begreift.

Das Mißverständnis dezentraler Führung ist verständliche Ursache, wenn in Ausnahmefällen Vertreter von Minderheitsaktionären im Aufsichtsrat belassen werden. Bei ihnen muß damit gerechnet werden, daß sie sich ohnmächtig und zu haarsträubenden Kommentaren veranlaßt fühlen.

Bei konzernunabhängigen Gesellschaften sind Vertreter von Banken als Aufsichtsratsvorsitzende prädestiniert. Banker gelten allgemein als verschwiegen, aber mitteilsam. Bei einem Mißstand heben sie nicht die Stimme, sondern nur die Brauen. Im übrigen schmücken Bankiers jeden Aufsichtsrat mit ihrem dezent-eleganten Äußeren, ihrem weltumspannenden und börsenbestimmten Charme und mit allfälligen konjunkturpolitischen Äußerungen. Damit der Aufsichtsrat Unternehmenskrisen nicht sehr spät wahrnimmt, sollte ihre Zahl die absolute Mehrheit der Aktionärsvertreter im Aufsichtsrat nicht übersteigen.

Pensionierte Vorstandsmitglieder der Gesellschaft wahren als Aufsichtsratsmiglieder eine zurückhaltende Distanz zu früheren Fehlentscheidungen des Topmanagements, so daß überfällige Unternehmenskrisen zur Katastrophe heranreifen können. Prominente Manager anderer Unternehmen, die sich im Vor- oder Ruhestand befinden, denken immerhin zweimal nach, bevor sie aus Kollegialität nichts fragen.

Bei Politikern muß mit regelmäßiger Abwesenheit, bei Freiberuflern und Hochschullehrern mit unerschöpflicher Neugier hinsichtlich der Unternehmenspraxis gerechnet werden. Das damit verbundene Chaos sollte tunlichst vom Überwachungsorgan ferngehalten werden.

Bei mitbestimmten Aufsichtsräten sind Gewerkschaftsfunktionäre unausbleiblich. Sie wünschen in regelmäßigen Abständen

Korrekturen des letzten Sitzungsprotokolls, weil sie kapitalistische Greuel der Anteilseigner oder den Beitrag der Arbeitnehmer zur sozialistischen Marktwirtschaft vermerkt sehen wollen.

Die Arbeitnehmer des Unternehmens sind die einzigen, die das Geschäft des Unternehmens und die Schwächen des Vorstandes im Detail kennen. Hier bedarf es der starken Hand des Vorsitzenden, um die Geschlossenheit des Aufsichtsratsplenums zu wahren.

Unternehmen mit feiner Lebensart leisten sich ihren Chefjuristen als Aufsichtsratssekretär, um mit juristischem Sachverstand die Zitate prominenter Aufsichtsratsmitglieder protokollieren zu lassen.

IV. Die Aufsichtsratssitzung

Im Geheimen und in Sitzungen überwacht der Aufsichtsrat seinem Auftrag gemäß die Geschäftsführung.[16] Der Aufsichtsrat entscheidet über zustimmungspflichtige Geschäfte, sonst entscheidet der gesunde Menschenverstand. Abgebrühte Aufsichtsräte wissen, daß sie bis auf den Vorstand nichts zu bestellen haben. Der Aufsichtsrat darf aber zur Aufsicht eine Durchsicht der Bücher der Gesellschaft vornehmen, wovon aus Einsicht mangels Übersicht meist abgesehen wird.[17] Damit seine Tätigkeit nicht zur Routine ausartet und keine Amtsmüdkeit aufkommt, beschränkt ein etablierter Aufsichtsrat die Sitzungsdauer auf maximal drei Stunden.

Der perfekte Vorstand weiß um die große Bedeutung von Sitzordnung und Raumatmosphäre für gelungene Beschlüsse des Aufsichtsrates. Eine gediegene Ausstattung des Sitzungsraumes mit schallschluckenden Teppichen, bequemen Sesseln, anheimelnder Beleuchtung und Temperatur sowie beruhigende Getränke und ex-

---

16 § 111 AktG. Eine Handreichung zur Entwirrung findet sich bei *Strobel*. Das Aufsichtssystem haftungsbeschränkter Unternehmen, SzU Band 27. Wiesbaden 1980, S. 33 bis 76. Ein Beispiel für tiefgreifendes Mißverständnis des Aufsichtsrates bietet *Martin,* Der Aufsichtsrat als Träger des strategischen Controlling?, Controller Magazin 1990, S. 21-25.

17 *Orgelweide,* Wegweiser durch die Bücherstube der Unternehmung, Frankfurt 1985.

quisite Tabakwaren verhelfen zu jener entspannten Atmosphäre, in der Konzentration und etwaige Beschlüsse des Aufsichtsrates reifen können.

Kaum zu überschätzen ist die hohe Wertigkeit der Sitz-Ordnung für Aufsichtsräte (SOFA). Während die herausragende Positionierung des Vorsitzenden und seines Stellvertreters verhältnismäßig wenig Kopfzerbrechen bereitet, bleibt die schwerwiegende Abwägung, ob die übrigen Aufsichtsräte nach „Bänken", nach dem Alphabet oder nach ihrem Seh- und Hörvermögen plaziert werden sollen. Jede Sitzordnung weist situationsbedingte Vor- und Nachteile auf. Andererseits gestattet das ungeschriebene Gesetz der Sitzstetigkeit Manipulationen nur in begründeten Ausnahmefällen. Als Entlastungsstrategie wird eine variable Platzzuteilung beim anschließenden Festessen empfohlen.[18]

Das kultische Ritual der aufgeklärten Mitbestimmung verlangt ein strikt geregeltes Vorspiel: in getrennten Vorbesprechungen der Anteilseigner- und der Arbeitnehmervertreter werden alle anstehenden Sachfragen entscheidungsreif zerredet, damit die an sich überflüssige, aber formell notwendige Sitzung bis zum obligatorischen Höhepunkt, dem Abschlußmahl, zügig abgewickelt werden kann. Bei dieser sinvollen Reduktion bleibt als Hauptgegenstand der eigentlichen Aufsichtsratsitzung der Versuch der Mitglieder, sich auf das Datum der nächsten Sitzung zu einigen. In Krisensituationen ist anzuraten, Vorbesprechung und Aufsichtsratssitzung jeweils nach einem üppigen Essen anzusetzen.[19]

Die Prunksitzung des Aufsichtsrates gliedert sich wie andere klassische Tragödien in fünf Akte.[20] Sie ist dramaturgisch so zu inszenieren, daß die gemeinen Aufsichtsratsmitglieder während des gesamten Dramas stillschweigend ausharren. Für die dazu notwen-

18 *Wehrhahn,* Die überragende Bedeutung von Zeit- und Sitzordnungen bei Aufsichts-, Betriebs- und Elferratsitzungen, Köln/Mainz 1988. Praxisnäher *Orloffky,* Bei mir sitzen sie richtig – aus dem Hort meiner Erfahrungen, Weimar 1990.

19 Eine rheinische Managerweisheit lautet: Ein voller Aufsichtsrat moniert nicht gern.

20 Ähnlich *Müller,* Dramaturgie des Theaters, des Hörspiels und des Films, Würzburg 1962, S. 23.

dige Spannung genügt jene breite Ahnungslosigkeit, die ein wesentlicher Bestandteil jeder dramatischen Situation ist[21].

Nach dem Prolog mit Begrüßung und Eröffnung wird im ersten Akt das Protokoll der letzten Sitzung genehmigt oder korrigiert. Als Zwischenspiel werden dann die Vorstandsmitglieder des Raumes verwiesen, damit im zweiten Akt die Vorstandspersonalia abgehandelt werden können. Als retardierendes Moment folgt im dritten Akt der Bericht des Präsidialausschusses des Aufsichtsrates, knapp, aber unpräzise. Im vierten Akt läßt sich der wieder zur Sitzung zugelassene Vorstand über die Geschäftsentwicklung aus, um die zur Erhöhung der Spannung notwendige Verwirrung zu stiften. Schließlich kommt es im fünften Akt zum dramatischen Kulminationspunkt „Verschiedenes". Da alle Tagesordnungspunkte verschieden sind, wird unter „Verschiedenes" „Sonstiges" behandelt[22]. Notwendige Beschlußfassungen sollten im vierten oder fünften Akt zügig, aber stilgerecht über die Bühne gehen. Als dramatische Ausnahme mit spritzigen Dialogen hat sich die Übereinkunft über künftige Sitzungstermine erwiesen.

Für Aufsichtsratssitzungen, in denen man seine eingeschlafenen Füße beneidet, machen sich kreative Unternehmen den Spieltrieb der Aufsichtsratsmitglieder zunutze, indem sie die sonst eher spärlichen Sitzungsvorlagen durch anspruchsvolle Aufmerksamkeiten wie Füllhalter mit Radio oder Feuerzeug mit Reisewecker bereichern. Das Studium der meist japanischen Gebrauchsanweisungen verlangt volle Aufmerksamkeit. Die unausbleibliche Betätigung der unbekannten Bedienungsknöpfe garantiert eine starke Belebung jeder Aufsichtsratssitzung.

---

21 Vgl. *Müller,* a. a. O., S. 82.

22 Das Verdienst, auf diese wichtige Tatsache hingewiesen zu haben, gebührt *Ehret,* (Wer oder was ist verschieden? Ratgeber für Beiräte und ähnliche Gremien, Hamburg 1989).

Der Vorstand kann zwar vieles, aber er kann nicht umhin, den Aufsichtsrat zu informieren. In einer Zeit der Reizüberflutung wird ein verantwortungsvoll handelnder Vorstand dies behutsam in homöopatischen Dosen tun. Er wird auf jeden Fall vermeiden, daß Aussagekraft oder Aktualität der Mitteilungen beim Aufsichtsrat Streß oder gar Panik auslösen. Andereseits darf man den Aufsichtsrat nicht durch regelmäßige Berichterstattung apathisch stimmen. Probleme sollte der Vorstand erst dann ansprechen, wenn alle anderen Möglichkeiten erschöpft sind, es sei denn, daß man sie verschweigt, indem man ausführlich über sie redet.

Relativ unbedenklich ist die Bekanntgabe der Umsatzentwicklung bis zum vorangegangenen Quartalsende, wobei allerdings ein etwaiger Vergleich mit der Vorjahresperiode Fingerspitzengefühl erfordert. Bei Ergebniszahlen ist dagegen große Zurückhaltung geboten; insbesondere darf ihre Kundgabe nicht zur Gewohnheit ausarten. Ein nicht vermeidbarer Einzelfall läßt sich mit einer zurückgenommenen Zeitnähe und einer eingeschränkten Vergleichbarkeit der Ergebnisse leidlich durchstehen.

Planzahlen dürfen dem Aufsichtsrat wegen ihres prognostischen Charakters nicht zugemutet werden. Es wäre fatal, wenn neben dem Vorstand ein weiteres Organ der Gesellschaft verunsichert würde.[23] Besteht ein uneinsichtiger Aufsichtsrat dennoch auf der Mitteilung von Plangrößen, sind vom Vorstand anstelle unprofessioneller Realitätsnähe strategische Visionskraft und operative Sorgfalt gefordert.[24]

Als prominentes Organ hat der Aufsichtsrat Anspruch auf elegante Berichtsbroschüren in schrankfertiger Aufmachung. Ohne Aufgabe der obigen Grundsätze bieten Presseausschnitte über das Unternehmen und seine Branche nahezu unbeschränkte Möglich-

23 *Dünnemann,* Die Hochrechnung des Jahresergebnisses gegen Ende des Geschäftsjahres als unlösbare Managementaufgabe, ZfEH 1990, S. 1287 bis 1311.

24 Siehe dazu *Hakelmacher:* Die hohe Schule der Unternehmensplanung ..., WPg 1983, S. 114 bis 117.

keiten der Anreicherung.[25] Dennoch wird ein selbstbewußter Vorstand von Format auf eigene Angaben zur Unternehmensentwicklung nicht völlig verzichten.

Die frühzeitige Versendung von Sitzungsunterlagen an den Aufsichtsrat zeugt von Gedankenlosigkeit. Sie können leicht verlegt werden oder in unberufene Hände geraten. Daher sollten die Unterlagen erst so spät zugehen, daß der Aufsichtsrat sie allenfalls auf dem Weg zur Sitzung zur Kenntnis nehmen kann. Dann ist ihr Inhalt frisch in Erinnerung. Aus Gründen der Aktualität sind bei wichtigen Beschlüssen Tischvorlagen zu bevorzugen. Damit kann die Diskussion so flach gehalten werden, wie man sich die Unternehmenshierarchie wünscht.

Bei mündlicher Berichterstattung haben sich bunte, erwartungsgerechte Trenddarstellungen in Kombination mit unlesbaren, aber graphisch als angenehm empfundenen Zahlenaufstellungen als Sedativa für den Aufsichtsrat bewährt. Zur Abwechslung werden auch Farbdias von Produkten, Warenauslagen u. a. sowie Werbefilme gern zur Kenntnis genommen.

Die grundlegenden, heute noch gültigen Ratschläge für den persönlichen Umgang mit Aufsichtsräten hat *Wilhelm Busch* bereits 1865 formuliert.[26] Wer einem Aufsichtsrat angemessen begegnen will, „der sei höflich und bescheiden, denn das mag der Onkel leiden“. Man „bringt ihm, was er haben muß: Tabak, Pfeife, Fidibus“. Für den Vorstand heißt es ergänzend: „gleich ist man mit Freudigkeit dienstbeflissen und bereit“.[27]

---

25 Als vorbildlich gelten bei Insidern die Monatsberichte der Schock-AG, die bei einem Gesamtumfang von 45 Seiten neben den wichtigen Presseausschnitten maximal 2 Seiten Detailangaben zur Umsatzentwicklung des Unternehmens enthalten.

26 *Busch,* Max und Moritz, München 1865, 5. Streich. (Zur internationalen Bedeutung vgl. *Dietzler,* Max und Moritz – Eine Bilderbuchgeschichte nicht nur für Kinder, Braunschweig 1980).

27 Die weithin unbekannte Tatsache, daß Onkel Fritz Aufsichtsrat war, wird durch folgende Indizien zweifelsfrei erhärtet: 1. Er ist – abgesehen von der verständlicherweise berufslosen Witwe Bolte – in der Bilderbuchgeschichte der einzige Erwachsene ohne Berufsangabe (Geheimhaltung der Aufsichtsratstätigkeit!). 2. Ein unübersehbarer Hinweis findet sich in den Versen „Seine Augen macht er zu, hüllt sich

Aus diesen schlichten Umgangsformen schöpfen hoffnungsvolle Nachwuchskräfte ihr Managementpotential und der Aufsichtsrat die Genugtuung, im Unternehmen nicht nur zufälliger Besucher zu sein. Darüber hinaus sind Pförtner und Empfangsdamen mit Nachdruck anzuhalten, jedes Aufsichtsratsmitglied persönlich und korrekt anzusprechen und mit der gebotenen Hinwendung zum Sitzungssaal zu geleiten.[28]

Ein um Selbsterhaltung bemühter Vorstand wird die Aufsichtsräte so zu erziehen versuchen, daß sie ihren Aufgaben in Milde nachkommen können, ohne anzuecken oder zu verzweifeln[29]. Die pädagogische Herausforderung liegt darin, daß der Aufsichtsrat von den Erziehungsversuchen nichts merken darf. Folgende Regeln sind daher zu beherzigen.[30]

1. Nie widersprechen! Widerspruch würde beim Aufsichtsrat Zweifel an seiner Unfehlbarkeit auslösen. Der Vorstand muß nicht alle Fehler selbst machen, er sollte auch dem Aufsichtsrat eine Chance lassen.
2. Nie etwas besser wissen! Belehrungen jeglicher Art sind mit dem Weltbild des Aufsichtsrates nicht zu vereinbaren. Der feinfühlige Vorstand überläßt es dem Aufsichtsrat selbst, durch Einsicht zu richtigen oder besseren Erkenntnissen zu kommen.

Fortsetzung Fußnote 27

ein und schläft in Ruh“ (Konzentrationsfähigkeit des Aufsichtsrates). 3. Rechtsgutachtlich muß Onkel Fritz bescheinigt werden, daß er trotz seiner Notlage keine strafbare Handlung begangen hat (*Günther,* Der Fall Max und Moritz, Frankfurt 1988, S. 75 – Integrität des Aufsichtsrates).

28 *Ohne-Deckung,* Die grausame Einsamkeit eines Aufsichtsrates – Verzweiflung und Auswege, Halle 1990.

29 *Fesch,* Zucht und Ordnung bei Aufsichtsräten im Wandel, Schriften zur Verhaltensforschung, Band 26, Hamburg 1990, vor allem S. 1205 bis S. 1541. Frühe, aber unvollständige Beobachtungen über das Abrichten von Aufsichtsräten finden sich bereits bei *Nichtzig* (Verhalten beim Verwalten und Veralten, Düsseldorf 1980, Kapitel VI. Anmerkung 107), der jedoch die Konsequenzen nicht übersehen hat.

30 Sie werden ähnlich für die Preußenerziehung in Bayern empfohlen. Vgl. *Burger/Fischer/Riehl-Heyse,* Bayerns Preußen sind die besten, München 1979, S. 71 bis 73.

3. Nie etwas mit Argumenten begründen! Aufsichtsräte haben kraft Amtes die besseren Argumente. Um den Aufsichtsrat in Unsicherheit und Beweiszwang zu bringen, bleibt der Vorstand in seinen Handlungsmotiven rätselhaft und verhält sich gegenüber Argumenten des Aufsichtsrates erkennbar skeptisch bis ungläubig.
4. Immer nur staunen und bewundern! Engagierte Aufsichtsräte lassen den Vorstand gern an ihren unternehmerischen Erfahrungen teilhaben. Auch wenn sie Irrelevantes oder nichts Neues erzählen, wird der karrierebewußte Vorstand dem Aufsichtsrat mit anerkennenden Worten helfen, sich auf die Schulter zu klopfen.
5. Schlafende Aufsichtsräte nicht wecken! Geschlossene Augen sind Ausdruck erhöhter Konzentration oder meditativer Versenkung. Weckversuche des Vorstandes sind nicht nur kontraproduktiv, sondern auch karrierefeindlich. Aufsichtsräten bleibt es überlassen, schnarchende Kollegen zu geräuschloser Konzentration zu mahnen.

Obwohl ein guter Aufsichtsrat unbezahlbar ist, darf der Frage nach seiner Vergütung nicht ausgewichen werden. Vergüten heißt durch Oberflächenbehandlung verbessern.[31] Neben den schon erwähnten oberflächlichen Behandlungen des Aufsichtsrates stellt die Tantieme das wichtigste Vergütungsmittel dar, auch wenn sie in einem angemessenen Verhältnis zu den Aufgaben der Aufsichtsratsmitglieder und zur Lage der Gesellschaft stehen soll.[32]

Angesichts der unschätzbaren Verdienste der Aufsichtsräte drängt sich die Frage auf, warum nach maßgeblicher Meinung „die Aufsichtsratsbezüge in aller Regel auffällig niedrig bemessen sind“[33]. Das mag mit dem Amateurstatus der Aufsichtsräte zusam-

---

31 *Lichtmann,* Die Vergütung von Objektiven und Subjekten – Synoptische Blätter der Steiss-Stiftung, Jahrgang 12, Cochem 1979. Zum Sprachlichen siehe *Wahrig,* a. a. O. Spalte 3961.

32 Dazu kritisch *Duse,* Der Gebrauch von Vergütungsmitteln im interkonfessionellen Vergleich, Flensburg 1988, S. 111 bis 154.

33 *Hoffmann-Becking,* Münchener Handbuch des Gesellschaftsrechts, Band 4 Aktiengesellschaft, München 1988,, § 33 Anmerkung 15.

menhängen. Eine befriedigende Antwort ist die Wissenschaft bisher schuldig geblieben und die Praxis schweigt betroffen. Hier tut sich ein weites Feld für künftige Forschergenerationen und für militante Aufsichtsräte auf. Da nicht selten Tantiemen an Dritte abzuführen sind[34], sorgen fortschrittliche Unternehmen mit sogenannten Sitzungsgeldern vor, die diskret und in bar den sonst dürftigen Sitzungsvorlagen beigefügt werden.[35]

34 Z. B. an die Hans-Boeckler-Stiftung, an das Unternehmen des Aufsichtsratsmitgliedes oder an die Gattin.

35 Vgl. *Trappe,* Die wichtigsten Unterlagen zur Überwachung der Geschäftsführung, Düsseldorf 1989, S. 114 bis 225.

Corporate Governance oder die korpulente Gouvernante

I. Einführung in ein heißes Thema
   1. Schwache Stärken oder umgekehrt?
   2. Lückenerkenntnisse

II. Der lückenhafte Aufsichtsrat
   1. Die Überwachungsfunktion des Aufsichtsrates
   2. Die Überwachungslücke und ihre vermeintlichen Ursachen
   3. Das Vorstands-Bestellobligo als Dilemma
   4. Der diplomierte Aufsichtsrat

III. Der Abschlußprüfer als Lückenbüßer
   1. Die doppelte Erwartungslücke
   2. Mögliches Überbrücken der Lücken
   3. Heilmittel aus Übersee

IV. Zusammenfassendes Ergebnis

Corporate Governance oder die korpulente Gouvernante

I. Einführung in ein heißes Thema

1. Schwache Stärken oder umgekehrt?

Moderne Wirtschaftswissenschaftler geben wirtschaftlichen Banalitäten ihre tiefere Bedeutung durch anglo-amerikanische Begriffe, die in immer kürzer werdenden Zyklen produziert und global vermarktet werden[1]. Beliebt sind dabei Ausdrücke, die in den üblichen Wörterbüchern nicht zu finden sind. Ein solcher Glücksfall ist das Wort „Governance"; ein englischer Ausdruck für „Herrschafts-, Verwaltungsstruktur"[2] mit dem Beigeschmack internationaler Wertschätzung.

Weltgewandte Manager mit echtem Imponiergeist reden selbstbewußt von „Corporate Governance", wenn sie mit beeindruckender Distanz auf mangelhafte Überwachung und Kontrolle im Unternehmen zu sprechen kommen. In dem unablässigen Bemühen, zwischen Soll und Haben die pulsierende Wirtschaftssprache aufwallen zu lassen, soll der Unverständnis erheischende Ausdruck auch hier verwendet werden[3]. Der Charme dieser Bezeichnung, die den Laien nicht ganz sachfremd an „korpulente Gouvernante" erinnert, liegt darin, daß sie ihren Benutzer als profunden Kenner der nebulösen Materie ausweist und ihm zugleich bei aller Betroffenheit jegliche Befangenheit nimmt. Außerdem erzeugt sie respektierlichen Abstand von etwaigen Konsequenzen.

1 *Körtzel,* Produktzyklen verbaler Erzeugnisse für Marketing und Imageförderung, Münster 1993. *Blender,* Zeitgemäße Fachausdrücke als Grundlage moderner Wirtschaftsforschung und -Unternehmensberatung, Hamburg 1989.

2 Der Begriff ist ausnahmsweise zu finden bei *Dietl/Lorenz,* Wörterbuch für Recht, Wirtschaft und Politik, 5. Aufl. München 1990.

3 An die Sinnhaftigkeit mancher Ausdrücke würde man gar nicht glauben, wenn man sie nicht selbst verwenden würde. Siehe auch: *Brotherhood of Chartered Guestspeakers (BCG),* Fachausdrücke im Boss-Ton, Boston/Mass. 1994.

Durch spektakuläre Unternehmenszusammenbrüche sind in den letzten Jahren scheinbar undenkbare, aber dennoch latente Überwachungs- und Kontrollprobleme in den Unternehmen denkbar apparent geworden[4]. Nicht immer, aber immer öfter stellen leidende Frauen und Männer der Wirtschaft die Frage, ob die in Deutschland üblichen Herrschafts- und Verwaltungsgefüge aus den Fugen geraten sind. Balsam auf wunde Stellen der Corporate Governance vermag die Flut einschlägiger Veröffentlichungen in Fach- und anderen Zeitschriften kaum zu liefern[5]. Immerhin bezeugt die zunehmende Anzahl von Tagungen und Seminarveranstaltungen für gefallene Aufseher oder haltlose Abschlußprüfer eine erwachende Problemverdrängung[6].

Zur weiteren Beruhigung der verehrten Leserschaft dieses aufrüttelnden Beitrages sei bemerkt, daß die deutsche Wirtschaft wegen des langwierigen Procedo zwar noch nicht aus dem Schneider ist, aber dennoch kaum ernsthaft gefährdet sein dürfte. Schließlich beweist die epochale Entdeckung der Besserverdienenden[7] als eine widerliche Abart des normalen Bürgers die unwahrscheinliche Selbstheilungskraft der Wirtschaft. Dagegen verblassen die fortgesetzten Bemühungen, die Pleite des Sozialismus dadurch zu vernebeln, indem die Marktwirtschaft durch Steuern und Abgaben lahmgelegt wird.

---

4 Vgl. die Übersicht in der FAZ vom 30.12.1994, S. 11.

5 Auch eine nur annähernd vollständige Quellenangabe würde den Umfang des vorliegenden Buches sprengen. Vgl. statt vieler *Forster,* MG, Schneider, Balsam und die Folgen – Was können Aufsichtsräte und Abschlußprüfer gemeinsam tun?, AG 1995, S. 1 mit weiteren Nachweisen. *Theisen,* Notwendigkeit, Chancen und Grenzen der Zusammenarbeit von Wirtschaftsprüfern und Aufsichtsräten, WPg 1995, S. 809.

6 Gemäß dem Zitierabkommen der Deutschen Tagungs- und Seminarwirtschaft muß aus Gründen der Neutralität auf die Nennung von konkreten Beispielen verzichtet werden.

7 Besserverdienende sind – von Ausnahmen abgesehen – Leistungsträger, die nicht mehr das bekommen sollen, was sie verdienen, weil sie nach Meinung von besserverdienenden Politikern jene sind, die mehr bekommen als sie verdienen. Besserverdienende sind also Leute jedes Standes, ausgenommen eines niedrigen Kontenstandes.

Konservativ eingestellte Forscher, die trotz moderner Managementlehren und -schulen unbeirrt an der umfassenden Betriebswirtschaftslehre festhalten, reden anstelle von „ungenügender Corporate Governance" nicht weniger eindringlich von Mängeln in der normativen Unternehmensführung[8] und von Kontrolldefiziten. Ihre literarisch engagierte Avantgarde glaubt, in dieser Beziehung verschiedene Lücken identifizieren zu können, die für die Unternehmen existenzbedrohend erscheinen. Ein großer Trost liegt in der Bezeichnung „Lücke", die im Gegensatz zum „Loch" nicht bodenlos, sondern nur eine Stelle ist, an der etwas fehlt. Die Lückenerkenntnisse[9] diagnostizieren beim Aufsichtsrat die „strategische Lücke" und die „Überwachungslücke", bei Kreditgebern eine „Kontrollücke" und beim Abschlußprüfer die „Erwartungslücke", die selten, aber immer häufiger bei Unternehmenskrisen auffallen.

Lücken sind etwas Unheilvolles. Die Tücke der Lücke mußte schon 1865 Meister Böck schmerzlich erfahren. In diesem historisch interessanten Fall[10] ermöglichte mangelhafte Überwachung die Entstehung der Lücke: Ein Steg über ein Wasser mit Gebrause wurde nicht hinreichend beaufsichtigt[11]. Die Katastrophe endete bekanntlich dank energischen Einschreitens des weiblichen Haushaltsvorstandes[12] glimpflich. Das ist wohl der Grund, warum erst in der 2. Hälfte des 20. Jahrhunderts – zunächst im Rahmen der abgehobenen strategischen Unternehmensplanung – die soge-

8 Vgl. *Bleicher,* Das Konzept integriertes Management, Frankfurt/New York 1991, S. 73ff.; *Scheffler,* Konzernmanagement, München 1992, S. 41.

9 Hier ist eine Fußnotenlücke angebracht, damit spätere Fußnoten nicht verschwenderisch vorweggenommen werden, ohne ein „Zitierloch" entstehen zu lassen.

10 *Busch,* Max und Moritz, München 1865, 3. Streich.

11 Darauf aufmerksam gemacht hat zuerst *Kracker,* Lücken als Folge von Lücken, Paderborn 1958, S. 136.

12 s. dazu auch *Sauerbauch,* Die bügeleiserne Wärmetherapie bei Unterkühlung des Bauches in klinischer Versuchsanordnung, Leipzig 1927

nannte „Gap-Analysis“ theoretisch ausgebaut und sogar populär wurde[13].

In bezug auf die Corporate Governance hat das Ergebnis der Lückenanalysen selbst Insider überrascht: spektakuläre Einzelfälle bringen die involvierten Institutionen in ihrer Gesamtheit ins Gerede. Bei Corporate Governance wird der Mangel eines kleinen Teils vorurteilsgerecht zum Makel des Ganzen[14]. Mit gesundem Sensationsinstinkt und profunder Ahnungslosigkeit läßt sich daraus auf die wahre Lücke bei der Corporate Governance schließen, nämlich auf die Gesetzeslücke.

Die Beseitigung von Gesetzeslücken ist nicht nur im Steuerrecht ein teures Anliegen der Politiker jeglicher Couleur. In unserer Demokratie, die zur Diktatur der organisierten Minderheiten neigt, verbleibt nach der Liberalisierung des Drogenkonsums und der Tolerierung extremistischer Randgruppen ein vordringlicher Regelungsbedarf für alles, was rechts von der Hafenstraße in Hamburg liegt. Während dort akzeptiertes Chaos herrscht[15], lassen sich bei der Unternehmensüberwachung Einzelfälle als Schlamperei identifizieren, der gesetzlich Einhalt geboten werden muß. Stimulierend für den Ruf nach dem Gesetzgeber wirkt die moralische Entrüstung der Outsider, bei der die Besorgnis mitschwingt, mangels Beteiligung etwas versäumt zu haben.

Angesichts solcher Reformgebärden sollen die für Aufsichtsräte und Abschlußprüfer angedeuteten Lücken auf ihre Leere hin geprüft[16] und die populistischen Vorschläge zu ihrer Überwindung kritisch beleuchtet werden.

---

13 Siehe statt vieler *Kreikebaum,* Strategische Unternehmensplanung, Stuttgart 1981, S. 59 ff. – Grundlegende Ansätze finden sich schon bei *Casanova,* Die Zahnlücke und andere Schönheitsfehler – geheime Kehrseiten ungezügelter Leidenschaften, posthum veröffentlicht Venedig 1799, S. 6 ff.

14 *Krakelmeyer,* Das Debakel mit dem Makel, Wien 1989.

15 Siehe dazu grundlegend *Randale,* Die Safe-Haven-Theorie und ihre praktische Relevanz, 12. Aufl., Hamburg 1994.

16 Vgl. dazu *Lückenmeyer,* Die Leere als Substitut für die Forschung, Göttingen 1995.

Die scheinbaren „Kontrollücken“ bei Kreditgebern, die dort allenfalls Zahlungslücken hinterlassen, verlieren ihre Unfaßbarkeit, wenn man sie – modernen Trends in diesem Metier folgend – als derivativ charakterisiert[17]. Sie leiten sich nämlich aus Mißverständnissen einer ignoranten Öffentlichkeit ab. Es ist einerseits selbstverständlich, daß vor einer Kreditgewährung der Kreditnehmer überprüft werden soll. Andererseits wird aber auch dem Laien einleuchten, daß man von Schuldner zu Schuldner differenzieren muß. Kreditwissenschaftlich unterscheidet man zwischen „Peanuts“ und „Coconuts“[18].

Bei relativ unbedeutenden Kreditbeträgen und unscheinbaren Kreditnehmern sind zeitaufwendige Untersuchungen unverzichtbar, denn „Kredit“ bedeutet „schlummerndes Mißtrauen“. Bei großen Kreditbeträgen und stark verschuldeten Kreditnehmern muß man „Kredit“ dagegen mit „Glauben, Vertrauen“ übersetzen. Wegen der strategischen Bedeutung der Kreditgewährung in großen Summen wäre kleinliches Mißtrauen fehl am Platz. Damit nicht die Konkurrenz das tolle Geschäft macht, findet der Leitsatz erfolgreicher Strategen Anwendung: Nichtstun ist besser als gar nichts tun. Im übrigen wird ein Großkredit am besten durch gesellschaftliche Kontakte des Kreditnehmers mit renommierten Persönlichkeiten abgesichert. Insofern braucht auf die „Kontrollücke“ des Kreditgebers, bei der dieser ein meist verträgliches Verlustrisiko und der Kreditnehmer oft selbst eingeht, nicht näher eingegangen zu werden.

---

17 Dazu ausführlich *Biesenwurz,* Die Derivativitätstheorie als Basis weltumspannender Finanzgeschäfte, London/Frankfurt 1993. Zur neueren Entwicklung s. *Ramsch/Bock,* Floptions, Zero-Fonds und Future Fate Agreements als Versuch der Risikoabsicherung, New York 1994.

18 *Floppey/Tailor,* Peanuts and Coconuts in Financial Marketing, New York/Frankfurt 1994, 3. Aufl.

II. Der lückenhafte Aufsichtsrat

1. Die Überwachungsfunktion des Aufsichtsrates

Der Aufsichtsrat gilt immer noch als „hochstehendes und sensibles Organ, das vor allem bei Kapitalgesellschaften als sekundäres Gefechtsmerkmal prachtvoll entwickelt ist"[19]. Wenn man die grundlegende Frage, ob der Aufsichtsrat nützlich oder überflüssig ist, vorbehaltlos bejaht[20], lassen sich die Risiken und Nebenwirkungen des Aufsichtsrates wie folgt skizzieren:

Der Aufsichtsrat überwacht, vorwiegend und abwägend in wenigen Sitzungen, die Geschäftsführung des Unternehmens. Die dazu notwendigen Informationen hat allein der zu überwachende Vorstand zu liefern. Um die Überwachung für die Geschäftsführung weitgehend schmerzfrei zu gestalten, werden dem Aufsichtsrat keine Planzahlen zugemutet und die Ist-Ergebnisse in besänftigend verdichteter Form verabreicht. Über nennenswerte Probleme wird berichtet, wenn alle Kredite erschöpft sind. Damit wird die harsche Bringschuld des Vorstandes gemäß § 90 AktG zur Hohlschuld gemildert.

Der Aufsichtsrat ist beschränkt in bezug auf die Geschäftsführung: Er darf diesem entscheidenden Organ nicht ange-, sondern nur zuhören. Er darf allenfalls über zustimmungspflichtige Geschäfte entscheiden. Im übrigen hat der Aufsichtsrat bis auf den Vorstand nichts zu bestellen, den er aber nur unter erschwerten Umständen abbestellen kann.

Das kultische Ritual der aufgeklärten Mitbestimmung verlangen vor jeder offiziellen Aufsichtsratssitzung getrennte Vorbesprechungen der Anteilseigner- und Arbeitnehmervertreter, in denen alles Wesentliche mitgeteilt und ausgehandelt wird. Nach dem Vertrauen in das Geheimhaltungsvermögen abgestufte Informationen sowie

---

19 *Hakelmacher,* Der Aufsichtsrat – ein sensibles Organ, WPg 1991, S. 104.

20 So schon *Scheffler,* Der Aufsichtsrat – nützlich oder überflüssig?, ZGR 1993, S. 63 ff.

unterschiedliche, zielgruppenorientierte Interpretationen erleichtern die separierten (Vor-)Entscheidungen. Wegen dieses allgemein üblichen Vergehens kann man die deutsche Form der Unternehmensverwaltung durchaus zutreffend als „duales System" bezeichnen[21]. Die eigentliche Aufsichtsratssitzung kondensiert sich auf eine Zusammenkunft, bei der die ausgehandelten Ergebnisse zu einem unvermeidbaren Beschluß zusammengedampft werden.

2. Die Überwachungslücke und ihre vermeintlichen Ursachen

Beim Aufsichtsrat hat die Gap-Analyse gleich zwei spezifische Lücken offenbart. Eine „strategische Lücke" wurde angesichts „vielfältiger unternehmenspolitischer Fehlentscheidungen" bereits 1987 vermutet[22]. Sie wurde darin gesehen, daß selbst hochkarätige Aufsichtsratsmitglieder strategische Abstinenz üben und sich wenig um operative Ergebnisse oder Zwänge kümmern.

Von ernsterer Natur erscheint die in jüngerer Zeit entdeckte generelle „Überwachungslücke"[23], der sich eine umfangreiche Diskussion von Betroffenen, Beteiligten und wenig nüchternen Zaungästen widmet[24]. Ein erster Grund für die Überwachungslücke wird darin gesehen, daß der Aufsichtsrat seiner Überwachungsaufgabe zu wenig Zeit widmet. Dieser leichtfertige Vorwurf ignoriert nicht nur den enormen Zeitaufwand für Anreise, Vorbereitung und

---

21 Der Begriff duales System wird meist recht oberflächlich zur Kennzeichnung der zweigliedrigen deutschen Verwaltungsstruktur (Vorstand/Geschäftsführung und Aufsichtsrat/Überwachung der Geschäftsführung) im Gegensatz zu dem verklärten One-Board-System (Board, Verwaltungsrat) verwendet. Vgl. dazu *Spartenwetzer,* Die Doppelgesichtigkeit des dualen Systems, Bonn 1994. Interessant in diesem Zusammenhang auch *Brauseknopf,* Das duale Gesicht der Bilanz als untauglicher Ausgleich für einseitige Bilanzpolitik, München 1991.

22 *Bleicher,* Der Aufsichtsrat im Wandel, Gütersloh 1987, S. 8.

23 *Bleicher,* Vergleichende Überlegungen zur Aktivierung des Verwaltungsrates, Festschrift Siegwart, Bern 1990. S. 51.

24 Einen eindrucksvollen Überblick zum Diskussionsstand findet sich bei *Motzenbichler,* Unkontrollierte Fehlzeiten der Kontrolleure, Bonn 1994, S. 7 ff.

Vorbesprechungen. Er wird vor allem dadurch ad absurdum geführt, daß die dem Aufsichtsrat zur Verfügung gestellten Überwachungsinformationen für mehr Zeit gar nicht ausreichen. Selbst das gemeinsame Essen läßt sich schwerlich über drei Stunden hinaus ausdehnen. Die bei mehr Zeit entstehende Beschäftigungslücke wäre volkswirtschaftlich nicht vertretbar.

Aus ähnlichen Gründen ist der Vorschlag, daß Aufsichtsratssitzungen häufiger als zwei- bis viermal im Jahr stattfinden sollten[25], wenig hilfreich, auch wenn er wegen des üblichen Sitzungsgeldes[26] spontane Zustimmung finden dürfte. Der Vorschlag läßt aber den gesetzlich tolerierten Charakter der Aufsichtsratstätigkeit unbeachtet: Es handelt sich um eine Nebentätigkeit, die in privilegierten Kreisen so weit verbreitet ist, daß sie nur zu Lasten anderer Hobbys ausgeweitet werden kann.

Ebenso erweist sich der neidgeprüfte Vorschlag als nutzlos, die Zahl der Aufsichtsratsmandate zu reduzieren, die eine Person wahrnehmen darf[27]. Die gewaltigen Synergieeffekte von Mehrfachmandaten sind zwar noch wenig erforscht, doch wird mit Sicherheit davon ausgegangen, daß der Aufsichtsrat um so professioneller besetzt ist, je mehr Mandate die einzelnen Mitglieder innehaben. Im übrigen ist eine hohe Anzahl von Aufsichtsratsmandaten eine Alterserscheinung, die nicht von der Pflegeversicherung abgedeckt wird.

Eine weitere Ursache der Überwachungslücke wittert man darin, daß sich der Aufsichtsrat – um im objektivierenden Jargon der

---

25 *Bürstenhalter,* Die verträgliche Strapazierung des Sitzfleisches in seiner Abhängigkeit von körperlicher und geistiger Tätigkeit, Hamburg 1987.

26 Diese leistungsabhängige Vergütung der Aufsichtsräte erfreut sich immer größerer Beliebtheit, weil sie als nicht abführungspflichtiger Betrag das Taschengeld des Empfängers aufbessert.

27 Der Vorschlag ist in seinen vielfältigen Konsequenzen (Artenschutz, Sozialgefälle und anderes mehr) noch nicht durchdacht worden, obwohl der Numerus clausus an den deutschen Hochschulen auf politische Bedenken stößt. Der berühmte Quellenforscher *Theisen* hat dankenswerterweise darauf aufmerksam gemacht, daß schon 1902 die soziale Bedeutung des Aufsichtsrates als „Bourgeois-Sinekure" erkannt wurde; für eine Lückenanalyse war die damalige Zeit noch nicht reif (*Warschau,* Reorganisation des Aufsichtsratswesens in Deutschland, Berlin 1902, S.9).

Journalisten zu formulieren – „mit antiquierten Ist-Daten abspeisen läßt". Diese Sorge verkennt, daß Ist-Zahlen eine gewisse Grundlage, Planzahlen dagegen einen ungewissen Charakter haben. Es wäre fatal, wenn neben dem Vorstand ein weiteres Organ der Gesellschaft durch Planzahlen verwirrt würde[28].

Ferner wird darüber spekuliert, daß die ein- bzw. zweiseitige Zusammensetzung des Aufsichtsrates seine Funktionsfähigkeit beeinträchtigen könnte. In der Tat hängt die verbreitete Ineffizienz des Aufsichtsrates von seiner Größe und Zusammensetzung ab. Zur Konstruktion einer tragfähigen Überwachungslücke sind sie jedoch nicht geeignet.

Der Gesetzgeber hat zur Klarstellung einer Streitfrage entschieden, daß die Bedeutung des Aufsichtsorgans eine Größe verlangt, die die eines arbeitsfähigen Gremiums übersteigt[29]. Anders lassen sich die wesentlichen Interessengruppen nicht berücksichtigen, die im Aufsichtsrat ihre Interessen als Unternehmensinteresse vertreten. Zur Erhaltung dieser Paralyse werden in aufgeschlossenen Unternehmen etwaige Aufsichtsratsausschüsse paritätisch und mit mindestens der Hälfte der Aufsichtsratsmitglieder besetzt.

Bezüglich der Zusammensetzung des Aufsichtsrates ergeben die historischen Vorurteile das in Tabelle 1 wiedergegebene Suboptimum[30]. Es ist durch eine ideale Arbeitsteilung der Mitglieder gekennzeichnet, die das Unternehmensinteresse kaum berührt. Durch den dominierenden Einfluß von Kreditgebern (41%) und Gewerkschaftlern (45%) kann das auf Dividende und Wertsteigerung ausgerichtete Interesse aufmüpfiger Aktionäre (5%) störungsfrei in Grenzen gehalten werden. Im politischen Raum wird z. Zt. disku-

---

28 *Kummerschwund,* Informationsflut als streßauslösendes Ereignis, Heidelberg 1990. Siehe auch *Rülpsnagel,* Die sozialdynamischen Elemente der Prognostik, Nürnberg 1983, S. 176 ff.

29 § 95 AktG; Begründung Regierungsentwurf, *Kropff,* Aktiengesetz, Düsseldorf 1965, S. 125. *Bumm-Fiedler,* Nun multum set multi – Grundlagen der Projektorganisation und Teamarbeit, 2. Aufl., München 1993, insbesondere S. 284 ff.

30 *Kümül-Türk,* Der Minderheitenschutz in modernen Verwaltungsstrukturen, Bonn 1993

tiert, ob die Überwachungslücke durch eine vorgeschriebene Frauenquote verkleinert werden kann.

Tabelle 1

	%	%
Aktionärsvertreter		
Banken	41	
ehemalige Vorstandsmitglieder	5	
Aktionäre	5	51
Arbeitnehmervertreter		
Gewerkschaftsfunktionäre	15	
Gewerkschaftsmitglieder	30	
Arbeitnehmer einschließlich Leitende	5	50
		101

Während sich überzogene Gewerkschaftsansprüche eines systemimmanenten Verständnisses erfreuen, ist die Macht der Banken ein Phänomen, dessen Existenz und nachteiliger Einfluß erst kürzlich durch eine probate Untersuchung empirisch belebt werden konnte[31]. Der wissenschaftliche Wert dieser Analyse liegt in der gelungenen Verbindung von ausgeklügelter Statistik, Annahmen aufgrund gewisser Präjudizien und zwangsläufigen Zirkelschlüssen. Die Untersuchung bestätigt, was jeder einseitig Interessierte, der sich nicht mit der Sache befaßt hat, schon immer wußte. Um den Schaden nicht zu begrenzen, wurde die Studie in Großbritannien veröffentlicht. Sie gibt britischen Lesern eine gute Entstellung von der deutschen Aufsichtsrats- und Bankenpraxis.

Übrig bleibt schließlich die Befürchtung, daß die Überwachungslücke darauf zurückzuführen sein könnte, daß der Aufsichtsrat bei der Bestellung von Vorstandsmitgliedern Managementlücken erzeugt.

31 *Perlitz/Seger,* The Role of Universal Banks in German Corporate Governance, Business and the Contemporary World, 1994, Heft 4, S. 49 ff.

3. *Das Vorstands-Bestellobligo als Dilemma*

Das Aktienrecht schreibt dem Aufsichtsrat die Bestellung von Vorstandsmitgliedern zwingend vor, sagt aber wenig Brauchbares über deren Qualifikation und gar nichts über geeignete Bezugsquellen[32]. Erschwerend kommt hinzu, daß noch niemand die existenzielle Frage befriedigend beantworten konnte, warum jemand Vorstandsmitglied geworden und über mehrere Amtsperioden geblieben ist[33].

Gemäß § 76 AktG soll der Vorstand die Gesellschaft, leider in eigener Verantwortung, leiten. Vorstandsmitglieder sind also „Leiter" oder zeitgemäßer ausgedrückt „Manager". Ein kompetenter Kandidat muß das Potential zum Topmanager aufweisen. Solches darf bei bestimmten Erscheinungen stark vermutet werden, so daß der Aufsichtsrat entsprechenden Indizien nachzugehen hat.

Topmanager glauben fest an die von ihnen gepflegte Unternehmensplanung und lassen sich weder durch Tatsachen verwirren, noch durch operative Zwänge beeindrucken. Daher kommen als Kandidaten nur Manager in Betracht, die bereits sichtbar vom Boden der Realität abgehoben haben. Vorstandsvorsitzende sind Topmanager, für die „an der Spitze stehen" immer noch „zu weit hinten" bedeutet.

Wenn verwandtschaftliche oder rotarische Verbindungen[34] zum amtierenden Vorstands- oder Aufsichtsratsvorsitzenden fehlen, können nur nur Kandidaten mit überschätztem Image zum Vorstandsmitglied berufen werden. Der normale Vorstandskandidat hat die Stufe seiner Inkompetenz bereits erreicht oder wird dies mit der Bestellung zum Vorstandsmitglied tun[35].

Weitere untrügliche Kennzeichen für einen aussichtsreichen Vorstandsanwärter sind eine adäquate äußere Erscheinung und das

32 Vgl. § 84 AktG.

33 Eine modellhafte Erklärung vermutet man vergeblich bei Kräkel, Beförderungsentscheidung und verdeckte Spiele in Hierarchien, ZfbF 1995, S. 25 ff.

34 *Offer/Cousin,* Rotarische Brüder als notorische Kompetenzträger – ein Beitrag zur Vetternwirtschaft, Hamburg 1989.

35 Diese laufbahnbrechende Erkenntnis geht zurück auf *Peter/Hull,* Das Peter-Prinzip, Hamburg 1970.

Führen respektabler Titel. Für einen sorgfältig handelnden Aufsichtsrat ist daher neben der eigenen Voreingenommenheit die Beobachtung vorstandsgemäßer Modetrends unverzichtbar. Nach der ungeschriebenen Kleiderordnung für Topmanager sind Nadelstreifen wegen einer einschlägigen Publikation verpönt[36]. Nietenhosen sowie Kleinkariertes werden ebenfalls als anzüglich empfunden. Einfühlsame Modeberater raten zum traditionellen dunkelblauen oder dunkelgrauen Eintöner mit eleganten Krawatten, deren Preise die eines Maßanzuges erreichen. Sanfte Krawattenmotive wie Enten oder Teddybären nehmen dem scharfkantigen Managerprofil seine überwältigende Härte. Zunehmend setzt sich der Deckmantel als Berufskleidung durch[37].

Adels- oder akademische Titel sind Standardmerkmale aussichtsreicher Vorstandsanwärter, insbesondere wenn ihnen solche Titel aufgrund von Geburt oder eigenem Studium versagt geblieben sind. Ihre aufwendige Beschaffung auf dem 2. Promotionsweg beweist persönlichen Ehrgeiz und den vollen Einsatz Dritter. Da der Weg über den professionellen Titelhändler in letzter Zeit in Mißkredit geraten ist[38], bemühen sich rational veranlagte Führungskräfte um Ehrentitel[39].

Forschungsaufträge für einschlägige Lehrstühle und die Einstellung ausgebeuteter Hochschulassistenten sind erste zielführende Maßnahmen zur Erlangung akademischer Titel. Als nächster Schritt schließt sich ein Fachvortrag in der Hochschule an. In seinem Mit-

---

36 *Ogger,* Nieten in Nadelstreifen (Dieses Bieten von Halbwahrheiten hat der Verfasser ausgeliehen und kann daher das Erscheinungsjahr nicht angeben.) Zum internationalen Modetrend für Topmanager s. *Bennet,* The corporate catwalk, Business strategy international 1995, S. 6 ff; *Joppe,* Bosse im Blazer, Hamburg 1996.

37 *Schneider,* Maßgeschneiderte Camouflage als Maß für gutes Abschneiden, Frankfurt 1994, Kapitel III. Siehe ausführlich dazu *Maxwell,* Coat and Dagger, London 1990.

38 Vgl. *Renner/Greiffen,* Wir kriegen sie alle – die Jagd nach Titeln aus kriminalistischer Sicht, Wiesbaden 1992. *Wadelzwicker,* Vom Kopfjäger zum Titeljäger, Düsseldorf 1991. *Heißmannr,* Doc-Hunting, Mannheim 1993.

39 Zur Behandlung promotionaler Infekte und chronischer Doktoritis wird auf das wahnbrechende Werk von *Meuser* verwiesen: Promo-Viren, Wiesbaden 1994.

telpunkt sollten herausragende Erfolge des überreifen Managers stehen. Das druckreife Manuskript muß mit Hilfe der erwähnten Assistenten in eine wissenschaftliche, d.h. reichlich mit Fußnoten versehene und sprachlich umständliche Form gebracht werden. Wichtig ist, daß Banales mit Würde und Bedeutsamkeit vorgetragen wird. Banales erzeugt keinen Widerspruch und Bedeutsamkeit gibt Gelegenheit, den Vortrag als äußerst bemerkenswert zu loben. Mit der Veröffentlichung eigener, von Mitarbeitern verfaßter Fachbeiträge wird die Verleihung der Ehrendoktorwürde überfällig. Nach weiteren 12 Monaten sollte der Professorentitel erlangt sein. Längere Zeitabstände geben zu denken.

4. Der diplomierte Aufsichtsrat

Angesichts der schwer durchschaubaren Komponenten der Bestellgrundlagen und der Überwachungskonstellation ist es naheliegend, daß de lege ferenda diplomierte Aufsichtsräte gefordert werden. Das Aufsichtsratsdiplom wird in Zukunft für die persönliche Existenzsicherung so wichtig sein wie das Jodeldiplom[40]. Nicht nur der nicht berufstätige Partner in der Ehe oder Lebensabschnittgemeinschaft, sondern insbesondere früh pensionierte Topmanager können sich damit eine eigene Existenzgrundlage schaffen.

Amtierenden Aufsichtsratsmitgliedern, die nachweisen können, daß sie an mindestens vier Bilanzsitzungen aktiv teilgenommen haben, soll eine erleichterte Übergangsprüfung zugestanden werden, um keine Überbrückungslücke auftreten zu lassen. Vertreter von Banken werden zur Diplomprüfung ohne weitere Vorbereitungen zugelassen, wenn sie einen fremden Jahresabschluß plausibel interpretieren können.

Mit der Ausbildung zum diplomierten Aufsichtsrat wird einer linksliberalen Bildungslücke Rechnung getragen: Jeder mündige Gesamtschüler soll die Chance haben, Aufsichtsratsmitglied wer-

40 Vgl. *Loriot,* Die Jodelschule, Bremen 1984.

den zu können. Allerdings mußten reaktionären Kreisen gewisse Zulassungsvoraussetzungen zugestanden werden: Die Zulassung zum Diplomexamen setzt eine wirtschaftsbezogene Erfahrung von mindestens 10 Jahren voraus, wobei eine betriebliche Lehre voll, das Babyjahr mit 9 Monaten, Geschäftsessen zu 20% und die aufreibende Tätigkeit als Gewerkschaftsfunktionär, Beamter oder Student mit höchstens 5 Jahren angerechnet werden.

Das Diplomexamen soll die Hauptfächer Management- und Aufsichtsbetriebslehre sowie ein Wahlfach umfassen. Als Wahlfächer sind vorgesehen Bilanz-, Aktien- oder höhere Wesen, die Soll-Ist-Paralyse oder die Kunst der Geheimhaltung. Die vorbereitenden Fern- oder Abendkurse sollen so angelegt werden, daß auch Volljuristen die Möglichkeit haben, das Aktienrecht kennenzulernen, Betriebswirte den Begriff „Cash-flow" in Ansätzen verstehen können und jede Hausfrau oder -mann in die Lage versetzt wird, in ihrer Mußezeit Bilanzen richtig zu lesen[41].

III. Der Abschlußprüfer als Lückenbüßer

1. Die doppelte Erwartungslücke

Die Unfehlbarkeit der Wirtschaftsprüfer, die durch mehrbändige Kommentare in wiederholten Auflagen belegt ist[42], begründete das blinde Vertrauen in die Richtigkeit und Wahrheit geprüfter Jahresabschlüsse. Im Gegensatz zu den Experten hatten Aufsichtsräte, Banker und andere Laien keine leise Ahnung, daß ein Unternehmen auch bei einem uneingeschränkten Bestätigungsvermerk für die verflossene Bilanz in Zahlungsschwierigkeiten geraten kann. Nur Jungmanager, die noch nicht für den Aufsichtsrat ministrabel sind, wissen um die bedingte Verläßlichkeit eines uneingeschränkt testierten Jahresabschlusses. An deutschen Hochschulen wird

41 Zur Grundlage vgl. *Scheffler*, Bilanzen richtig lesen, 2. Aufl., München 1994.
42 z.B. ADS = allen Deutungswünschen sachdienlich.

schließlich seit Jahren gelehrt, daß der Jahresabschluß das Ergebnis willkürlicher Manipulationen ist und seine Aussagekraft gegen Null tendiert.

Die enttäuschten Erwartungen der Aufsichtsräte und anderer Kreise werden poetisch als Lücke ausgemalt. Man spricht von der „Erwartungslücke“[43], weil der Abschlußprüfer nicht mehr das ist, was er noch nie war. Auch in depressivem Zustand mußte er einen ordnungsgemäßen Jahresabschluß uneingeschränkt testieren[44], wenn sich die Krise des Unternehmens noch nicht zum kurzfristigen Konkurs verdichtet hatte. Ein standhafter Abschlußprüfer kennt schließlich weder Freund noch Feind, wenn es um sein Mandat oder die Grundsätze ordnungsmäßiger Buchführung geht. Insofern fühlt sich der Berufsstand an der Erwartungslücke unschuldig.

Tiefen Schmerz bereitet dem deutschen Wirtschaftsprüfer die mehr oder weniger offene Vorhaltung, daß der Gegensatz zwischen dem True-and-fair-view-Konzept in der anglo-amerikanischen Rechnungslegung und den spätgotischen Grundsätzen ordnungsmäßiger Buchführung die Erwartungslücke produziert oder zumindest vergrößert hat. Im angelsächsischen Raum kennt man nämlich nur einen „expectation gap“. Daher trösten die existenzbedrohenden Schadensersatzforderungen wenig, denen sich die anglo-amerikanischen Kollegen ausgesetzt sehen. Der zurückhaltende altdeutsche Wirtschaftsprüfer fühlt sich als schwankendes Rohr zwischen dem heißen Wind der Bilanzlehre, der Stille des Bilanzrechts und dem Sturm der Entrüstung über die Fehleinschätzung aller beteiligten Organe bezüglich der Unternehmensfortführung.

Nun kommt erschwerend hinzu, daß sich auch auf der Seite des Abschlußprüfers eine peinigende Erwartungslücke aufgetan hat: Viele Jahre hat er vergeblich erwartet, zur Bilanzsitzung des Aufsichtsrates eingeladen zu werden, obwohl das Aktienrecht dies ge-

---

43 S. u.a. *Forster,* Zur „Erwartungslücke“ bei der Abschlußprüfung, Festschrift Helmrich, München 1994, S.613 ff.

44 Zur Bedeutung des Jahresabschlusses s. *Masseltow,* Der Jahresabschluß als Grundlage der Bilanz, Hamburg 1995.

stattet. Der seelisch so grausam mißhandelte Abschlußprüfer kann nicht einmal sicher sein, ob sämtliche Aufsichtsratsmitglieder seinen Prüfungsbericht überhaupt zur Kenntnis genommen haben, in dem er mit aller Undeutlichkeit über seine Prüfungsfeststellungen berichtet.

2. *Mögliches Überbrücken der Lücken*

Zur Überwindung der Erwartungslücken wird u.a. eine stärkere Belästigung des Abschlußprüfers durch den Aufsichtsrat diskutiert, die durch obligatorisches Auswechseln des Abschlußprüfers gemildert werden soll. Als probates Allheilmittel, das zugleich die Überwachungslücke beim Aufsichtsrat schließen soll, wird die Einrichtung von „Audit Committees“ nachdrücklich empfohlen[45].

Sollte sich der Aufsichtsrat unterstehen, zur Linderung seiner Überwachungslast den Prüfungsauftrag für den Abschlußprüfer zu erweitern, sind seitens der Wirtschaftsprüfer zunächst ähnliche Bedenken zu erwarten wie seinerzeit gegenüber der Prüfungspflicht für den Abhängigkeitsbericht[46]. Später werden sie sich an diesen honorarträchtigen Vorschlag ebenfalls gewöhnen, zumal auch ein erweiterter Prüfungsbericht kaum Leser finden wird.

Mit ungewohntem Selbstvertrauen sollte der Berufsstand der Wirtschaftsprüfer darauf bestehen, daß der Abschlußprüfer bei der Bilanzsitzung des Aufsichtsrates zwangsweise vorgeführt wird. Die damit gebotene Gelegenheit zur Selbstdarstellung stärkt nicht nur das Selbstwertgefühl des Abschlußprüfers, sondern gibt ihm auch die unschätzbare Gelegenheit, seinen sonst vernachlässigten Prüfungsbericht gebührend vorzustellen und exkulpierend auszulegen.

---

45 *Langbucher/Blaum,* Audit Committees – Ein Weg zur Überwindung der Überwachungskrise, DB 1994, S. 2197 ff. Siehe auch *Potthast,* Das große Entlücken der Corporate Governance, Wiesbaden 1994.

46 Vgl. *Adler/Düring/Schmaltz,* Rechnungslegung und Prüfung der AG, 4. Aufl., Stuttgart 1968, § 313 Textziff. 1.

Dadurch würde sich die Dauer der Aufsichtsratssitzung erheblich verlängern und der Vorwurf eines zu geringen zeitlichen Engagements des Aufsichtsrates wäre kaum noch gerechtfertigt.

Ein solcher Ausbruch aus der Anonymität duldsamer Testaterteilung wird dann von Erfolg gekrönt sein, wenn sich der Abschlußprüfer gebührend mit den Besonderheiten des Sitzungsbetriebes vertraut macht, um die negativen Aufladungen des Aufsichtsratsplenums und der ohnedies gestreßten Vorstandsmitglieder auszusteuern. Bei allem Verständnis für imagefördernde Selbstdarstellung sollte der genervte Abschlußprüfer etwaige Kritik an der Rechnungslegung vorsichtig dosieren, damit die „Balance of Power" von Aufsichtsrat und Vorstand nicht empfindlicher als vermeidbar gestört wird. Ein abartig extrovertierter Abschlußprüfer sollte bedenken, daß seine Äußerungen in der Niederschrift über die Aufsichtsratssitzung festgehalten werden und später gegen ihn verwendet werden können.

Um die Erwartungslücke durch lückenlose Enttäuschung zu beseitigen, stellen fachlich anerkannte Theoretiker das Ansinnen, daß der Abschlußprüfer regelmäßig, möglichst alle zwei bis drei Jahre ausgewechselt wird. Der häufige Prüferwechsel[47] vermeidet beim Abschlußprüfer profunde Kenntnisse über das Unternehmen und ersetzt bei den Mitarbeitern des geprüften Unternehmens die gewöhnliche Hektik durch besonderen Streß. Da sich die Prüfungsarbeit nur entsprechend der verfügbaren Zeit ausdehnen kann, müssen die Prüfungshandlungen zur Vermeidung von Qualitätsverlust auf Berichtsschreiben und Testaterteilung zurückgeführt werden. Das bedeutet die Realisierung des Lean Auditing.

---

47 *Klimatzki,* Der Abschlußprüfer in den Wechseljahren, Wien 1994. Grundsätzlich dazu auch *Fischer,* Das Rotationsprinzip auf allen Leitungsebenen als unerfüllte Forderung, Bonn 1992.

Das „Audit Committee“ ist eine Errungenschaft aus den USA, die auch in Großbritannien zunehmend verbreitet und daher gut ist. Es soll die hartnäckig geleugneten Überwachungs- und Kontrollschwächen des monoistischen One-Board Systems überwinden, ist aber in der Hauptsache eine Einrichtung zur Auswahl und Erziehung der Abschlußprüfer bei gleichzeitiger Senkung der Prüfungskosten. Schattenbilder des Audit Committees sind die noch seltenen Bilanz- und Prüfungsausschüsse der Aufsichtsräte in Deutschland. Zur Entlastung des Vorstandes kann das Audit Committee der fordernde Gesprächspartner des Abschlußprüfers werden. Denkbar ist sogar, daß das Audit Committee anstelle des Vorstandes den Bericht des Abschlußprüfers (Long-form Report) lektoriert[48].

Das angedeutete Audit-Reengineering soll eine todsichere Chance zur Schließung der doppelten Erwartungslücke bieten, so daß zumindest für große Kapitalgesellschaften die Einrichtung eines Audit Committees obligatorisch werden müßte. Eine schwer widerlegbare Vermutung spricht dafür, daß bei Anwendung anglo-amerikanischer Praktiken die Überwachungsprobleme endlich nach internationalen Standards ungelöst bleiben. Zur Deregulierung der Prüfungskosten soll eine Verdingungsordnung für Prüfer (VOP) erarbeitet werden[49]. Nach Maßgabe der VOP sind die Abschlußprüfungen von publizitätspflichtigen Unternehmen und Konzernen in Zukunft öffentlich auszuschreiben. In diesem Zusammenhang stößt die interessante Anregung auf, daß zur Bereicherung der Aufsichtsratstätigkeit nicht der Vorstand, sondern der Aufsichtsrat den Abschlußprüfer beauftragen soll.

Zur Resozialisierung des deutschen Abschlußprüfers sollte ebenfalls der amerikanische Scopeletter adaptiert werden. In die-

48 Vgl. dazu *Hakelmacher,* Der Prüfungsbericht als sprachliches Kunstwerk, WPg 1981, S. 146.

49 Die VOP wird zwei Teile haben: Teil A für Abschlußprüfungen (VOP/A) und Teil B für Beratungsaufträge (VOP/B).

sem mindestens 10 Seiten umfassenden Dokument hebt der Abschlußprüfer seine Dienstleistungen werbend hervor und legt Qualifikation, Dienstplan und -zeit der Prüfer sowie seine Honorarkalkulation und seine Wünsche zur Haftungsbeschränkung offen. Ein Scopeletter verhindert nach bisherigen Erfahrungen nicht eine qualifizierte und termingerechte Abschlußprüfung.

Die feine englische Prüfungsart kennt als weiteren Briefwechsel mit dem Abschlußprüfer den „Managementletter", der nicht an, sondern über das Management des geprüften Unternehmens geschrieben wird[50]. Er wendet sich ebenfalls an das Audit Committee, in schlimmen Fällen auch an die Konzernleitung. Der Management Letter enthält Feststellungen und kostspielige Empfehlungen zu meist unbedeutenden System- und Kontrollschwächen im Unternehmen, die der Abschlußprüfer bei allem Wohlwollen gegenüber dem Management schwerlich übersehen konnte, sowie die beruhigenden Stellungnahmen des Vorstandes zu den monierten Sachverhalten. Der Management Letter verklärt etwaige Kontroll- und Überwachungslücken durch aktive Niederschrift.

IV. Zusammenfassendes Ergebnis

Ein zu großer Abstand vom notwendigen Anstand, insbesondere beim Vorstand, ist kein akzeptabler Zustand. Aber auch ein Informationsrückstand vom aktuellen Iststand und ohne Bezug zum Planstand sind für den Aufsichtsrat ein schlechter Tatbestand. Der derzeitige Rechtsstand und ein normaler Verstand bieten bei etwaigem Notstand ohne Aufstand ausreichenden Beistand. Dieser Umstand hilft auch dem Berufsstand. You understand?

---

50 Die Unverzichtbarkeit dieser Tätigkeit hat schon *Hakelmacher* 1981 herausgestellt (WPg 1981, S. 144 f.).

Shareholder's Value oder Der Wert des Aktionärs

I. Der wertvolle Kleinaktionär
II. Sonstige Aktionäre
III. Aktionärsvertreter

Shareholder's Value oder Der Wert des Aktionärs

I. Der wertvolle Kleinaktionär

Aktionär kann jeder werden, egal ob Banker oder Gewerkschaftsfunktionär, ob Top-Manager oder Arbeiter. Man muß nur eine Aktie kaufen. Jede Bank wird dabei provisionspflichtig behilflich sein. Auch demjenigen, der nichts von der Börse versteht, gelingt der Aktienkauf zum überhöhten Kurs. Bei dem anschließenden Kursverfall lautet die fachmännische Devise: „Durchhalten". Für den strategisch denkenden Aktionär gilt das jedenfalls solange, bis sein professioneller Anlageberater den Aktienverkauf „zur Gewinnmitnahme" empfiehlt. Das geschieht dann, wenn der Kurs über das zwischenzeitliche Kurstief leicht angestiegen ist, aber den ursprünglichen Anschaffungskurs noch nicht erreicht hat. Für den Aktionär bedeutet das einen Gewinn, der ihn mitnimmt.

Der Wert des Aktionärs oder – wissenschaftlich ausgedrückt – Shareholder's Value besteht darin, daß er der Aktiengesellschaft (AG) vorbehaltlos Eigenkapital zur Verfügung stellt. Vorstand und Aufsichtsrat haben ein großes Interesse daran, den Wert des Aktionärs zu steigern[1]. Die Steigerungsmöglichkeiten resultieren aus dem Nutzenpotential des Aktionärs zur Erleichterung der Verwaltung der AG[2]. Andererseits kann es zu Wertminderungen kommen, wenn der Aktionär über die Kapitalüberlassung hinaus Ansprüche an die Gesellschaft stellt.

Im Gegensatz zum Gesellschafter einer GmbH, einer Kommanditgesellschaft oder einer offenen Handelsgesellschaft hat der Aktionär auf die Geschäftsführung der AG keinen Einfluß. Diese naturbelassene Aktionärsart bezeichnet man liebevoll mit „Kleinaktionär". Die Rolle des Kleinaktionärs entspricht der des Kleinbauern zur karolingischen Zeit oder der des Kleinbürgers in der vorin-

---

1 *Greedy,* Maximizing Shareholder´s Value, Chicago 1986

2 Mit Verwaltung sind Vorstand und Aufsichtsrat der AG gemeint.

dustriellen Gesellschaft. Jede AG-Verwaltung ist stolz auf eine große Zahl von Kleinaktionären, ist sie doch Sinnbild eines demokratischen Kapitalismus. Allerdings schließt diese Anerkennung die Erwartung ein, daß sich die Kleinaktionäre auf ihre originären Rechte und Pflichten beschränken.

Die originären Rechte und Pflichten des vollwertigen Kleinaktionärs beinhalten:

- Übertragung des Stimmrechts auf eine Bank oder störungsfreie Teilnahme an der Hauptversammlung (HV),
- Zustimmung zu den Vorschlägen der Verwaltung,
- bei eigener HV-Teilnahme dankbare Entgegennahme des Lunchpaketes und
- deutlicher Protest gegen längere Reden von Opponenten.

Der besondere Wert des Kleinaktionärs dokumentiert sich darin, daß er nicht über die von Vorstand und Aufsichtsrat zugestandene Dividende hadert.

II. Sonstige Aktionäre

Neben der eher rührenden Gestalt des Kleinaktionärs fallen folgende rührige Arten von Aktionären ins Gewicht:

- Großaktionäre,
- Aktionärsvertreter,
- Opponenten.

Großaktionär ist, wer mindestens 5 % der Aktien der AG besitzt und damit einen relativen Aktienanteil von mehr als 0,25 hält. Der relative Anteil ergibt sich aus dem Verhältnis der eigenen Beteiligung zum Gesamtanteil der drei größten Mitaktionäre. Haben z.B. die drei größten Aktionäre zusammen einen Anteil von 30 %, so beträgt bei 5 % Eigenbesitz der relative Anteil 0,17.

Bei einem absoluten Anteil bis zu 50 % nennt man den größten Aktionär „Hauptaktionär“, bei über 50 % spricht man vom „Mehrheitsaktionär“[3]. Besonders kritisch ist der Alleinaktionär zu bewerten, also der Aktionär mit 100 % Anteilsbesitz.

Die Wertschätzung des Großaktionärs sinkt mit wachsendem relativen Anteilsbesitz; sie steigt mit seiner Zurückhaltung bei Ausübung der Aktionärsrechte. Entsprechend muß gewertet werden, wenn ein Großaktionär aufgrund seines Aktienbesitzes einen Sitz im Aufsichtsrat der AG beansprucht. Der größte Aktionär verdient einen zusätzlichen Wertabschlag, wenn sein relativer Anteil 2,0 und mehr beträgt. Wertberichtigungen können nur bei finanzstarken und zahlungswilligen Großaktionären unterbleiben, die sich wie vollwertige Kleinaktionäre verhalten.

Großaktionäre bedürfen einer ihrer Eigenart entsprechenden Behandlung durch den Vorstand. Eine Bank ist als Aktionär anders hinzunehmen als eine Konzernmutter, ein arabischer Staat oder ein konzernfreies Unternehmen.

Banken sind als gelernte Kapitalgeber relativ nützliche Aktionäre, weil sie weniger an Dividenden, als an exklusiven und umfangreichen Kreditbeziehungen mit der Gesellschaft interessiert sind. Bei überzogener Absicherung der Kredite (daher die Bezeichnung „Überziehungskredit“) genügt ihnen die repräsentative Vertretung im Aufsichtsrat. Obwohl als universeller Ratgeber in allen Wirtschafts- und Managementfragen (daher der Begriff „Universalbank“) gemeinhin toleriert, beweist sich ihr Wertsteigerungspotential erst in Krisenzeiten beim Verständnis für die Finanzlage der Gesellschaft und bei den Kreditkonditionen sowie bei der Ruhigstellung eines Kreditkonsortiums.

Großaktionäre, an denen die AG ihrerseits maßgeblich beteiligt ist, erfahren eine beträchtliche Aufwertung, wenn die Überkreuzverflechtung eine ausreichende Gewähr für ein störungsfreies Verwalten der AG bietet. Dagegen haben Konzernunternehmen als Ak-

---

3 Der Wert des Mehrheitsaktionärs wird negativ, wenn er einen Beherrschungsvertrag mit der Gesellschaft abgeschlossen hat.

tionäre eine sehr geringe Wertanmutung, die ins Negative schlägt, wenn sie aufgrund des Aktienbesitzes die Konzernleitung beanspruchen. Wollen sie diese gar durchsetzen, so wird der damit verbundene Unwert auch nicht mehr dadurch ausgeglichen, daß der Vorstand der AG bei seinen sonst ungehemmten Entscheidungen ernsthaft nur mit einem Aktionär rechnen muß, was normalerweise als Erleichterung der Verwaltung empfunden werden würde.

III. Aktionärsvertreter

Aktionärsvertreter sind entweder Repräsentanten von Banken, Abgesandte von Aktionärsvereinigungen oder sonstige Personen. Banker beschränken sich in Übereinstimmung mit der legalen Zwecksetzung des Kleinaktionärs auf die Abgabe der Stimmkarten. Dieses sogenannte Depotstimmrecht[4], d.h. Ablagerung der Stimmrechte, führt grundsätzlich zu einer positiven Bewertung der solchermaßen vertretenen Aktionäre, es sei denn, es enthielte ein „Nein“ zu den Vorschlägen der Verwaltung.

Die übrigen Aktionärsvertreter vertreten mit vielen Worten wenige Kleinaktionäre. Sie sind daher die Entertainer der Hauptversammlungen. Zu ihrem unverzichtbaren Repertoire gehört die Feststellung, daß die Dividende für das abgelaufene Geschäftsjahr eigentlich erhöht werden könnte. Hartnäckigkeit und Akzent, mit der diese belanglose Tatsache vorgetragen wird, sind Maßstäbe für die Bewertung der vertretenen Aktionäre.

Ehrgeizige Aktionärsvertreter offenbaren sich gern als Bilanz-Feinmechaniker, indem sie ausgiebig aus dem Geschäftsbericht zitieren und unwesentliche Fragen zum Jahresabschluß stellen, dessen Inhalt trotzdem verborgen bleibt. Sie sind daher für die Verwaltung harmlos und beruhigen die von ihnen vertretenen Aktionäre. Sie können deren Wert noch erheblich steigern, wenn sie ihre spontanen Fragen vorher mit dem Vorstand abstimmen.

4 Für das Depotstimmrecht gibt es – trotz aller Kritik – keine wirtschaftlich sinnvolle Alternative.

Opponenten sind Aktionäre, die ihren Wert dadurch aufs Spiel setzen, daß sie in der Hauptversammlung gegen die fein gesponnenen Vorschläge der Verwaltung stimmen. Berufsopponent ist ein Aktionär oder Aktionärsvertreter, der wegen seines kaum stillbaren Rededrangs immer „B“ ruft, wenn die Verwaltung „A“ sagt. Berufsopponenten genießen es, gefürchtet zu werden. Ihre wesentliche Funktion ist die strapaziöse Verlängerung der Hauptversammlung. Das geschieht vorzugsweise durch langatmige Ausführungen und Fragen, die mit der Tagesordnung der Hauptversammlung nichts zu tun haben.

Der chronische Rededrang vieler Berufsopponenten wird vor allem dadurch hervorgerufen, daß sie sich zu Missionaren für bessere Unternehmensführung berufen fühlen. Wenn diese Laienbewegung selbst bedenkenswerte Kritik durch professionelle Polemik paralysiert, lassen sich ihre anwesenden Seminaristen zu impulsivem Applaus hinreißen. Außerdem amüsieren sie die ansonsten desinteressierten Pressevertreter. Das eigentliches Anliegen der Berufsopponenten ist neben der zeitlichen Ausdehnung der Hauptversammlung ein hoher Bekanntheitsgrad und der baldige Vorruhestand als etablierter Aktionärsvertreter. Etabliert ist der Berufsopponent dann, wenn er in der Presse so häufig zitiert wird, daß seine Umgangsformen als angenehm genug empfunden werden, um ihn zwecks Abstimmung in die Vorstandsetagen großer Aktiengesellschaft zu bitten. Damit erhöht sich natürlich der Wert der von ihm vertretenen Aktionäre.

Vorstehend sind die wesentlichen Faktoren genannt worden, die den Wert des Aktionärs bestimmen. Vor weiterführender Literatur wird gewarnt, denn die Wirtschaftswissenschaftler haben die Shareholders' Value Analysis bis zur Unkenntlichkeit bearbeitet. Ihre komplexen Modelle verwirren auf höherem finanzmathematischen Niveau.

III. Evolution der Revision

Neue Wege der Wirtschaftsprüfung

Neue Wege der Wirtschaftsprüfung

Auf der Fachtagung 1968 des Instituts der Wirtschaftsprüfer in Berlin sprach der Bundeswirtschaftsminister davon, daß in dem Pilgerzug der Wirtschaft in die goldenen 70er Jahre die Wirtschaftsprüfer dank ihrer besonderen Weihen einen hervorragenden Platz einnehmen werden, da ihnen seit jeher gestattet sei, im Allerheiligsten der Unternehmungen einzugehen. Es ist daher eine hohe Verpflichtung des Berufsstandes, auf diesem vorgezeichneten Weg würdevoll voranzuschreiten. Die folgenden Ausführungen setzen die Meilensteine für den fortschrittsträchtigen Pfad der Wirtschaftsprüfer in die Zukunft, die bereits verschiedentlich begonnen, in Einzelfällen sogar schon angefangen hat.

Mit Interesse muß vor allem die Aufgeschlossenheit der Wirtschaftsprüfer gegenüber der modernen Wirtschaftswissenschaft verzeichnet werden, die nachdrücklich dadurch dokumentiert wird, daß auch Wirtschaftsprüfer in zunehmendem Umfang den Mut finden, gesicherte wissenschaftliche Erkenntnisse der 20er Jahre durch angloamerikanische Ausdrücke in moderne Forschungsergebnisse zu transformieren. Modernem Forschungsgeist ist es zu verdanken, daß so primitive Bezeichnungen wie „Berechnung von Kostendeckungspunkten“[1] zu dem Begriff „Break-even-point-Analyse“ veredelt wurden.

I. Der Cash-Overflow

Die durch Anglizismen erreichte wissenschaftliche Präzision der deutschen Betriebswirtschaftslehre konnte in jüngster Vergangenheit neue Triumphe feiern, und das auf dem für den Berufsstand so wesentlichen Gebiet der Kassenprüfung. Nach langjährigen Versuchen ist es einem Wirtschaftsprüfer gelungen, den bisher unzurei-

1 Vgl. *Schär,* Allgemeine Handelsbetriebslehre, 5. Auflage, Leipzig 1923, S. 169.

chend als Kassenmehrbestand bezeichneten Überschuß des Istbestandes (I) gegenüber dem Sollbestand (S) als Cash-Overflow zu erkennen und mathematisch exakt zu formulieren[2]:

$$C = I - S$$

Damit ist der Bestand laut Kassenbuch eindeutig als negativer Bestandteil des Cash-Overflow definiert.

Der Cash-Overflow wird im allgemeinen zum Nullwert hin tendieren. Seine Minimierung stellt die unternehmerische Zielsetzung auf dem Gebiet der Kassenführung dar. Dabei wird der pekuniäre Optimal-Zustand mit dem Phänomen der extremen Cash-Balance erreicht, wenn also $C = 0$ und somit $I = S$ ist.

Das Problem eines negativen Cash-Overflow läßt sich im Normalfall approximativ mit der Manko-Methode lösen, die auf der Empirie der Kassenrevision beruht, nach der die Wahrscheinlichkeit einer Veruntreuung im Normalfall geringer ist als die Möglichkeit eines Additionsfehlers im Kassenbuch oder bei der Bestandsaufnahme[3].

II. Rationalisierung der Prüfungsarbeit

Die Arbeitsteilung im WP-Beruf wurde bisher als eine Funktion der Grundsätze ordnungsmäßiger Berufsausübung angesehen. Die - namentlich im Hinblick auf die Erhaltung der Mandantschaft - flexible Handhabung der erwähnten Grundsätze eignet sich jedoch nicht als Basis für eine exakte, wissenschaftlich fundierte Ableitung. Daher waren alle bisherigen Rationalisierungsversuche, die irrtümlich an

---

2 *Münzemann,* Der Cash-Overflow als integrierter Bestandteil des Kassenwesens, Band I und II, Mainz 1968.

3 Siehe dazu im einzelnen *Fromm,* Die Pay-back-Periode des negativen Cash-Overflow als Problem und Aufgabe, Ansätze zur mathematischen Auflösung, Innsbruck 1969, S. 17 ff.

der genannten Funktion anknüpften, zwangsläufig zum Scheitern verurteilt[4]. Erst in jüngster Zeit wurde diese Fehlentwicklung erkannt. Die wissenschaftliche Forschung wurde namentlich durch die Arbeiten von *Korbinian Kontenspalt* auf eine neue Grundlage gestellt.

Für eine wissenschaftlich fundierte Arbeitsteilung ist von der im Beruf allgemein anerkannten hierarchischen Grundeinstufung

W P A[5]

(Wirtschaftsprüfer, Prüfer, Assistent) auszugehen. Durch marginale Betrachtung der genannten Grundfunktion ergibt sich die optimale Normal-Kombination (K) wie folgt:

$$K = \sqrt{WP} + \frac{P}{2} + A.$$

Die Größen W, P und A sind dabei durch die Gehaltshöhe eindeutig bestimmt. Die Normalkombination ist bei jeder rational begründeten Disposition zu berücksichtigen, da sie folgende optimale Arbeitsteilung[6] ergibt:

W (= Wirtschaftsprüfer) übernimmt die zwischenmenschlichen Beziehungen gegenüber dem Mandanten, um die Versorgung der Prüfermannschaft mit Kaffee und Zigaretten und gelegentlichen Einladungen zu besseren Essen sicherzustellen. Außerdem obliegt ihm das Einsetzen von Seitenzahlen in dem Berichtsentwurf. W bestimmt schließlich die Arbeitspausen, das Speiselokal, die Themen für außerdienstliche Gespräche sowie die Art der Feierabendgestaltung.

---

4 Vgl. *Traugott*, Bilanzierung im Spiel der Praxis, 2. Auflage Düsseldorf 1968.

5 Wegen der zwischenzeitlichen Vermehrung der Wirtschaftsprüfer hat die Grundhierarchie eine Aufstockung durch Partner (Pa) und Vorstandsmitglieder erfahren, so daß heute die Rangfolge V Pa WP P A gilt.

6 Bei der heute erweiterten Hierarchie übernimmt V (=Vorstand) den Besuch internationaler Fachkongresse, wenn sie in Übersee stattfinden, während Pa (=Partner) die Auftragsbeschaffung und Mandantenpflege zu besorgen hat.

P (= Prüfer) ist für die fachgerechte Verwendung der Prüfungszeichen verantwortlich und überwacht sie in Anzahl und Ausführung. Außerdem errechnet er die erforderlichen Durchschläge für den Berichtsentwurf und bestimmt die im Text aufzuführenden Satzzeichen.

Die Arbeit des A (= Assistent) ergibt sich nach der Subtraktionsmethode, d. h. er übernimmt die verbleibenden Arbeiten[7]. Neben dem Anfertigen der materiellen Berichtsteile ist er mit Prüfungen voll ausgelastet.

Unter Zugrundelegung der erwähnten Grundfunktion läßt sich die Anzahl der Prüfungshandlungen je Zeiteinheit (n) mathematisch genau wie folgt bestimmen:

$$n = A + \frac{1}{(W-P)^2}.$$

Ein weiterer Schritt auf dem Wege zur Rationalisierung ist die periodenweise Vereinheitlichung der Prüfungshandlungen, die auf *Nepomuk Kassensturz,* den langjährigen Prüfungsleiter bei der Wasserkopf AG, zurückgeht. Im ersten Jahr wird nur addiert, im zweiten werden die Belegprüfungen vorgenommen, im dritten die Gegenbuchungen überprüft und im vierten Jahr die erforderlichen Prüfungszeichen an den dafür vorgesehenen Stellen angebracht. Bei Zeitdruck entfallen die an sich unbedeutenden Prüfungshandlungen eins bis drei.

Damit konnte in 105,2 % aller Fälle eine bedeutende Kürzung der Prüfungszeit erreicht werden. In einigen Fällen konnten sogar die Konten für die nächsten zwei Geschäftsjahre bereits mit Prüfungszeichen versehen werden.

Weitreichende Rationalisierungserfolge wurden schließlich durch Kürzung der Prüfungsberichte erzielt. Die hierzu vom *Arbeitskreis für fortschrittliche Eliminierung* (AffE) erarbeiteten Grundsätze Nr. 1 bis 1487 bewirken den sog. Schwundeffekt, der allgemein mit σ be-

---

7 *Kontenspalt,* Auditing by exception, Miesbach 1967, S. 311.

zeichnet wird. Ein Aufzählung aller Grundsätze würde den vorliegenden Beitrag sprengen; daher nur zwei Beispiele:

Der erste AffE-Grundsatz besagt, daß größere Zahlenzusammenstellungen nicht in den Berichtsanhang, sondern in die Anlagen gehören. Dem liegt die Erkenntnis zugrunde, daß der Arbeitsaufwand für eine Zahlenaufstellung in den Anlagen wesentlich geringer ist als für eine gleiche Zahlenaufstellung im Bericht.

Der 197. Grundsatz verlangt, daß für mehrere Posten des Jahresabschlusses geltende Erläuterungen zusammenzufassen sind. Dieses Kontraktionsprinzip kann in seiner Bedeutung nicht hoch genug eingeschätzt werden, bietet es doch endlich die Handhabe, die antiquierte Unterscheidung zwischen Rücklage und Rückstellung fortfallen zu lassen. Es kommt entscheidend darauf an, auf das Gemeinsame der Bilanzpositionen abzustellen. Damit ist es z.B. sinnvoll, Vorräte, Bankguthaben und Grundkapital als sachlich zusammengehörig im Prüfungsbericht zusammenzufassen.

Auch der Schwund-Effekt läßt sich mathematisch genau ermitteln. Er ist abhängig von:

t = Anzahl der Prüfungstage
g = Anzahl der angewendeten Kürzungs-Grundsätze
a = Alter des Prüfers
s = Bilanzsumme des geprüften Unternehmens.
σ ist damit wie folgt definiert:

$$\sigma = \frac{g}{a} + \frac{t}{s}.$$

Zur Maximierung des Schwund-Effektes wurde von *Felix Rübenkees* das „Line-off-Verfahren" entwickelt[8]. Bei der einfachen Verfahrensanwendung entfällt jede zweite Zeile im Prüfungsbericht. Dadurch kann eine Kürzung von etwa 48,7 %und damit von fast 2 σ erzielt werden. Als Nebenwirkung dieser simplen Anwen-

8 Verschwundene Zeichen zwischen den Zeilen, München 1969, Kapitel IV.

dung wird die allerdings ohnehin eingeschränkte Lesbarkeit des Berichtes beeinträchtigt, so daß beim Berichtsleser seelische Störungen nicht ganz ausgeschlossen werden können. Sensible Versuchspersonen ließen bereits eine primöse Zersetzung der Mibrollen durch die Vibromatik des Line-off-Verfahrens erkennen[9].

Positiv ist dagegen zu werten, daß bei Anwendung des Line-off-Verfahrens die WP-eigene Berichtskritik zusätzliche Verantwortung bekommt, da zur einheitlichen Ausrichtung der Prüfungsberichte ihr die Entscheidung überlassen bleibt, ob die 1., 3., 5. Zeile oder die 2., 4., 6. Zeile zu streichen ist. Diese Entscheidung wird nicht unerheblich dadurch erschwert, daß sie für jede Seite neu zu treffen ist.

III. Ausblick

Es ist an der Zeit, mit den überholten Prüfungsmethoden zu brechen. Heute darf sich ein Prüfer nicht mehr mit Rechnen und Vergleichen sowie mit der Abfassung von umfangreichen Prüfungsberichten aufhalten. Untersuchungen von *Beatus Schlichtgut* haben u. a. ergeben, daß einer weiteren Steigerung des Schwundeffektes auf 3 σ nur in ihren Anforderungen übersteigerte Berufsgrundsätze entgegenstehen.

Wenn es gelingt, von der noch verbliebenen Praxisnähe der Wirtschaftsprüfer im Prüfungs- und Beratungswesen in vollem Umfang zu abstrahieren, wird der Wirtschaftsprüfer auf dem einleitend beschriebenen Weg der Wirtschaft in die goldenen 70er Jahre[10] gegenüber einem pragmatischen Vorangehen weitgehend sterilisiert werden.

---

9 *Wüst/von Jeher,* Aufsichtsräte unter der Beslastung durch Prüfungsberichte, in: Quintessenz klinischer Tests, Hamburg 1968, S. 1412 ff.

10 *Schiller,* Allegorie und Symbolik als Motor des wirtschaftlichen Wachstums, Berlin 1969.

Standortkalkulation für Wirtschaftsprüfer

I. Das Eingeständnis der Steuerberatung
   1. Sorgenvolle Betrachtung der Steuerreform
   2. Die Gefährdung der Kontrasttheorie
II. WP internäschonell (WPi)

Standortkalkulation für Wirtschaftsprüfer

I. Das Eingeständnis der Steuerberatung

Aufgrund zügelloser Indiskretionen[1] läßt sich nicht länger leugnen daß der Wirtschaftsprüfer wenigstens zeitweise auf dem Gebiet der Steuerberatung tätig ist. Daher müssen an dieser Stelle die in regelmäßigen Abständen diskutierten, aber stets illusorischen Steuerreformen angesprochen werden[2].

1. Sorgenvolle Betrachtung der Steuerreform

Das Kernproblem für die steuerberatenden Berufe liegt in der Befürchtung, daß die wiederholt angekündigten durchgreifenden Vereinfachungen des Steuerrechts die Steuerberatung weitgehend überflüssig machen würden. Der Realgehalt der beruflichen Sorge läßt sich an dem Beispiel, Wegfall der degressiven AfA für Gebäude[3], augenfällig dokumentieren.

Der erfahrene Praktiker wird mit sicherem Fingerspitzengefühl genau ermessen können, was allein diese Vereinfachung für den Beschäftigungsgrad der steuerberatenden Berufe bedeutet. Nach vorläufigen Erhebungen werden 38,6 % der gewerblich genutzten Gebäude degressiv abgeschrieben. Wie aufgrund einer portionellen Komplikationsanalyse schnell zu errechnen ist, ist bei einem Simplifizierungsquotienten von SQ = 0,7 ein Gesamtausfall von 26 000 Honorarstunden zu erwarten[4].

---

1 Siehe als neuestes Beispiel: *Institut der Wirtschaftsprüfer* (Hrsg.), WP-Handbuch der Unternehmensbesteuerung, 2. Auflage, Düsseldorf 1994.

2 Vgl. Interfraktioneller Ausschuß, Feine Experimente, Wahlsprüche 1969 bis 1973.

3 Vgl. Neckwerte zur Steuerreform 1974, Dokumentation des BMWF, Bonn 1971; ferner *Mullkopp,* Von der degressiven zur agressiven AfA, Diss. Saarbrücken 1971.

4 Die Genauigkeit dieser Errechnung wird bestätigt, wenn man den Stundenausfall mit 0,01 % der von der Bundesregierung geschätzten Mehreinnahmen von 260 Mio DM annimmt. Vgl. *Drechsler,* Analytische Komplikate im Einkommensteuerrecht, Frankfurt 1970, Tabelle VI und VIa.

Jede Vereinfachung des Steuerrechts wird durch den „nezessiven Konfusionsausgleich“ zunichte gemacht, der seit jeher dem indogermanischen Fiskalrecht systemimmanent ist[5]. Dieser Ausgleich dient dem Schutz der Finanzbeamten und -richter sowie der steuerberatenden Berufe. Sein Zweck ist die Verwirrung der Steuerpflichtigen auf immer höherem Niveau. Er wird durch scheinbar vernünftige Neuregelungen sichergestellt. Neue Hoffnungen werden auf die schon oft diskutierte Eigenständigkeit der Steuerbilanz gesetzt. Der antiquierte Grundsatz der Maßgeblichkeit der Handelsbilanz für die Steuerbilanz, der bereits lange nicht mehr fiskalischen Überlegungen standhalten konnte, wird mit der Eigenständigkeit der Steuerbilanz aufgehoben. Fraglich ist, nach welcher Rechtsordnung die Buchführungsgrundsätze für die Steuerbilanz auszurichten sind. Um einer Anlehnung an die handelsrechtlichen Grundsätze ordnungsmäßiger Buchführung wirksam entgegenzutreten, müssen bezüglich der Steuerbilanz „Grundsätze steuermäßiger Buchführung (GsB)“ entwickelt werden[6].

Die derzeit zurückhaltende Ausweitung des Begriffes „Wirtschaftsgut“[7] dürfte sich durch die genannten Grundsätze neu beleben. So ist streng vertraulich bekanntgeworden[8], daß Rückstellungen für Prüfungs- und Beratungskosten künftig zu aktivieren sind. Die Aktivierungspflicht wird damit begründet, daß für die Gläubiger ein zu prüfendes Unternehmen einen höheren Wert besitzt als ein Unternehmen, das nicht zu prüfen ist. Dieses Phänomen ist im Fachschrifttum als „vorbeugende Wirkung der Abschlußprüfung“ zwar erwähnt worden, wurde aber nicht in seiner tragischen Konsequenz gesehen. Das mag zum Teil daran liegen, daß Höhe und Dau-

---

5 Vgl. *Koppmann,* Rudimente des indogermanischen Staatsrechts in Vorderindien, Leipzig 1927, S. 276 ff.; Bresch, Konfusismen im Steuerecht der Neuzeit, Marburg 1967.

6 Vgl. *Doller/Geissel,* Fiskalreduktion von Buchführungsgrundsätzen,.4. Auflage, München 1971, S. 27.

7 *Schulenfuß,* Die hyperdynamische Bilanz in der Praxis, München 1968, Abschnitt II.

8 *Kulis sen.,* Hinterzimmer der Finanzverwaltung, in: Brevier für Betriebsprüfer, Jahrgang 1972, S. 711 ff.

er, der Abschreibung dieses Postens nach wie vor uneinheitlich beurteilt wird. Zum Ausgleich für die erwähnte Aktivierungspflicht soll für ungewisse Schulden ein steuerliches Passivierungsverbot erlassen werden. Die mit der eigenen Steuerbilanz verbundenen zusätzlichen Aufwendungen für die Unternehmen sollen durch die steuerliche Nicht-Abzugs-fähigkeit dieser Aufwendungen neutralisiert werden.

2. Die Gefährdung der Kontrasttheorie

Allerdings darf nicht verkannt werden, daß infolge der Eigenständigkeit der Steuerbilanz die Kontrasttheorie für das Bilanzsteuerrecht[9] nicht mehr aufrechterhalten werden kann. Nach unständiger Rechtsprechung des Bundesfinanzhofes (BFH) konnte bisher davon ausgegangen werden, daß der BFH konträr zum Bundesgerichtshof und – in Fragen der Verfassungsmäßigkeit von Steuergesetzen – das Bundesverfassungsgericht konträr zum BFH entscheiden würde[10]. Die Kontrasttheorie wurde zwar vereinzelt im Fachschrifttum kritisiert, doch entsprach ihre leichte Handhabung offenbar nach herrschender Meinung dem Grundsatz unkomplizierter Steuererhebung. Eine echte Steuerreform reißt also eine schwer zu schließende Lücke.

Was kann anstelle der Kontrasttheorie treten? Dem originellen Vorschlag, bei der Urteilsfindung primär vom Wortlaut des Gesetzes auszugehen, kann eine gewisse Naivität nicht abgesprochen werden. Ernsthaft zu diskutieren ist dagegen die konjunkturabhängige Etatlehre[11]. Hiernach bestimmt sich der Urteilstenor der Fi-

9 Die Kontrasttheorie geht zurück auf die Uneinigkeit der Steuereintreiber während der Gegenreformation. Vgl. *Cervus,* Ius in contrario, Nördlingen 1546, und *Krampus,* Fiscus in cumulus, Bamberg 1552.

10 Vgl. z.B. BGH-Urteil vom 11.7.1966, WPg 1966, S. 643 und BFH-Urteil vom 26.3.1969, DB 1969, S. 1378 sowie BFH-Urteil vom 3.12.1964, BStBl 1965 III S. 19 und BVerfG-Urteil vom 2.10.1968, BVerfGE 1969, S. 174.

11 *Trietschler,* Die Eigengesetzlichkeit des Steueraufkommens, Bonn 1971, S. 15 ff.

nanzgerichte in erster Linie nach der Haushaltslage der öffentlichen Hand[12]. Damit wäre die Durchschaubarkeit der steuerlichen Rechtsprechung in gewohntem Umfang wieder erreicht, wobei andererseits die erwähnte Konjunkturabhängigkeit genügend Spielraum gewährt, um eine frustrierende Geradlinigkeit der Rechtsprechung zu verhindern[13].

II. WP internäschonell (WPi)

Allen Dementis zum Trotz ist die Entwicklung vom schlichten WP zum Super-WP nicht mehr aufzuhalten. Als Gipfel des Berufsstandes soll sich der WPi etablieren[14]. Der WPi muß mindestens zwei der drei folgenden hervorstechenden Qualifikationen nachweisen:

- 14tägiger Auslandsaufenthalt unter beruflichem Vorwand (deutschsprachiges Ausland ausgenommen[15])
- Beherrschung der neogermanischen Fachausdrücke in Wort und Schrift (z. B. der certified WP managed den Return des Cashflow)
- Abonnement einer fremdsprachigen Fachzeitschrift.

Ein entscheidender Mangel der beruflichen Fortbildung des WP liegt darin, daß der Berufsangehörige zwar immer noch zwischen Rücklagen und Rückstellungen differenzieren, in der Regel jedoch nicht ohne weiteres zwischen schottischem und irischem Whisky unterscheiden kann. Der schlichte WP wird sich Erfolg und Nutzen internationaler Fachkongresse leichter erschließen können, wenn er die folgenden wertvollen Hinweise beherzigt.

---

12 *Lüthi,* Die offene Hand der öffentlichen Hand, Berlin 1958.

13 Siehe dazu *Mahler,* Juristische Frustationen der Gegenwart, Münster 1970.

14 *Puckin,* Das ist der Gipfel, Schlußwort auf der Fachtagung der Wirtschaftsprüfer in Honolulu 1971.

15 Deutsche Berufsangehörige machen sich bei Ausübung ihres Berufes in Österreich ohnehin strafbar.

Der routinierte WPi erscheint stets im partypolitisch optimalen Zeitpunkt[16] auf einem Empfang und erspäht mit dem abgeklärten Blick des hartgesottenen Abschlußprüfers sofort alle respektablen Funktionäre des Berufsstandes. Nach raschem, aber zielsicherem Zugriff zum kalten Buffet entfaltet der WPi seine eigentliche Kunst. Sie besteht darin, in möglichst kurzer Zeit allen Gesprächspartnern unaufgefordert klarzumachen, daß er wegen der entsagungsvollen Verbundenheit mit seinen Berufskollegen gerade das Meeting mit seinen internationalen Partnern unterbrechen mußte. Dabei wird er mehrmals exotische Fachbegriffe wie „Dollar“ und „SEC“ in seine leicht atemlos vorzutragende Präsentation einfließen lassen, bevor er mit flackerndem Blick die nächste Gesprächsgruppe heimsucht.

Die fehlende systematische Ausbildung zum WPi erklärt, warum unerfahrene Teilnehmer die Arbeitssitzungen internationaler Kongresse besuchen. Nach Beobachtungen des Verfassers[17] wird dieser schmerzliche Zustand durch bereitwillige Hinweise erfahrener Kongreßbesucher rasch beseitigt. Die Arbeitsgruppen schrumpfen damit auf 5 % der ursprünglichen Anmeldungen von Teilnehmern zusammen.Da die Produktivität einer Arbeitsgruppe umgekehrt proportional zur Teilnehmerzahl ist, kann sie durchaus bei einer Diskussion von 34 der 186 vorgesehenen Fachfragen 136 qualifizierte Diskussionsergebnisse vorgelegen.

---

16 Dieser Zeitpunkt richtet sich nach der Cocktail-Formel von *Parkinson* (Parkinsons Gesetz, Düsseldorf,Stuttgart o.J., S. 98 ff.).

17 Siehe Training in Conference-Meetings, London 1971.

Der integrierte Gesamt-Wirtschaftsprüfer

I. Das Primat der Rechnungslegung
   1. Das „True and Fair View"-Konzept
   2. Der Rechnungslegungsnotstand in Deutschland

II. Der Wirtschaftsprüfer der 80er Jahre
   1. Die Berufspflichten
   2. Das RoKoKo-Verfahren

Der integrierte Gesamt-Wirtschaftsprüfer

I. Das Primat der Rechnungslegung

Der Beginn der 80er Jahre steht im Zeichen der Harmonisierung der Rechnungslegung in Europa und den entsprechenden nationalen Verformungsbemühungen[1].Die Dringlichkeit einer Aufwertung der Rechnungslegung wird durch alarmierende Untersuchungsergebnisse aus jüngster Zeit[2] unterstrichen: Selbst namhafte Unternehmen glauben immer noch, mit vordergründigen Zielsetzungen wie Sicherung von Ertragskraft und Liquidität auf Dauer bestehen zu können, anstatt ihre eigentliche Aufgabe und Zwecksetzung in der Rechnungslegung und Bilanzierung zu sehen. Darüber hinaus ist mit dem Beitritt Großbritanniens zur europäischen Gemeinschaft erschreckend deutlich geworden, daß verschiedene Staaten des europäischen Kontinents, namentlich die Bundesrepublik Deutschland, hartnäckig an Rechnungslegungsgrundsätzen festhalten, die deshalb unzulänglich und antiquiert sind, weil sie mit der angloamerikanischen Theorie und Praxis nicht übereinstimmen. Eine Schlüsselrolle spielt dabei das mit britischem Nachdruck geforderte „True and Fair View"-Konzept[3].

1 Vgl. auch *Forster-Kaminski,* Zum Jahreswechsel 1979/80; in Fachnachrichten des IdW 1979 Heft 12. – „Harmonisierung" hat nichts mit „Gleichmacherei" und nur wenig mit „Vereinheitlichung" zu tun. Der aus der Musiklehre entlehnte Begriff „mit Begleitakkorden versehen" bedeutet hier „komplexer gestalten, zur Komplikation führen".

2 *P. Rofit,* Zielvorstellung großer Industriekapitäne, Bonn 1979.

3 Vgl. *Chastney,* True and Fair View – History, Meaning and the Impact of the 4th Directive, 1975 sowie *Tubbesing,* A True and Fair View im englischen Verständnis und nach der 4. EG-Richtlinie, in AG 1979, S. 91 ff.

1. Das „True and Fair View"-Konzept

Die zahlreichen Versuche, den Begriff „True and Fair View" in deutschen Fachkreisen populär zu machen, scheiterten weniger an der mangelhaften Übersetzung in die deutsche Sprache[4] als an dem verfehlten Denkansatz, daß der Wortsinn eine entscheidende Bedeutung haben könnte. Der Begriff darf allein im engen Zusammenhang mit dem Prinzip der Maßgeblichkeit des Abschlußprüfers interpretiert werden, das als oberste Maxime moderner Rechnungslegung gilt: Jeder Jahres- oder Konzernabschluß muß dem „True and Fair View"-Konzept entsprechen, wie es von dem mit seiner Prüfung beschäftigten Abschlußprüfer aus seiner persönlichen Sicht individuell bestimmt wird[5].

„True and Fair View" ist somit ein auf den Einzelfall reduzibler und subjektiver Begriff. Einheitliche Beurteilungsmaßstäbe, auch solche gesetzlicher Art, sind mit der Unabhängigkeit des Wirtschaftsprüfers nicht vereinbar[6].

Die nach Einführung des „True and Fair View"-Konzeptes verbleibende Rationalität der Rechnungslegung wird durch ein ausgefeiltes „Inflation Accounting" endgültig beseitigt werden können. Hier hat das englische Institut der Chartered Accountants mit seinen zahlreichen Veröffentlichungen (Sandiland-Report, Hyde-Guidelines und ED 24 über Current Cost Accounting) bereits präjudizierende Vorarbeit geleistet.

Wie verschwiegene Berufsvertreter in Brüssel lautstark versichern, soll auf Initiative Großbritanniens die Bundesrepublik Deutschland zum unterentwickelten Land auf dem Gebiet der Rechnungslegung erklärt werden. Die Vorlage stützt sich vor allem auf

---

4 Wie der Kenner der englischen Sprache und Materie sofort eingestehen wird, kommen Übersetzungen wie „reinrassiges und blondes Bild" oder „aufrichtige und heitere Ansicht" dem Wortsinn noch am nächsten.

5 *Hirsch,* Die Einzelfallgerechtigkeit als Mittel der Relevation und Revision, Leer 1979.

6 So ausdrücklich *Unerdl,* Das Prinzip der Maßgeblichkeit des Wirtschaftsprüfers als Dominante der Grundsätze ordnungsmäßiger Buchführung, Düsseldorf 1978, S. 131 ff. und S. 752 ff.

die Tatsache, daß den über 78000 Chartered Accountants in Großbritannien einsame 3800 Wirtschaftsprüfer in Deutschland gegenüberstehen[7].

2. *Der Rechnungslegungsnotstand in Deutschland*

Der katstrophale Zustand der deutschen Rechnungslegung wurde erstmals von *Shocking* erkannt und durch sein bahnbrechendes QR-Theorem wissenschaftlich untermauert[8]: Die Qualität der Rechnungslegung einer Nation (QR) entspricht der Quadratkopfzahl der zu ihrer Prüfung bereitstehenden Berufsangehörigen (WP) dividiert durch die Anzahl der produktiv Beschäftigten (B):

$$QR = \frac{n^2 WP}{B}.$$

Wie *Jammer* und *Harm*[9] scharfsinnig erkannt haben, läßt sich das deutsche Dilemma durch eine kurzfristige Vermehrung der Wirtschaftsprüfer weitgehend lösen. Der Verzicht auf Übergangsregelungen für Steuerbevollmächtigte und Steuerberater, die Wirtschaftsprüfer werden wollen, reicht als Sofortmaßnahme keineswegs aus[10]. Selbst die Einbeziehung der geprüften Bilanzbuchhalter in den Berufsstand der Wirtschaftsprüfer wird als unzureichend empfunden[11]. Andererseits konnten die berufsrechtlichen Bedenken gegen die Bestrebungen des Anwaltsvereins, einen „Fachanwalt für

---

7 Stand Ende 1979. Siehe auch *Meier-Riss,* Skorbut und andere Mangelerscheinungen, Leipzig 1927; insbesondere S. 98 ff. sowie o. V., Ein Berufsstand in Bedrängnis, in Capital 1978, Heft S. 135 ff.

8 *Shocking,* The QR in Central Europe, Glasgow 1977; vgl. auch *Schade,* Qualitätsanforderungen im europäischen Rechnungswesen, Herne–Berlin 1978.

9 Krisenmanagement im Prüfungswesen, Frankfurt 1974–1978.

10 *Blüh Fung,* Del Steuelbelatel als Plüfel, Diss. Köln 1979.

11 *Mayer,* Die Aszendenz der Bilanzbuchhalter als praeservative Maßnahme zur Lösung des Minderheitskomplexes, München—Wien 1979.

Bilanzrecht" einzuführen, auch durch den Referentenentwurf eines Abschlußprüfungsmißbrauchsgesetzes nicht ausgeräumt werden.

In Fortsetzung der gezwungenermaßen freiwilligen Schul- und Hochschulpolitik einiger Bundesländer soll daher Ende 1981 der integrierte Gesamt-Wirtschaftsprüfer eingeführt werden[12]. Studenten der Wirtschafts-, Sozial- und Politischen Wissenschaften können auf Antrag nach dem 5. Fachsemester durch Postwurfsendung zum WP grad. ernannt werden[13]. Damit soll eine Entwicklung in Großbritannien vorweggenommen werden, die die Qualifikation des „Chartered Accountants" erblich machen will, wobei allerdings von konservativen Berufsangehörigen ein Mindestalter von 16 Jahren gefordert wird. Als flankierende Maßnahme wird in Deutschland die weitgehende Eliminierung deutscher Fachausdrücke aus dem Bilanzrecht zugunsten anglo-amerikanischer Begriffe erwogen[14].

II. Der Wirtschaftsprüfer der 80er Jahre

1. Die Berufspflichten

Die bisher nicht in Frage gestellte Unfehlbarkeit des Wirtschaftsprüfers in allen Angelegenheiten der Rechnungslegung verlangt danach, das Anforderungsprofil für den Wirtschaftsprüfer der 80er Jahre zu zeichnen, damit er weiterhin in korrekter Kleidung und Gesinnung die klassischen Tugenden des § 43 WPO in einer unbarmherzigen Umwelt verteidigen kann. Als Merkposten für den überarbeiteten Berufsangehörigen und für den unerfahrenen Berufsanfänger

12 Vgl. *Röteln,* Chancengleichheit als Orientierungsstufe sozialer Liberalität für die externe Revision – ein Modellversuch, Bremen 1979.

13 So als Vorbild schon *Mc Sense,* Chartered Accountants by Mail Order, Edinburgh 1971; *Gebrecht,* Die Entwicklung des Wirtschaftsprüfers in Nielsen IV vor und nach dem Pillenknick.

14 Richtungsweisende Beispiele finden sich bei *Mullkopp,* Der Exposure der Quality Control im Internal-Control-System des Cash-Overflow-Managements, Wiesbaden 1979 Vgl. auch *Bolzenknödel,* Die Dekadenz deutscher Fachbegriffe in Buchhaltung und Forschung, 2. überarbeitete Auflage, München 1972.

wurde für die wesentlichen Berufspflichten der didaktisch erprobte Kurzbegriff „EUNUG“ geprägt[15]: eigenverantwortlich, unabhängig, nichtssagend (= verschwiegen), unparteiisch und gewissenhaft.

Der Wirtschaftsprüfer hat in eigener Verantwortung alle wichtigen Angelegenheiten wie äußere Aufmachung der Prüfungsberichte (Umschlagsfarbe, Vervielfältigungsart u.ä.), Höhe der Honorarrechnung und Wahl der Bankverbindung zu entscheiden. Begründete Versuche des Mandanten, auf die Papierqualität des Prüfungsberichtes Einfluß zu nehmen, sind vom eigenverantwortlichen Wirtschaftsprüfer ebenso entschieden abzuweisen wie das Ansinnen, zu einem vereinbarten Termin mit Prüfungsarbeiten fertig zu sein. Lediglich bei der Erteilung des Testats sind im Interesse berufswürdigender Mandantenpflege Zugeständnisse möglich.

Gelegentlich geäußerte Befürchtungen, daß hohe Honorarzahlungen durch das geprüfte Unternehmen den WP vom Idealzustand der Unabhängigkeit wegführen können[16], sind durch die geschilderte Maßgeblichkeit des Wirtschaftsprüfers gegenstandslos geworden. In einer umfassenden Untersuchung konnte *Max Kinsey* die freie Wahl des Ehegatten als besonderes Merkmal der Unabhängigkeit des Wirtschaftsprüfers nachweisen[17].

Die Verschwiegenheitspflicht des Wirtschaftsprüfers ist durch das BGH-Urteil vom 15. 12. 1954[18] zwar schwer erschüttert worden, doch gilt unverändert die absolute Schweigepflicht über die Kalkulationsgrundlage des Prüfungshonorars. Sie wurde zwischenzeitlich sogar durch den strengen Grundsatz ausgeweitet, daß bei einer Aufgliederung von Aufwendungen im Prüfungsbericht die Prüfungskosten nicht gezeigt werden dürfen, auch wenn sie den bei weitem größten Einzelposten darstellen.

---

15 *Könterich,* EUNUG als Lernhilfe, Berlin 1978. Entwicklungsgeschichte und wissenschaftliche Begründung des EUNUG-Begriffs können vom Executive Directos der IFAC, New York, angefordert werden.

16 *UEC,* Empfehlungen zu den Berufsgrundsätzen Nr. 1 Unabhängigkeit, in: WPg 1979, S. 591

17 *Max Kinsey*-Report, Aufzucht und Auslese des Wirtschaftsprüfers, Düsseldorf 1976

18 BGHZ Band 16, S. 17 ff.

Leuchtende Beispiele für die Unparteilichkeit des Wirtschaftsprüfers haben in jüngster Zeit zwei hervorragende Berufsvertreter gegeben, die trotz Störungen von Kreislauf und Familienleben ihren Berufspflichten vorbehaltlos nachkamen[19]: WP *Josef Kontenspalt* verweigerte als eingetragenes CSU-Mitglied einer altbayerischen Brauerei das Testat für den Jahresabschluß, den er zuvor selbst erstellt hatte. Der der SPD nahestehende Berufsangehörige *Heiner Piepenbrink* legte im August vergangenen Jahres für eine Hamburger Werft Einspruch gegen den Gewerbesteuerbescheid 1974 ein, obwohl die Rechtsmittelfrist abgelaufen und die Mandantin vor 2 Jahren liquidiert worden war.

2. Das RoKoKo-Verfahren

Den gewissenhaften Wirtschaftsprüfer zeichnet ein ausgeprägtes Mißtrauen gegenüber allen Prüfungsfeststellungen seiner Kollegen aus. Dies gilt namentlich bei Prüfungen innerhalb von Konzernen. Es muß als berufliche Leichtfertigkeit verurteilt werden, wenn sich der Konzernabschlußprüfer bei Übernahme der Prüfungsergebnisse anderer Kollegen mit der kritischen Durchsicht des Prüfungsberichts begnügt. Schon aus wirtschaftlichen Gründen ist er gehalten, eigene Prüfungsfeststellungen zu treffen, die ein Honorar von mindestens 86,4 % der originären Prüfungskosten des Einzelabschlußprüfers rechtfertigen.

Bei der Prüfung von internationalen Konzernen erfreut sich das von *Häskens/Pelz* entwickelte Verfahren der „Robusten Kollegen-Kontrolle" (RoKoKo)[20] zunehmender Verbreitung und Bewährung. Sein Zweck ist die Maximierung der eigenen Prüfungstätigkeit innerhalb eines Konzerns. *Häskens/Pelz* konnten überzeugend belegen, daß damit die Wirtschaftlichkeit des Konzernabschlußprüfers erheblich verbessert werden konnte.

---

19 Vgl. Playboy-Journal, The WP of the Month, Heft Juli und November 1979

20 *Doolittle/Lloyds,* Außenseiter als Provokation im Hinblick auf die selbstgestellte Missionsaufgabe (deutsche Übersetzung: *Wullenkopp*), London 1976.

Ausgelöst wird das RoKoKo-Verfahren durch die chronische Frustration des Konzernabschlußprüfers bei der Verwendung von Prüfungsergebnissen anderer Abschlußprüfer. Seine Instrumente bilden subtile Prüfungsstandards des Konzernabschlußprüfers[21]. Mit ihrer Hilfe läßt sich ohne Schwierigkeiten nachweisen, daß der fremde Abschlußprüfer die kollegial geforderten Prüfungsstandards zeit- und kostengerecht nicht erfüllen kann. Durch weitere zweckdienliche Annahmen kann einer hofierten Konzernleitung die Vorteilhaftigkeit einer exklusiven Tätigkeit des Konzernabschlußprüfers bei allen Konzernunternehmen klar gemacht werden.

Leider ist zuzugeben, daß das RoKoKo-Verfahren nicht immer die gewünschte Wirkung erzielt. Derartige Fälle werden sich zwar durch die anhaltende Konzentrationswelle innerhalb des Berufsstandes letztlich von selbst lösen, doch ist bei vorsichtiger Abschätzung zu befürchten, daß das RoKoKo-Verfahren erst gegen Ende der 80er Jahre überflüssig werden könnte. An seiner Verfeinerung wird daher weiter gearbeitet werden müssen.

---

21 *Karstig*, Der Manierismus im internationalen Prüfungswesen, Hamburg 1977.

Die bilanzielle Entsorgung für die 90er Jahre

I. Problemstellung
II. Die tragende Rolle des Wirtschaftsprüfers
   1. Der priesterliche Hintergrund
   2. Die Zukunft der Wirtschaftsprüfer
III. Die literarischen Aufgaben der Wirtschaftsprüfer
   1. Der Bilanzrecht-Kommentar
   2. Die Kundenorientierung
IV. Antworten auf neue Fragen
V. Zusammenfassung

Die bilanzielle Entsorgung für die 90er Jahre

I. Problemstellung

Mit der Verformung der vierten und siebten EG-Leidlinie zur Dämonisierung der Rechnungslegung in deutsches Recht ist die Wende zur rechnungslegenden Marktwirtschaft weitgehend vollzogen[1]. Angesichts der erstmals zum 31. 12. 1987 anzuwendenden neuen Vorschriften, die etwa 300 000 Kapitalgesellschaften treffen, fordern weitblickende Politiker anstelle nicht finanzierbarer Konjunkturprogramme solide Inventurprogramme. Sie werden bestärkt durch aktuelle Vorstellungen, daß reale Kostensteigerungen nicht durch Produktivitätszuwächse, sondern durch einen höheren Bürokratisierungsgrad kompensiert werden müssen[2]. Die konjunkturbelebende Wirkung durch gesteigerten Papier- und Druckfarbenverbrauch kann zur Zeit nur grob unterschätzt werden.

Für das unternehmerische Denken sind durch die exhibitionistische Rechnungslegung neue Impulse zu erwarten. Anstelle strategischer Erfolgspositionen bilden nunmehr Jahresabschlußpositionen die wesentliche Existenzgrundlage des Unternehmens[3]. Daher fragen sich dynamische Topmanager und vorausdenkende Wirtschaftsprüfer gleichermaßen, inwieweit die neuen Rechnungslegungsvorschriften einer topmanagement-adäquaten Bilanzpolitik gerecht werden können und wie die bilanzielle Entsorgung unserer Republik sichergestellt werden kann[4]. Ohne Zweifel bedarf es hierzu eines leistungsfähigen Berufsstandes der Wirtschaftsprüfer.

---

1 Bilanzrichtlinien-Gesetz vom 19. 12. 1985, BGBl I S. 2355 (BiRiLiG)

2 *Brettkühler,* Überlebenskonzepte für die soziale Marktwirtschaft, Stuttgart 1987.

3 *Pagendarm,* Die Existenzsicherung des Unternehmens im auslaufenden 20. Jahrhundert, Essen 1986. *Pümper,* Die Rechnungslegung als strategische Erfolgsposition, Darmstadt 1987.

4 Erste Denkanstöße finden sich bei *Fegebank,* Die Verwertung der Jahresabschlüsse und Geschäftsberichte, in: Beiträge zum Umweltschutz, Müllheim 1986

II. Die tragende Rolle des Wirtschaftsprüfers

1. Der priesterliche Hintergrund

Als Folge des existenziellen Primats der Rechnungslegung hat der Berufsstand der Wirtschaftsprüfer jene herausragende Stellung erobert, wie sie in früheren Hochkulturen dem Priestertum vorbehalten war. Die Harmonie von Priester- und Prüfertum unterstreicht eindrucksvoll eine 1985 entdeckte Handschrift aus der Bi-Lan-Dynastie[5]. In der kritischen Edition dieser altchinesischen Handschrift, die den Titel „Bi-Ri-Lig" oder „Die bilanzierende Nachtigall" trägt, lautet die entscheidende Teststelle in freier poetischer Übersetzung von *Radler-Dürer-Schmelz*[6] wie folgt:

Wenn abends nach des Tages Plage
die Nachtigall im Haine röhrt
und zieht Bilanz vom Tage,
prüft am Altar ganz ungestört
der Priester, welcher ohne Frage
von Bi-Ri-Ligs Gesang betört,
des Tempels finanzielle Lage.

Die Hermeneutik dieser ergreifend formulierten Symbiose von Priester- und Prüfertum schlägt interessanterweise einen Bogen zu der von *Shakespeare* 1593 literarisch verarbeiteten Feststellung: „Es war die Nachtigall und nicht die Lerche"[7]. Hiermit wird nicht

5 *Lung Chen,* The Treasures of Xiang, New York 1986

6 Dichtungen der Bi-Lan-Dynastie – Originaltext mit Übersetzung in Manadarin und Englisch sowie einem ausführlichen Glossar, 2. durchgesehe Auflage, München-New York 1987, 2.Band, S. 145. Vgl. auch *Ganzler,* Verse der Wirtschaft, Tübingen 1990.

7 Unter dem Druck des Zeitablaufs wurde diese Feststellung zwar widerrufen (*Shakespeare,* Romeo and Juliet, Act 3, Scene 5), sie hat aber durch eine spät entdeckte Handschrift von *Bacon* ihre Bestätigung erfahren (*Webster,* The Errors of Shakespeare, Oxford, 1987, s. 437).

nur in feiner Art auf die hohe hierarchische Stellung des Prüfers, sondern auch auf seine souveräne Vogelperspektive angespielt[8].

Die Beschlüsse des Bundesverfassungsgerichtes vom 14. 7. 1987, mit denen das traditionelle Honoratioren-Standrecht der freien Berufe zu Grabe getragen wurde[9], muß als Chance begriffen werden. Der geschichtliche Auftrag an die Repräsentanten der prüfenden Priesterschaft geht dahin, die herausragende Position der Wirtschaftsprüfer nachhaltig zu festigen und die testatverheißenden Opfergaben in Form von Prüfungshonoraren krisenfest, dauerhaft und dynamisiert zu gestalten. Dazu muß die Ausschließlichkeit und die Unfehlbarkeit des Wirtschaftsprüfers in Fragen der Rechnungslegung unanfechtbar für alle Zeit manifestiert werden[10].

Da Quantität wichtiger ist als Qualität wirkt in diesem Zusammenhang der ausgeprägte Vermehrungstrieb der Wirtschaftsprüfer sehr hilfreich. Wirtschaftsprüfer bestellen nämlich nicht nur die teuren Kommentare zum neuen Bilanzrecht, sondern ebenso leichtfertig Steuerberater und Rechtsanwälte zu ihresgleichen. Die bisher langwierige Aufzucht von Wirtschaftsprüfern konnte dadurch wesentlich verkürzt und vereinfacht werden[11]. Bei dem derzeitigen Trend dürften demnächst auf jedes publizierende Unternehmen 0,68 Wirtschaftsprüfer losgelassen werden.

---

8 *Wucherpfennig,* Vom Nachtigallenschmelz zum Adler/Düring/Schmaltz – ein kulturgeschichtlicher Abriß des Prüfungswesens, Düsseldorf 1987.

9 *Kornblum,* Abschied vom freiberuflichen Standesrecht, in: Blick durch die Wirtschaft vom 31.12.1987, S. 7

10 Die Mitwirkung von Praktikern an Bilanzrechtskommentaren12 begegnet daher berechtigtem Mißtrauen. Vgl. *Brüter/Streber,* Handbuch zur Rechnungslegung, Hamburg 1986.

11 *Leere,* Veränderung der Tragezeit bei Primaten – Evolution oder Revolution, Bonmn 1985. Sie auch *Hütli,* Von der Nieder- zur Hochträchtigkeit, Bern 1978. *Brant* (Emanzipation und Revision, Frankfurt 1985) weist auf unveränderte Defizite beim weiblichen Nachwuchs hin.

2. *Die Zukunft der Wirtschaftsprüfer*

Die bilanzielle Entsorgung für das kommende Jahrhundert wird darüber hinaus durch die fortschreitende Konzentration im deutschen Prüfungswesen und durch die beschleunigte internationale Verflechtung perfektioniert werden. Nach demokratisch verklärter Überzeugung tendieren Effizienz und Qualifikation von Gremien mit zunehmender Größe gegen unendlich. Demonstrative Beispiele liefern parlamentarische oder andere Ausschüsse.

Das Anforderungsprofil des erfolgreichen Wirtschaftsprüfers unterliegt gleichfalls einem spürbaren Wandel. Waren bisher betriebswirtschaftliche Kenntnisse und prüferische Erfahrungen wesentliche Voraussetzungen für den WP-Beruf, so zeichnet heute Kommunikationsfähigkeit den überlegenen Berufsangehörigen aus. Selbst wohlwollende Sympathisanten des IDW räumen ein, daß die Mitgliedschaft im Rotary- oder Dinersclub die Mandanten mehr beeindruckt als die Zugehörigkeit zur WP-Kammer.

Der weltgewandte Wirtschaftsprüfer, der seine beruflichen Akzente richtig setzt, beruft sich daher bei bilanziellen Notständen nicht auf Stellungnahmen des IDW, sondern verweist auf die Securities Excess Commission (SEC) oder auf Verlautbarungen des Royal Institute of Martered Accountants. Für eine Übergangszeit dürften fachliche Kenntnisse eine erfolgreiche WP-Tätigkeit nur unwesentlich behindern. Bei geschickter Ansprache können sogar nostalgische Rückfälle in betriebswirtschaftlich fundierte Analysen image- und honorarfördernd wirken.

III. Die literarischen Aufgaben der Wirtschaftsprüfer

1. *Der Bilanzrecht-Kommentar*

Während man die erwähnten Rückfälle in betriebswirtschaftliche Analysen nachsichtig belächeln mag, haben nüchtern denkende Berufsangehörige den hohen Promotions- und PR-Wert von Broschüren und Kommentaren zum Bilanzrecht erkannt. Es überrascht daher nicht, daß an den Kommentaren zum neuen Bilanzrecht, die zur Zeit 1,78 Regalmeter erreicht haben, bisher etwa 54,3 % der Wirtschaftsprüfer vollzeitlich mitgewirkt haben[12]. Ihre Emsigkeit erinnert an den frommen Fleiß der Kopisten in den mittelalterlichen Klöstern – ein weiteres Indiz für die latente Priesterschaft der Wirtschaftsprüfer.

Die ausufernde Neuregelung der Rechnungslegung erfordert einen bedeutend höheren Auslegungsaufwand als die bisherigen Vorschriften. In bewährter Forschungstradition von Betriebswirtschafts- und Rechtslehre steht das Ausmaß der wissenschaftlichen Auseinandersetzungen im umgekehrten Verhältnis zur praktischen Bedeutung des behandelten Problems. In dieser Hinsicht sind z. B. die tiefschürfenden Abhandlungen über das Thema „latente Steuern“[13] zu begrüßen, während die bilanztheoretischen Grundlagen für „Merkposten“ bisher nur unzureichend literarisch verarbeitet worden sind.

Ein brauchbarer Leitfaden für die Erstellung eines zeitgemäßen Bilanzrechtskommentars existiert bisher nicht, doch bieten die bereits veröffentlichten Werke zur Rechnungslegung folgende nützliche Anleitungen: Der einschlägige Gesetzestext und seine offizielle Begründung bilden den Stoff, aus dem die Handbücher gemacht sind. Camouflierte Auszüge aus früheren Kommentaren lockern die oft verkrampft modifizierte Abschrift der erwähnten Vorlagen auf. Die Verwertung von zeitgenössischen Fachaufsätzen oder neuer Rechtssprechung ist dagegen nicht nur mühsam, sondern hemmt den Textfluß. Dies darf allerdings ihre Erwähnung im Literaturverzeichnis und in Fußnoten nicht ausschließen.

---

12 Von den verbleibenden 45,7 % Wirtschaftsprüfer sind 18,5 % mit Seminaren zum Bilanzrecht, 12,4 % mit der Internationalsierung ihrer Organisation und 4,7 % mit Gutachten verschiedener Art beschäftigt. Bringt man kranke und sonst behinderte Berufsangehörige in Abzug, so stehen immerhin 8,1 % für Abschlußprüfungen zur Verfügung

13 *Buddel/Klemmt,* Verzerrt Taxation -Kurzkommentar zum Problem der latenten Steuern, 3 Bände, Frankfurt 1987; siehe auch *Siegel,* § 274 Abs. 1 HGB für den Papierkorb? Latente Steuern und kein Ende?, ZfbF 1988, S. 27 ff.

Von diesen Äußerlichkeiten abgesehen werden Autorität und Reputation eines Kommentars durch unhandliches Format, ansprechende Farben beim Einband und erdrückendes Gewicht bestimmt. Merke: Nur Kommentare über 1,5 kg haben Gewicht. Damit soll das leichtfertige Mitführen solcher Handbücher auf Reisen unterbunden werden. Zugleich wird damit dem noch verbreiteten Mißstand entgegengewirkt, daß der Wirtschaftsprüfer seine Tätigkeit hauptsächlich im Umherziehen ausübt.

2. *Die Kundenorientierung*

Der von modernen Managementtechniken berührte Wirtschaftsprüfer wird sich erinnern, daß sich am Markt nur jene Produkte durchsetzen, die Kundenbedürfnissen Rechnung tragen. Für den benutzerfreundlichen Kommentar gilt die Devise: „Ein guter Kommentar muß jedem etwas bieten". Marktgängige Kommentare enthalten mindestens elf von sechs möglichen Interpretationen. Sie vermeiden absolute oder eindeutige Meinungsäußerungen, die geistige Unbeweglichkeit bezeugen und als starrsinnige Fehlleistungen eingestuft werden. Welcher unter Testatzwang stehende Wirtschaftsprüfer möchte im unpassenden Moment mit seiner eigenen Meinung konfrontiert werden? Selbst sog. „herrschende Ansichten" sollten relativiert werden, um der Vielfalt und den Vergänglichkeiten des Wirtschaftslebens gerecht zu werden.

Elegante Kommentierungen gebrauchen daher häufig Redewendungen wie „wird man in der Regel davon ausgehen können", „dürfte grundsätzlich vertretbar erscheinen" oder „sollte man wohl meinen dürfen". Kommentare mit wissenschaftlichem Anspruch zeichnen sich durch eine verwirrende Meinungsvielfalt und durch Formulierungen aus, die bei erstmaligem Lesen unverständlich sind. Das entspricht dem selbstgefälligen Schreibstil, dessen sich der Wirtschaftsprüfer sonst, z.B. in seinen Prüfungsberichten, befleißigt.

Die Benutzer eines Kommentars lassen sich als kundig, geschult, erfolgreich oder erfolglos einteilen[14]. Kundige Benutzer haben bereits selbst Rechnungslegungsvorschriften kommentiert und beherrschen diese insoweit, daß sie anhand des Inhaltsverzeichnisses gewünschte Kommentarstellen finden. Geschulte Benutzer versuchen, unter Zuhilfenahme des Stichwortverzeichnisses Einzelprobleme der Rechnungslegung zu lösen. Erfolgreich ist der Benutzer, der für die von ihm gewünschte Problemlösung eine hilfreiche Kommentarstelle findet. Ist dies trotz intensiven Suchens nicht der Fall, ist der Benutzer als erfolglos zu bezeichnen. Kundige und geschulte Benutzer haben im Regelfall die Wirtschaftsprüferqualifikation, während die Zuarbeiter für das Topmanagement als erfolgreiche oder erfolglose Benutzer des Kommentars in Betracht kommen.

Die Benutzung eines Kommentars kann zweckgerecht, zweckprüfend oder zweckentfremdet erfolgen. Bei zweckgerechter Benutzung soll ein bestimmtes Rechnungslegungsproblem anhand des Kommentars einer Lösung zugeführt werden. Eine intensive Nutzung kann aus einem geschulten einen kundigen Kommentarbenutzer machen. Die zweckprüfende Benutzung des Kommentars stellt die kritische Auseinandersetzung mit dem jeweiligen Kommentar dar. Sie ist nur wenigen kundigen Wirtschaftsprüfern vorbehalten. Zweckentfremdet werden selbst gediegene Kommentare dann genutzt, wenn sie als handgreifliche Waffe für kreatives Bilanzieren, als Unterlage für Diaprojektoren u.ä. dienen.

IV. Antworten auf neue Fragen

Das auf die Rechnungslegung permanenter Spitzenleistungen fixierte Topmanagement betrachtet die Neuregelungen mit Argwohn. Angesichts befürchteter Überforderungen verlangen militante Bi-

14 *Henne,* Der Benutzer, das unbekannte Wesen, in: *Drodowski* u.a., Nachdenken über Bilanzkommentare, Mannheim 1986, S. 136 ff.

lanzmanager, daß die Grundsätze ordnungsmäßiger Buchführung durch alternative Grundsätze impertinent liberaler Buchführung (GilB) abgelöst werden[15]. Die GilB sollen eine umweltgerechte und bedürfnisregelnde Anwendung der Rechnungslegungsvorschriften ermöglichen. Sie werden als bilanziöse Mibrollen resultativ aus den verbrulten Passogaten destiziert. Selbstverständlich wird der wachsame Berufsstand etwaige Fehlentwicklungen durch gezielte Verlautbarungen in berufshörige Bahnen lenken.

Der neue Grundsatz der Bewertungsstetigkeit wird mit Recht sehr innovationshemmend beurteilt. Erschwerend kommt hinzu, daß sich das IDW bereits zu einer einschlagenden Verlautbarung hat hinreißen lassen[16]. Während der Katalog begründeter Ausnahmefälle noch hinreichenden Spielraum für eine topmanagement-adäquate Bilanzpolitik gewähren mag, klebt die Kommentierung zu den Angabepflichten über Bewertungsänderungen zu eng am Gesetzeswortlaut.

Auch das Vermummungsverbot für stille Reserven (§ 280 HGB) bereitet dem Bilanzmanager berechtigte Sorgen. Und bezüglich der stillen Lasten zwingen die strengen Übergangsvorschriften dazu, daß bereits gegen Ende des nächsten Jahrhunderts das volle Ausmaß der Pensionsverpflichtungen zu passivieren ist. In diesem Kontext seien die bahnbrechenden Ausführungen des IDW-Vorsitzenden zitiert: „... wird es für uns nicht immer leicht sein, einem handelsrechtlichen Passivierungsgebot Geltung zu verschaffen"[17].

Dem engagierten Bilanzier darf das Demonstrationsrecht nicht versagt werden. Die fiskalisch angeordnete Nichtpassivierung von Jubiläumsgeld-Rückstellungen ist nicht weniger rechtswidrig als die Sitzblockade vor Deponieeinfahrten. Wenn der Datenschutz für Topmanager in gleicher Weise gelten soll wie für Hausbesetzer, ist

---

15 *Anwender-Kollektiv Wirtschaft* (AKW), Die Überwindung konzeptioneller Mängel des Bilanzrichtlinien-Gesetzes, Köln 1987.

16 *Sonderausschuß Bilanzrichtlinien-Gesetz* (SABI), Entwurf einer Stellungnahme SABI 2/1987: Zum Grundsatz der Bewertungsstetigkeit, WPg 1988, S. 48 ff.

17 *Schnicke,* Ausgewählte Fragen aus der Facharbeit des IDW, WPg 1987, S. 696.

die Angabepflicht für nicht gebildete Pensionsrückstellungen oder für die Bezüge der Organe im Anhang nicht haltbar[18].

Die Herausstellung des „Ergebnisses aus gewöhnlicher Geschäftstätigkeit" wird von der Praxis als unglücklich empfunden. Sensible Topmanager stört es, daß ihre Geschäftstätigkeit als „gewöhnlich" eingestuft wird. Aus dem Gesetzestext ergibt sich, daß die außerordentlichen Aufwendungen oder Erträge nicht Bestandteile der gewöhnlichen Geschäftstätigkeit sind. Der analytisch begabte Wirtschaftsprüfer fragt sich also, ob es sich bei den außerordentlichen Posten schlicht um ungewöhnliche Aufwendungen oder Erträge handelt oder handeln kann. Kann, so wird er weiter forschen, auszuschließen sein, daß die in Frage stehenden Posten sogar außergewöhnlich sein müssen? Was ist, wenn im normalen Geschäftsbetrieb ungewöhnlich häufig unerträgliche Aufwendungen vorkommen? Ist ein anormaler Aufwand gewöhnlich als außerordentlich einzustufen? Kann es in einem unordentlichen Betrieb ordentliche Aufwendungen geben, wenn sie normalerweise ungewöhnlich sind? Kann es toleriert werden, daß sich das bilanzierende Unternehmen an das Ungewöhnliche so gewöhnt, daß es zur Gewohnheit wird? Gilt als ungewöhnlich, was außergewöhnlich häufig zur Normalität gehört, auch wenn es ordentlich moniert wird? Sind die außerordentlichen Aufwendungen und Erträge die Perversion der ordentlichen Posten oder haben als ordentliche Posten alle abartigen außerordentlichen Posten zu gelten?

Aus diesem Entscheidungsdilemma führt der GilB Nr. 12: „Ungewöhnliche Beträge neigen dazu, als ordentliche Erträge oder als außerordentliche Aufwendungen eingestuft zu werden." Die epochale Tragweite dieser bilanzpolitischen Linderung offenbart sich selbst dem skeptischen Bilanzfachmann, wenn er sich bewußt macht, daß der gewöhnliche Erklärungsbedarf für außerordentliche Posten den außergewöhnlichen Erklärungsaufwand für ordentliche Posten nicht übersteigen darf.

---

18 Dazu sehr überzeugend *Blümlein,* Postendämpfung im Bilanzwesen, Bonn 1987.

V. Zusammenfassung

Die Wende zur rechnungslegenden Marktwirtschaft ist vollzogen. Ignoranz der Bilanz ist für Manager absolut karrierehemmend. Die unternehmerische Kreativität muß sich auf den Jahresabschluß konzentrieren und darf nicht für vergleichsweise banale Probleme wie Marktstellung oder Ertragslage des Unternehmens verplempert werden.

Wirtschaftsprüfung 2000 – Risiken und Chancen für Wirtschaftsprüfer ohne Furcht und Tadel

Wirtschaftsprüfung 2000 – Risiken und Chancen für Wirtschaftsprüfer ohne Furcht und Tadel*

I. Einführung

Die rasanten Umfeldveränderungen am Ende des zweiten Jahrtausends unserer Zeitrechnung fordern in der Wirtschaftsprüfung erhöhte Wachsamkeit und vorausschauendes Denken. Wirtschaftsprüfer, die über den nächsten Abschlußstichtag hinauszublicken vermögen, müssen sich intensiver als bisher über die Zukunft ihres Standes Gedanken machen. Der aufgeweckte Berufsangehörige muß tapfer der Versuchung widerstehen, in der Geborgenheit von Bilanzrecht und Grundsätzen ordnungsmäßiger Buchführung dem Phlegma und der Selbstgenügsamkeit zu verfallen.[1]

In diversen Handreichungen hat sich der Verfasser über die Zukunft der Wirtschaftsprüfer ausgelassen[2]. Seine bisherige Euphorie läßt sich aber nicht vorbehaltlos fortschreiben. Die Prosperität des deutschen Berufsstandes scheint durch zwei Entwicklungen gefährdet, nämlich durch

- einen Paradigmenwechsel der Rechnungslegung sowie durch
- ungeheure Herausforderungen auf dem Gebiet der Beratung.

---

* Dieser Beitrag wurde wegen seiner breiten Fundierung durch Fußnoten für den Prix d'Asterix 1994 der *Societé de Pédinotalogie,* Paris, ausgewählt.

1 Vgl. *Knorz-Kappes,* Rechenschaft im Spannungsfeld von Lethargie und Verantwortung, Bonn u.a., 1992 insbesondere Kapitel VI. *Semmelbrod* (Behavioural Analysis in der Wirtschaft, München 1989, Seite 254 ff.) führt die einschläfernde Wirkung der Prüfungsberichte auf phlegmatische Autoren zurück. Wie *Lottermann* (Somnolenz bei Überwachungsorganen, Magdeburg 1993) jedoch nachweisen konnte, hat die Motonie der Berichte der Abschlußprüfer eine eigenständige Dynamik.

2 Vgl. u.a. *Hakelmacher,* Neue Wege der Wirtschaftsprüfung, Wpg 1969, S. 101–103, ders., Der integrierte Gesamt-Wirtschaftsprüfer, Wpg 1980, S. 97–100.

II. *Paradigmenwechsel*[3] *der Rechnungslegung*

1. Der Wandel

Das unaufhaltsame Vordringen der anglo-amerikanischen Rechnungslegung in Kontinentaleuropa[4] drängt die Frage auf, ob im 21. Jahrhundert überhaupt noch Wirtschaftsprüfer im klassischen Sinn[5] existieren. Optimisten glauben, daß die internationale Anerkennung der Wirtschaftsprüfer in den letzten Wochen entscheidend vorangetrieben werden konnte, nachdem unter Beteiligung der Universitäten Oxford und Hamburg endlich eine für die EG-Kommission akzeptable englische Übersetzung der gesetzlich geschützten Berufsbezeichnung „Wirtschaftsprüfer" erarbeitet wurde: „Tavern Tester" (TT). Anlaß zu Vorbehalten bietet allerdings die Tatsache, daß die vom IASC favorisierte Bezeichnung „Saloon Examiner" (SE) durchgefallen ist, obwohl sich in den USA bereits ein „Saloon Examiner Club" (SEC) etabliert hat. Es fehlt daher nicht an Schwarzsehern, die den weltweiten Buchungskreis bald nur noch durch Certified Public Accountants (CPA) oder Chartered Accountants (CA)[6] bevölkert sehen.

Die globale Verbreitung der anglo-amerikanischen Rechnungslegungsgrundsätze, die jetzt sogar das tibetanische Hochland[7] erreicht hat, stellt die Existenz des deutschen Wirtschaftsprüfers auf eine labile Grundlage. Das dominierende Prinzip der anglo-ameri-

---

3 Der Verfasser versteht diesen in der wissenschaftlichen Literatur in der letzten Zeit häufiger verwendeten Begriff auch nicht, findet ihn aber wie viele angesehene Professoren so attraktiv, daß er auf ihn nicht verzichten möchte.

4 Vgl. *Biener, Kleber, Küting, Schruff* u.a., Amerikanische Rechnungslegungsgrundsätze: Vorbild für Europa? BFuP 1993, S. 345–443. Weiterführend *Neudeuter,* Statt Lean Management Liener Accounting, Stuttgart 1993.

5 Sehr aufschlußreich in diesem Zusammenhang *Wucherpfennig,* Der Niedergang der Zünfte seit dem 30jährigen Krieg, Nürnberg 1993.

6 Die deutschen Bezeichnungen lauten: CPA = Öffentlicher Buchhalter mit Bescheinigung (ÖBB) und CA = Konzessionierter Geschäfts-Buchhalter (KGB).

7 *MacAdam,* Yeti Accounts – An Introduction to High-level Accounting, Katmandu 1992.

kanischen Rechnungslegung ist das „True and Fair View"-Konzept, das bisher noch niemand allgemein verständlich erklären konnte[8]. Mit Hilfe der flatulanten Vomitus-Analyse[9] ließ sich jedoch der pragmatische Kern der unzähligen Interpretationsversuche wie folgt herausschälen: „True and Fair View" besagt, daß der Jahresabschluß mit der Anmutung von Willkürfreiheit jenes Bild der Verwirrung widerspiegelt, das den eigenen Vorstellungen des Abschlußprüfers entspricht[10].

Diese zukunftstragende Begriffsdeutung, die von konservativen Kräften aus ethischen Erwägungen auf den Dow-Jones-Index gesetzt wurde[11], läßt die ungeheure Tragweite der anglo-amerikanischen Tradition ermessen, die das „True and Fair View"- Konzept prinzipiell über die gesetzlichen Vorschriften stellt. Der eigentliche Nutzen dieses „overriding principle"[12] besteht darin, die ideale Grundlage für Regreßansprüche jeglicher Art gegen den Abschlußprüfer zu bilden. So konnte z. B. Abschlußprüfer Anthony C. (CPA) einer Alimentenklage, die aus der von ihm geprüften Bilanz abgeleitet wurde, nur dadurch erfolgreich entgegentreten, daß er seine zeitgleich mit dem Berufsexamen erfolgte Sterilisation nachweisen konnte[13].

---

8 Angeborene Bescheidenheit erschwert den Hinweis, daß die Interpretation des Verfassers bisher am überzeugendsten sind und daß sich seine mutige Übersetzung „aufrichtige und heitere Ansicht" noch immer als tragfähig erweist (Fn. 2, Wpg 1980, S.98).

9 *Heckmann,* Logopressur und andere Verfahren zur Erhöhung der Sprachklarheit, Eppendorfer Forschungsberichte Nr. 93/XII.

10 *Hakelmacher,* Wirtschaftliche Begriffe für Insider, unveröffentlichtes Manuskript 1993. Im übrigen grundlegend dazu *Unerdl,* Die Maßgeblichkeit des Abschlußprüfers, 3. Auflage, Düsseldorf 1987. Mit theologischer Begründung bereits *Lahmeier,* OSB: De Statu Confusionis, Rom 1951.

11 *Castellan,* Die entscheidungsorienrierte Buße, Magazin zur Seelsorge, 1993, Heft 8.

12 *Käsloh,* Equestrian Accounting in the Commonwealth, Oxford 1987. *Murks,* Der „niedertgetrampelte Grundsatz" in der internationalen Rechnungslegung, Diss. Hamburg 1993.

13 New Shark Times, Honey, no money for Testimony on Alimony, Jahrgang 1993, Nr. 228.

Der mit dem Vorsichtsprinzip aufgewachsene Wirtschaftsprüfer muß bei dieser Sachlage in der aufgezeigten Entwicklung ein unkalkulierbares Risiko auf sich zukommen sehen.

Die anglo-amerikanischen Institute der Rechnungsleger und Prüfer[14] (CPA bzw. CA) schreiben die Anwendung der mit GAAP bzw. SSAP und ED[15] bezeichneten Rechnungslegungsgrundsätze in verbindlicher, aber oft widersprüchlicher Form vor[16]. Das damit sichergestellte Mindestmaß an Konfusion mag im Hinblick auf die steuerlich deformierten Grundsätze deutscher Bilanzierung und Bewertung anheimelnd wirken. Mit Befremden wird aber der kritische Beobachter erkennen, daß die Verfolgung der im raschen Turnus veröffentlichten Grundsätze den beruflichen Alltag der anglo-amerikanischen Kollegen so weit ausfüllt, daß ihnen keine Zeit zur Abfassung eines ordentlichen Prüfungsberichtes bleibt. Damit entfällt „die Krönung der deutschen Prüfungskunst"[17]. Insofern würde der deutsche Prüferberuf bei Übernahme der anglo-amerikanischen Praxis kulturell verarmen.

Nicht nur der Auditor's Report, sondern auch der sogenannte Scopeletter[18], den anglo-amerikanische Abschlußprüfer vor Prüfungsbeginn ihren Mandanten vorzulegen haben, können nicht den als sprachliches Kunstwerk einzustufenden deutschen Prüfungsbericht ersetzen. Sie bleiben schon mit ihrem Umfang unterhalb der Grenze, die schöngeistiges Schrifttum voraussetzt.

---

14 *Biener,* Fn. 4, S. 345.

15 GAAP = Gemeinhin anehmbare Ausweisphantasien; SAAP = Sophistisch-säkulare Ausdrucks-Phänomene; ED = englische Deutungsversuche. Vgl. *Sack/Howard,* Verzeichnis internationaler Abkürzungen. Deutsche Ausgabe, Bonn 1992.

16 Vgl. z.B. *Fließ,* Konzernabschluß in Großbritannien, Frankfurt 1991. mit zahlreichen Beispielen.

17 *Hakelmacher,* Der Prüfungsbericht als sprachliches Kunstwerk, Wpg 1981, S. 143-147.

18 *Schoenbaum,* Doping by Scoping, New York 1989 m.w.N., *Copperfield,* Scoope und Scope for Financial Analysts, London 1992, *Dröppke,* Die unmeßliche Weite des Horizontes auf der Passivseite, Diss., Mannheim 1993. Sehr ausführlich *Laller,* Makro- und Mikro-Scope, München 1994.

2. *Panphobie oder nicht?*

Bei ihrem hohen Ausbildungsgrad[19] kann den Wirtschaftsprüfern nicht unterstellt werden, daß sie die weitreichenden Einflüsse des anglo-amerikanischen Systems völlig übersehen. Für die mangelhafte Perzeption lassen sich drei tiefere Ursachen denken:

1. Eine krankhafte Veranlagung verhindert einschlägige Erkenntnisse.
2. Der Wirtschaftsprüfer will die Bedrohung nicht wahrhaben.
3. Außerhalb des Wirtschaftsprüfers liegende Umstände lassen eine Kenntnisnahme nicht zu.

Der deutsche Wirtschaftsprüfer ist im Grunde seines Wesens ein Solitär. Er vollbringt seine brillanten Leistungen nicht im Lärm von Fachkongressen, sondern in der Stille der meist spartanisch eingerichteten Prüferstube. Offenbar schätzt er die kontemplative Zweisamkeit mit dem *Adler/Düring/Schmaltz* oder dem *Beck*'schen Handbuch der Rechnungslegung mehr als die laute Geselligkeit internationaler Tagungen. Insofern lassen sich deutlich klaustrophile Neigungen der Wirtschaftsprüfer beobachten. Eine krankhafte Furcht vor allen Vorgängen der Außenwelt (Panphobie) läßt sich daraus aber nicht diagnostizieren[20].

Für Generationen von ehrgeizigen Wirtschaftsprüfern bietet die DM-Eröffnungsbilanz berufliche Erfüllung, die die internationalen Rechnungslegungsgrundsätze unergiebig und fad erscheinen läßt. Wer die Problematik der exakten Berechnung eines aktiven Rechnungsabgrenzungspostens zu lösen versucht, wird sich nicht in die Niederungen orbitaler Rechnungslegungsgrundsätze begeben wol-

19 86,8 % der Wirtschaftsprüfer haben entweder promoviert oder an eine Promotion gedacht. Siehe auch *Theisen,* Perniziöse Doktoralepedimie, eine evankolische Katagese, München 1993.

20 *Greller,* Die Expertise von O., Analyse zur Verbreitung der Panphobie bei besonders gefährdeten Berufsgruppen, 2 Bände, München 1990.

len. Die Klaustrophilie des Wirtschaftsprüfers[21] hat somit rationale Gründe und kann bei bestem Willen nicht als Gebrechen diagnostiziert werden. Sie zeichnet vielmehr den Wirtschaftsprüfer als Primaten höherer Entwicklungsstufe aus[22].

Da einem Wirtschaftsprüfer alles zuzutrauen ist, kann nicht ausgeschlossen werden, daß er bestimmte Tatsachen nicht zur Kenntnis nehmen will. Sein selektiver Wahrnehmungswille, der sehr wohl vom ähnlich strukturierten Wahrnehmungsvermögen zu unterscheiden ist, beschränkt sich aber, wie *Überzwerch*[23] überzeugend belegt hat, auf Tatbestände, die bei der testat-orientierten Abwicklung der Abschlußprüfung stören können. Aufgrund einschlägiger Veröffentlichungen[24] darf man demnach mit Gewißheit davon ausgehen, daß die Untiefen des „True and Fair View" in deutschen Berufskreisen ein offenes Geheimnis sind.

Näher liegt die Vermutung, daß die Erkenntnisstörungen durch die erst kürzlich aufgedeckte „Conspiracy of Silence" der englischsprechenden Accountants[25] hervorgerufen sind. Die Wesensart der anglo-amerikanischen Rechnungslegung konnte wohl deshalb so lange Zeit verborgen bleiben, weil sie bisher in Europa nur in relativ geringem Ausmaß Schadenersatzklagen gegen die Abschlußprüfer ausgelöst hat[26].

---

21 *Fadenscheiner,* Exerzitien in Baden-Baden, Zentrale Beobachtungen am Rande, Düsseldorf 1988; *Imholz,* Flucht ins Fach, Freiburg 1991.

22 *Darwinzi,* Die Entdeckung des Homo Selectus, Bologna 1992.

23 *Überzwerch,* Elitäre Selektion von Prüfungsfeldern, Frankfurt 1989. Die Gegenmeinung von *Spießer* (Bilanzparalyse, München 1988, Seite 211 f.: „Man muß die Tatsachen kennen, ehe man sie nicht zur Kenntnis nimmt") wird von *Überzwerch* eindrucksvoll ad absurdum geführt (a.a.O., S. 462).

24 Vgl. z.B. B. *Niehus,* Accounting for Growth – auch bei uns möglich?, DB 1994, S. 57–59.

25 *Most,* The Great Public Accounting Conspiracy, in: Accountancy, Oktober 1993, S. 91.

26 Offen ist, ob hierfür die ungenügende Erfolgsabhängigkeit der Honorare oder eine vergleichsweise geringe Anzahl der Rechtsanwälte ausschlaggebend ist. Vgl. *Mason,* Lawyers like Snowfall – Preparation for a hostile Take-over?, London 1989.

Die Vorzüge einheitlich fixierter Rechungslegungsgrundsätze gegenüber der nonkonformistischen Rechnungslegung werden in der englischsprachigen Fachliteratur bisher nur zaghaft angedeutet[27]. Daher ist völlig offen, wann die hinsichtlich Anzahl und Englischkenntnissen überlegenen CPA's und CA's Jahresabschlüsse in der grotesken Aufmachung legaler Rechnungslegung akzeptieren[28]. Es ist wenig wahrscheinlich, daß der Regulierungsdrang der europäischen Behörden[29] einen Holzweg aus der Sackgasse bieten wird.

III. Ungeheure Anforderungen auf dem Gebiet der Beratung

1. Pflege der Fachsprache

Der auf hohe Reputation bedachte „Berater der Wirtschaft"[30] muß ständig besorgt sein, daß sein fachlicher Wortschatz auf aktuellem Stand bleibt. Schließlich vermag im heutigen Wirtschaftsleben nur der zu überzeugen, der mit modernen Managementausdrücken selbstverständlich umzugehen versteht. Da die Modezyklen auf dem Gebiet der Managementlehre immer kürzer werden, ist für den soliden Berater die zeitnahe Lektüre einschlägiger Magazine und Seminarangebote unentbehrlich.

Der im Trend liegende Wirtschaftsprüfer läßt bei allen beruflichen Äußerungen anglo-amerikanische Fachausdrücke wie Diamanten im Hintergrund aufblitzen. Der regelmäßige und sinnfreie

---

27 *Most,* Fn. 24; *Jones,* True and fair gymnastics, Accountancy, November 1993, S. 93.

28 *Truthburger,* The controversial Image of Annual Accounts in the EC, Manchester 1992.

29 *Bangemann,* Die Unzulänglichkeit der 10 Gebote im Vergleich zu den Normen für die Europagurke, Brüssel 1990; *Brandstätter,* Raptus Regularius – eine heimtückische Krankheit, Bonn 1993. Speziell *Mér/Dalors,* Harmonisierung bis zur Unkenntlichkeit, Brüssel 1987.

30 Synonym für Wirtschaftsprüfer. Zur Dokumentation siehe den Untertitel der Zeitschrift „Die Wirtschaftsprüfung".

Gebrauch verleiht solchen Fachbegriffen jene universelle Aussagekraft, die jedem Umstand gerecht wird. Es ist falsch verstandener Ehrgeiz, wenn eifrige Berufsangehörige den Modewörtern der Betriebswirtschaftslehre auf den Grund gehen wollen. Ihre Bedeutung erschließt sich ohnehin nur wenigen Spezialisten und hilft nur in seltenen Notfällen.

Zur Vorbereitung auf das Wirtschaftsprüfer-Examen ist es ratsam, wenn Kandidaten eine vage Vorstellung vom Inhalt attraktiver Fachausdrücke in ihrem Kurzzeitgedächtnis speichern. Gleiches gilt für Mitglieder der Prüfungskommission, die mit diesbezüglichen Fragen ihren Kollegen imponieren und so dazu beitragen, daß das in den letzten Jahren verwässerte Anspruchsniveau des WP-Examens neuen Auftrieb bekommt.

2. *Die Quintessenz der aktuellen Managementkonzeptionen*

Die Quintessenz der zur Zeit aktuellen Managementkonzeptionen[31] läßt sich wie folgt artikulieren: „Die überholten Managementstrukturen müssen durch ein Business-Reengineering totaler Qualität zu einem prozeßorientierten Lean Management in einer virtuellen Holdingstruktur führen". Die verbliebenen Klarheiten dieses komplexitätsreduzierenden Extrakts sollen durch die nachfolgenden Ausführungen beseitigt werden.

Business-Reengineering[32] bedeutet späte tätige Reue des Top-Managements[33]. Sie ist eine Art Fegefeuer[34], um die längst nicht mehr zeitgemäße Unternehmensorganisation zu ändern. In der Pra-

31 In Anlehnung an *Freudhaus-Krampfeneder,* Die Essentialien existentieller Unternehmenskonzepte, Köln 1994.

32 *Hammer/Champy,* Business Reengineering, Frankfurt/New York 1994.

33 *Abslasser,* Salvatorisches Handeln in der Marktwirtschaft, Nürnberg 1987; *Trespidus,* SJ (Hrsg.), Kompendium der Absolution in zwei Bänden, St. Gallen 1971.

34 *Damasus,* OFM, Das Purgatorium für die arme Seele des Kaufmanns, Fulda 1993. Zum optimalen Therapiebeginn siehe *Gammabaldi,* E il tempore di arrostimento cosi relevante?, Journal of Survival Policy, Vol. 11, December 1992.

xis wird diese Roßkur meist erst dann durchgeführt, wenn das Unternehmen kurz vor dem Zusammenbruch steht[35]. Nach aller Erfahrung vermeiden präkolaptische Umstrukturierungen zielführende Veränderungen.

Im Mittelpunkt des Reengineering stehen Prozesse[36], z. B. der Prozeß der Konkursverschleppung[37]. Die großartige Idee eines prozeßorientierten Managements ist keine alleinige Angelegenheit für einschlägig vorbelastete Juristen. Es gilt vielmehr, sie betriebswirtschaftlich auszuwerten, damit das am Boden liegende Unternehmen flacher wird[38]. Dazu haben die Betriebswirte mit der ihnen eigenen Konsequenz die Prozeßkostenrechnung neu erfunden. Obwohl diese reaktionäre Revolution auf dem Gebiet der Kostenrechnung[39] noch nicht national distribuiert ist, können ihr weltoffene Berufsangehörige bedenkenfrei entgegentreten, da ihnen die Prozeßkostenrückstellung nicht ganz unbekannt sein dürfte.

Wirtschaftsfachleute von Format reden heute bei jeder Gelegenheit vom Lean Management[40]. Wie jeder anglophile Steakholder[41] weiß, bedeutet „lean" in deutscher Übersetzung „mager, schlank". Lean Management bezeichnet demnach die epochale Entdeckung, daß Üppigkeit die Manager behäbig macht. Jeder selbstbewußte Topmanager sieht sofort die überflüssigen Speckfalten bei seinen Kollegen. Bei diesem einseitigen Konsens setzt der kluge Berater

---

35 Vgl. *Hakelmacher,* Strategies follow Structures, Wpg 1993, S. 89–94.

36 *Hammer/Champy,* Fn. 32, S. 153.

37 De lege lata: § 175 Unternehmen-Prozeßordnung (UPO); *Itzenblitz,* Reformvorschläge zur Konkursordnung, München 1990.

38 *Kohlänii,* C.A.R.-Consultant Aided Redisign, Helsinki/Frankfurt 1991. *Mullekopp,* Flat Redesign, Chur 1989; *Wehrmud,* Der Flachmann in flachen Hierarchien, Flachzeitschrift für Organisation, Jahrgang 1992, Heft 4.

39 Kritisch gegenüber den Protagonisten *Kostenbolz,* Neo-debile Kostenrechnungen, in DB 1993, S: 3087–3102 m.w.N.; *Mustard,* The Hidden Hectic, Hazard Business Revue, 1990, Vol. XIII.

40 Vgl. *Kühl,* Die Mär von der perfekten Organisation, in Blick durch die Wirtschaft, 29.12.1993, S. 7 m.w.N.

41 *Weng,* Steakholder-Approach, Berlin 1992. Für das Studium der hier anklingenden Grenzbereiche siehe *Wenger,* Der Shareholder als Stakeholder, Frankfurt 1993, und *Flitterbraus,* Hectics for Lean Politics, Hamburg 1994.

an, wenn er sein maßgeschneidertes Konzept vermarktet. Der letzte Widerstand gegen eine umfassende Beratung wird mit dem eingängigen Slogan gebrochen:"Keen Management avoids Mean Management by Lean Management".

Die Umstellung auf Lean Management ist der Versuch, notwendige Gemeinkosten zugunsten liebgewordener Gewohnheiten von Topmanagement und Gewerkschaften durch Beratungshonorare zu ersetzen. (Auftrags- und Konzeptionsphase der Beratung). Die in den Beraterprospekten angekündigten Folgeschritte (Detailplanung und deren Realisierung) konnten mangels Masse noch nicht erforscht werden. Experten vertreten aber die Hypothese, daß sich die propagierte Magersucht ihrer Sättigungsphase nähert, wenn in der Unternehmenshierarchie die Planstellen der Inkompetenz auf 49,63% reduziert werden[42].

Vom Modetrend infizierte Wirtschaftsprüfer denken über eine Kombination von „Accounting for Growth" und Lean Audit nach[43]. In gezielter Verbindung mit dem ebenfalls zitierwürdigen Target Costing[44] halten es Abschlußprüfer für möglich, bei einer Reduzierung des Zeitaufwandes um 30–50% mit einer Honoraranhebung von nur 60–80% auszukommen.

Ohne Holdingstruktur kann heute kein zukunftsorientiertes Unternehmen zurechtkommen. Das ergibt sich unzweifelhaft aus der Menge der darauf Bezug nehmenden Veröffentlichungen, Managementkonferenzen und Seminarveranstaltungen[45]. Das noch wenig bekannte Spitzengewächs unter den Holdings ist die virtuelle Hol-

---

42 *Boss-Consulting,* Wann reicht es? – Die Geheimnisse erfolgreicher Beratungstätigkeit, Düsseldorf 1992.

43 *Smith,* Accounting for Growth, Stripping the Camouflage from Company Accounts, London, 1992. *Körner-Maltzan,* Vom unausgegorenen Öko-Audit zum raffinierten Lean-Audit – Eine neue Perspektive. Vortrag auf der IDW-Fachtagung 1998; unverfaßtes Manuskript 1994.

44 *Biesensterz,* Zielscheibenkalkulation in de Alpenländern, Innsbruck 1990; *Pürzel,* Target Costing bei kernphysikalischen Experimenten, Diss. Heidelberg 1988.

45 Vgl. u.a. *Sühner,* Holdingrezepte für den täglichen Gebrauch, Wiesbaden 1992. *Hakelmacher,* Hält die Holding, was von ihr zu halten ist? Wpg 1992, S. 122-127.

ding[46]. Sie existiert nur scheinbar und funktioniert, wenn sie gebraucht wird, ohne eigentlich vorhanden zu sein. Mit anderen Worten: Die virtuelle Holding besitzt die höchstmögliche Flexibilität, um strategische Erfolgspositionen dauerhaft abzusichern, eine eindeutig verschwommene Managementstruktur und größte Motivationskraft für Manager bei marginalen Kosten.

3. Die allerletzten Dinge[47]

Von Unternehmensberatern und anderen Theoretikern unbemerkt hat sich in der Praxis eine Evolution des Lean Managements vollzogen: das Clean Management. Obwohl sein Inhalt noch nicht auf die simple Symbolsprache der Management-Consultants komprimiert werden konnte, soll er hier – den laufenden Forschungen der *Hazard-Business-School* vorausgreifend[48] – vorgestellt werden.

Das Clean Management beruht auf der naheliegenden Idee, daß die Kosteneffizienz dicker und schlanker Unternehmen erheblich gesteigert werden kann, wenn unvermeidbare Kosten nicht im eigenen Unternehmen, sondern bei Dritten anfallen[49]. Materialkosten senkt das Clean Management folgerichtig durch „saubere" Einsparungen bei den Lieferanten. Die aufwendige Ausbildung von Mitarbeitern wird in „sauberer" Arbeitsteilung anderen Unternehmen überlassen. Bei akutem Bedarf werden Mitarbeiter mit den benötigten Erfahrungen und Kenntnissen von diesen Unternehmen rekrutiert[50]. Da die Vergeßlichkeit der Manager mit der Höhe der

46 Angeregt wurde diese Innovation durch *Davidow/Malone,* The Virtual Cooprerati-on, New York 1992.

47 *Bethstuhl,* Ultima ratio in officio – Ein exitaler Ausweg?, Paderborn 1968.

48 *Mondavi/Hurrigan,* The Compressed Refinement of Clean Management – Interim Report; Hazard Business Review, 1993 Vol. XXVII, S. 192–241.

49 *Cabernet-Sauvignon,* Laissez faires les autres, Paris 1993.

50 *Nattkemper,* Die Vermeidung eines inzestiösen Managementnachwuchses, Berlin 1968. Sehr aufschlußreich bezüglich „Zufuhr frischen Blutes" *Mummendey,* De Vampyris, Konstanz-Litzelstetten 1982.

Hierarchiestufen überproportional zunimmt[51], achtet ein professionelles Clean Management darauf, daß neue Mitarbeiter höherer Rangstufen über „saubere" Unterlagen verfügen[52].

Gewerkschaften und andere Förderer[53] des Clean Management arbeiten bereits an der weiterführenden sportlich-schlanken Variante des Clean Managements. Mit dem Motto „Wir geben euch unseren Marktanteil und ihr übernehmt dafür unseren Umsatz" läßt sich diese Variante als Spleen Management sicher gut vermarkten.

4. Die Steuerberatung

Das Gebiet der Steuerberatung erweist sich unverändert als dynamisch wachsender Beratungsmarkt. Das ständige Bemühen der deutschen Legisleptiker, auch den letzten Anschein von Systematik aus dem Steuerrecht zu tilgen[54], trägt Früchte: „Auf der nach oben offenen Unfug-Skala dürfte das deutsche Steuerrecht einen Spitzenplatz besetzen"[55]. Bald wird sich jede wirtschaftlich vernünftige Entscheidung als steuerliches Desaster herausstellen[56].

Während die Neidlinie sozialistischer Steuerpolitik auf die sogenannten Besserverdienenden[57] zielt, versuchen die angeblich marktorientierten Steuerpolitiker – offenbar angeregt durch den be-

---

51 *Kimble,* Amnesia at the Top, Boston 1979. *Peter,* How to escape Incompetence, New York 1971; *Alzhäuser,* Mnemotechnik für reife Führungskräfte, Bad Harzburg 1987.

52 *Brecher,* Hygiene im beruflichen Alltag, 3. Auflage, Frankfurt 1992, S. 271 f.

53 *Keinfühler,* Vom Outsourcing zum Outcasting, 5. Auflage, Frankfurt 1993. *Maier/Mattjes,* Die Umverteilung des Nichts als tarifpolitischer Leitfaden, Frankfurt 1994. *Fitzkuß,* Lückenbüßer für öffentliche Haushalte, Wiesbaden 1994.

54 *Zeiserl,* Obskurantismus im steuerlichen Gesetzgebungs- und Verordnungsverfahren, Bonn 1993.

55 *Theis,* Steuerliche Überlegungen zum Jahresende 1993, DB 1993, S. 2556.

56 *Stakemann,* Steuerchaos und kein Ende – Tagungsbericht über den 16. Dtsch. Steuerberatertag in München, DStZ 1994, S. 45–55.

57 Besserverdienende sind jene Steuerzahler, die Besseres verdient haben, als ihnen die Ignoranz sozialistischer Steuerpolitik zugesteht.

triebswirtschaftlichen Portfolioansatz[58] – den steuerlichen Portfool-Approach[59] zu entwickeln. Die Erkenntnisse aus der Portfolio-Analyse sollen bekanntlich dazu dienen, aus Potentialträgern unter Nutzung der Cash-cows „Stars" zu machen und keine Kraft in Problemfelder zu vergeuden. Der Portfool-Ansatz will dagegen aus Leistungsträgern Tax-cows[60] machen, um sie dann als „arme Hunde" abzuschreiben. Zukunftsträchtige Potentiale bleiben ausgeklammert.

Der Hang zur Perfektion hat in der deutschen Steuergesetzgebung inzwischen dazu geführt, daß nicht nur die Gesetzestexte, sondern auch die immer umfangreicher angelegten Gesetzesbezeichnungen schwierig auszulegen sind. Das Steuerrecht wird zum Spielball der Exegesen. Für Wirtschaftsprüfer, die sich in die fiskalische Mystik versenken können[61], eröffnen sich damit bis ins Jenseits reichende Perspektiven. Nicht wenige Berufsangehörige dürften sich jedoch solchen Herausforderungen mental[62] nicht gewachsen fühlen. Von ihnen wird vermehrt Phantasie und Kreativität gefordert, um extravagante Lösungen zur steuerlichen Optimierung zu finden, mit denen alle Beteiligten endgültig Übersicht und Vermögen verlieren.

---

58 Vgl. u.a. *Dunst,* Portfolio Management, Berlin-New York 1979; *Neubauer,* Portfolio-Management, Neuwied 1982.

59 Vorläufer finden sich bei *Scrapdealer,* Portfool-Approach to the Lunatic Asylum, Salem 1993.

60 Hiermit ist nicht Rindvieh gemeint, das Steuern zahlt (so irrtümlich *Häremahn,* Rindergeld für alle Landwirte, Münster 1993), sondern – analog zum Begriff Cash Cow – Steuerpflichtige, die einen hohen Tax-flow erwirtschaften. Vgl. *Reubert,* Der totale Tax-flow, 7. Auflage, Wiesbaden 1992. Siehe in diesem Zusammenhang auch *Hürdeli,* Die Halbwertzeiten für die Steuerschätzungen der Jahre 1995 bis 2025, Gutachten zur Zerfallskonstante der öffentlichen Haushaltsplanungen, Bonn 1994, S. 281–325, sowie Tabelle VII bis XIII.

61 Allgemein: *Davy,* Encylopédie des mystiques, 4 Bände, Paris 1977–78. Speziell: *Bierwalter,* Grundfragen der fiskalisch bedingten Mystik, Einsiedeln 1984. Aufschlußreich: *Winzelbacher,* Mystische Frauenbewebungen vom Mittelalter bis zur Neuzeit, Freiburg 1992.

62 *Becker,* Mentale Reservationen von und für Profis, 2. Auflage, München 1993.

Für die stärker dem Stammgeschäft verbundenen Wirtschaftsprüfer bleibt als Trost, daß auch in der ambulanten Steuerberatung die Bäume nicht in den Himmel wachsen. Der jährlichen Beratungszeit ist mit 365 Tagen schon mal eine natürliche Grenze gesetzt[63]. Die Zahl der Tax-cows wird durch tributäre Auszehrung und andere Krankheiten[64] rasch zurückgehen.

Nicht zu unterschätzen ist Zusammenhang zunehmender Steuerstrangulierung der wachsende Hang zur Steuerflucht. Die Verlegung des ständigen Aufenthaltsortes ins Ausland gilt seit langer Zeit als sicherste Methode des „Sich-der Steuer-Entziehens“[65]. Nach neuen glazialarchäologischen Erkenntnissen handelt es sich bei der im September 1991 und im Oetztal gefundenen Gletscher-Mumie[66], medienwirksam „Oetzi“ genannt, um den ältesten bekannten Steuerflüchtling im deutschsprachigen Raum. Diese Erkenntnis ist wegen der beim Oetzi vermißten Gegenstände über jeden Zweifel erhaben[67].

IV. Ausblick

Die berufsrelevanten Megatrends geben keinen Anlaß zur Mutlosigkeit. Die Aussichten für die weitere Blüte des deutschen Wirtschaftsprüfertums entbehren nicht gewisser Hoffnungsschimmer. Der Autor wäre nicht der Verfasser, wenn er seine Ausführungen nicht mit einem trostspendenden Ausblick[68] abschließen würde.

---

63 Wie diese Grenze abrechnungstechnisch überwunden werden kann, zeigt *Obermeier,* Der elastizianische Kalender – Regressionssätze für Beraterhonorare, Tübingen 1986.

64 *Müffelkeks,* Steuerfrust, Abgabenangst, Beleganihilation und andere traumatische Erkrankungen der Zahlungswege, Tübingen 1986.

65 *Parkinson,* Parkinsons neues Gesetz, Reinbek bei Hamburg 1993, S. 73.

66 Knöchelverzeichnis 91/0/XI der Universität Innsbruck.

67 Vgl. *Howard,* The Iceman as the lost Taxpayer – Critical Obeservations at the Institut for Forsensic Medicine, Innsbruck, Glacier Journal, London, 1993, Vol. 12. Als grundlegende Literatur zu empfehlen: *Haller,* Das Similaun-Syndrom, Oecci Homo, Bottighofen 1992.

68 Siehe dazu *Bartel* (Hrsg.), Ökonomisches Handbuch der Eschatologie, 6 Bände, Münster 1973, *Quaile,* The profitable Happyend, Los Angeles 1990.

In Anbetracht der phantastischen Entwicklung der Finanzmärkte erweisen sich die derivativen Finanzinstrumente als unschätzbare Nothelfer für den deutschen Wirtschaftsprüfer[69]. Zu ihnen gehören Termingeschäfte, Swaps und Optionen[70], die in vielfältiger Gestalt in freier Marktwirtschaft vorkommen und sich außerordentlich rasch vermehren.

Die gemeinhin unverstandenen Finanzinnovationen üben auf alle erfolgsverwöhnten Manager eine sinnliche Faszination und eine erotische Anziehungskraft[71] aus. Die zur Risikoabsicherung u. U. geeigneten Produkte werden daher gern zur emotionalen Gewinnmaximierung eingesetzt[72]. Überraschungen erleben die begeisterten Täter meist erst bei der fragwürdigen Bilanzierung derartiger Geschäfte. Beklagt wird die einseitige Darstellung unrealisierter Verluste.

Für den geschulten Betrachter ist sofort klar, daß es nicht um den Kern der derivativen Finanzinstrumente, sondern um die Einzelheiten ihres Bilanzausweises geht. In dieser Hinsicht können nur die soliden Grundsätze ordnungsmäßiger Buchführung und die ihnen treu ergebenen deutschen Wirtschaftsprüfer nachhaltiges Chaos stiften[73]. Das

---

69 In Anlehnung an *Quadflug* (Der Deus ex machina als Lösung auswegloser Dramaturgie, Hamburg 1993), der das gestalterische Element hervorhebt, und an *van Neerven* (Die vierzehn Nothelfer in heutiger Zeit, Bamberg 1993), der die pastoralmediinischen Aspekte betont.

70 Zur Pflege des Wortschatzes siehe *Zahn,* Finanzinnovationen, Glosarium der neuen Hedging- und Finanzinstrumente, Frankfurt 1991. Zur Historie siehe *ter Borch,* Der Terminhandel mit Tulpenzwiebeln im 17. Jahrhundert, dtsch. Übersetzung Reinbek bei Hamburg 1992. Zur enormen Spannweite der Instrumente siehe z.B. *Stillhalter,* Durations-Gap beim synthetischen Collar in Form eines swaptionalen Floors, Düsseldorf 1993.

71 *Simmel,* Der Collar-Koller, vom Handy-Cap zum Trauer-Floor, Wien 1993. Zu den psychologischen Grundfragen siehe *Loddel,* Das Eroscenter als Profitcenter – eine Anleitung zur effizienten Trieb- und Betriebsführung, Stuttgart 1993.

72 *Futsch,* Die Tretmingeschäfte der Verfallgesellschaft, Frankfurt 1993. *Rappenstrauch,* The discounted Threat-flow of Futures, Frankfurt/New York 1993; *Schwiemelborch;* The Future without Futures, Wiesbaden 1994.

73 *Hakelmacher jr.,* Hedge-Accounting – Vom Heckenschützen zum Heckenbuchhalter, Diss. St. Gallen 1993.

„True and Fair View“-Konzept, das vor dem Ausweis unrealisierter Gewinne nicht zurückschreckt, offenbart hier seine endgültige Schwäche. Dort sollte der Wirtschaftsprüfer ohne Furcht und Tadel seine Stärken ausspielen.

IV. Managementrelevante Lichtblicke aus dem segensreichen Schaffen der Wirtschaftsprüfer

Der Prüfungsbericht als sprachliches Kunstwerk

Der Prüfungsbericht als sprachliches Kunstwerk

I. Das Kulturgut

Die Krönung deutscher Prüfungskunst ist der Bericht des Abschlußprüfers. Er wird auch als der konstruktive Teil der Prüfung bezeichnet[1]. Über Generationen wurde der Prüfungsbericht von Jahr zu Jahr fortgeschrieben; lediglich unvermeidbare Kleinigkeiten, zum Beispiel die jeweils aktuelle Jahreszahl, wurden verändert. Der traditionsverbundene Berichtschreiber hat es stets verstanden, veränderten Tatsachen, hartnäckigen Einwendungen des geprüften Unternehmens oder modischen Wandlungen der Berufspraxis zu widerstehen. Die über Jahrzehnte gefestigte Berichtstradition[2] ermöglichte es, über neue Erkenntnisse in behutsamer Dosierung zu berichten und so die Abschrift der Konteninhalte des geprüften Unternehmens als Urform des deutschen Prüfungsberichtes weitgehend zu bewahren[3].

Die rasant vorangetriebene Internationalisierung der Rechnungslegung[4], mit der die nationalen Unterschiede in komplizierter Form verfestigt werden, bedroht den Prüfungsbericht als ureigenes deutsches Kulturgut. Wesen, Art und Entwicklung des deutschen Prüfungsberichtes sollen nachfolgend analysiert werden. Damit soll der zu sehr mit der Nabelschau beschäftigte Berufsstand der Wirtschaftsprüfer wachgerüttelt werden, um das wertvolle Kulturerbe des deutschen Prüfungsberichtes vor dem Verfall zu bewahren. Zugleich wird dem wenig erfahrenen Prüfer eine fundierte Handführung für die Abfassung des Prüfungsberichtes gegeben.

---

1 *Mutscheider,* Kulminationspunkte der Abschlußprüfung, Frankfurt 1970; siehe auch *Schleiminger,* Betonen und Monieren, Darmstadt 1979.

2 *Miesmacher,* Traditio sine qua non, Düsseldorf 1972.

3 *Hirnbeißer,* Wie entstand der Urbericht?, in: Der Abschlußprüfer, 19. Jahrgang, S. 142 ff.; *Breitfuß,* Steigerungsformen der doppelten Buchführung, München 1967.

4 Vgl. Transformationsgesetz betreffend die 4. und 7. EG-Richtlinie, 3. Stellungnahme zum 2. Vorentwurf eines Referentenentwurfes, Bonn 1984.

Die Schwierigkeiten einer wissenschaftlichen Analyse des Prüfungsberichtes werden deutlich, wenn man sich die Voraussetzungen für eine wissenschaftliche Textanalyse vergegenwärtigt[5]: Der Text, der erforscht werden soll, muß als zuverlässig gelten. Für die Analyse ist ferner wichtig, daß der Autor möglichst eindeutig feststeht. Schließlich ist die Zeit der Abfassung des Textes relevant. Kann ein professioneller Prüfungsbericht solchen Anforderungen überhaupt gerecht werden?

II. Definition und Form des Prüfungsberichtes

1. Der Begriff

Von einem Prüfungsbericht kann dann gesprochen werden, wenn zahlenmäßige Angaben, die einen gewissen Zusammenhang zu Prüfungsgegenstand und -ergebnis ahnen lassen, durch Prosa[6] ergänzt und mit Unterschrift eines Prüfers versehen werden. Dabei zeichnet sich der Bericht des deutschen Abschlußprüfers, auf den sich die nachfolgenden Ausführungen konzentrieren, insbesondere dadurch aus, daß sein verbaler Teil überwiegend in deutscher Sprache abgefaßt und daß dieser selbst in fremdsprachlicher Übersetzung kaum verständlicher wird.

Da die im Prüfungsbericht anzugebenden Zahlen durch Jahresabschluß und Buchführung des geprüften Unternehmens präjudiziert sind, ist der schöpferisch veranlagte Abschlußprüfer auf den prosaischen Teil des Berichtes verwiesen. Nach herrschender Meinung muß dieser Teil wenigstens in lockerer Beziehung zum Jahres- oder Konzernabschluß oder zur Tätigkeit des Abschlußprüfers stehen. Der größte Gestaltungsspielraum verbleibt danach für die Unterschrift des Abschlußprüfers, die damit zum spezifischen Merkmal des individuellen Prüfungsberichtes wird.

5 *Kayser,* Das sprachliche Kunstwerk, 5. Auflage, München 1959, S. 27 ff.

6 Prosa = Ungereimtes. Vgl. *Destroy,* Keinen Reim will er sich machen, Wien 1865.

Die internationale „Anleitung für die Kommunikation zwischen dem Prüfer und dem Leser des Jahresabschlusses einer Unternehmung“[7] unterscheidet zwischen dem „Kurzbericht“ und dem „ausführlichen Bericht“. Diese bahnbrechende Unterscheidung geht zurück auf den von *Blunzenbrenner* formulierten Fundamentalsatz über den Berichtsumfang: „Der Umfang des Prüfungsberichtes wird von seiner Seitenzahl bestimmt[8]“.

Der Kurzbericht beschränkt sich auf das Ergebnis der Prüfung, wobei seine Aussage „stets relativ und nicht absolut ist“, aber dennoch „streng themabezogen, kurz, eindeutig und verständlich abgefaßt sein“ soll[9]. Über den Inhalt des ausführlichen Berichts schweigt sich die Anleitung aus. Im Umkehrschluß ist jedoch zu folgern, daß seine Aussagen über das knapp formulierte Prüfungsergebnis hinausgehen müssen.

Dem engagierten deutschen Wirtschaftsprüfer erscheint schon der Begriff „Kurzbericht“ degeneriert und leistungsfeindlich. Er bekennt sich ausdrücklich zum ausführlichen Bericht, zumal bei namhaften Wirtschaftsprüfungsgesellschaften bereits die Länge des Firmennamens den Umfang des Prüfungsvermerks übersteigt[10]. Kritische Beobachter der Prüferszene weisen in diesem Zusammenhang allerdings darauf hin, daß die berufsübliche Konfusion, die durch den ausführlichen Bericht sichergestellt wird, in der angloamerikanischen Praxis, die stärker der Kurzform zuneigt, durch die dort übliche Auflösung des Jahresabschlusses in zahlrei-

---

7 Vorschlag einer UEC-Empfehlung Nr. 8: Der Bericht über die Prüfung, Wpg 1980, S. 112 ff.

8 *Blunzenbrenner,* Quantitätsmerkmale von Berichten unter Zugrundelegung der Mengenlehre, Frankfurt 1968.

9 UEC-Empfehlung Nr. 8, a.a.O., S. 113.

10 Beipiel: Deutsche Hakentreuhand und Kongeniale Treuhandaktiengesellschaft, Wirtschaftsprüfungsgesellschaft, Steuerberatungsgesellschaft, Hinterhakelsen an der Miese.

che Anmerkungen, die sogenannten Notes, ebenfalls erreicht wird[11].

Eine abartige Erweiterung des Kurzberichtes ist der sogenannte „Managementletter" des Abschlußprüfers[12]. In ihm werden unbedeutende Mängel des internen Kontrollsystems als wesentliche Managementprobleme des geprüften Unternehmens herausgestellt. Um nicht ins Banale abzugleiten, moniert der Management-Letter nur solche Mängel, die entweder schon behoben sind oder die nur durch erhebliche Kapitalzuschüsse der Aktionäre oder eine Änderung des Wirtschaftssystems beseitigt werden können.

III. Allgemeine Berichtsgrundsätze und Berichtsstil

1. Grundsätze der Berichterstattung

Internationale Vorbilder haben den Berufsstand der Wirtschaftsprüfer ermutigt, jeden Handgriff der Abschlußprüfung durch sogenante fachliche Verlautbarungen zu regeln. Insofern sind die folgenden „Allgemeinen Berichtsgrundsätze"[13] von existenzieller Bedeutung.

Nach dem Grundsatz der Berichtsklarheit ist die richtige Interpunktion ein wesentliches Gestaltungselement des Prüfungsberichtes. Zur weiteren Förderung der Klarheit sind etwaige Aufgliederungen von Bilanzpositionen stets mit einer informativen Aussage wie „sie setzen sich wie folgt zusammen" einzuleiten. Fachausdrücke und sonstige in der Umgangssprache wenig gebräuchliche Fremdwörter sollten stilgerecht verwendet, aber nicht erschöpfend erläutert werden. Ein schwieriger Sachverhalt ist durch umständli-

11 *Pagendarm,* Evolution und Dissolution der Rechnungslegung in Europa, Darmstadt 1979.

12 *Dolittle,* A new approach to increase the efficiency of the audit discißpline, The Journal of Accountancy, March 1979, S. 170 ff.

13 Vgl. die noch unvollkommene Regelung im Fachgutachten des *IDW* Nr. 2/1977, WPG 1977, S. 214.

che Formulierungen hervorzuheben, damit der Berichtsleser nicht verständnisvoll darüber hinwegliest.

Dem leicht unterschätzten Grundsatz der Vollständigkeit wird in bewährter Praxis dadurch Rechnung getragen, daß der Inhalt von Zahlenzusammenstellungen möglichst exakt in verbaler Form wiederholt wird. Damit wird eine Interpretation des ohnehin komplizierten Zahlenwerkes vermieden, die als Verstoß gegen den Grundsatz der Unparteilichkeit ausgelegt werden kann. Durch strikte Anlehnung an den Vorjahresbericht soll der Grundsatz der Einheitlichkeit der Berichterstattung eingehalten werden. In diesem Zusammenhang muß sich der Abschlußprüfer aber immer vor Augen führen, daß nach dem Grundsatz der Berichtswahrheit die zutreffende Angabe des Bilanzstichtages als unverzichtbar angesehen wird.

2. Berichtsstile

Wie bei anderen literarischen Werken vertieft die Stilforschung[14] das Verständnis des Prüfungsberichtes, zumal die unübersehbaren Formen der Berufsausübung in unterschiedlichen Berichtsstilen ihren entlarvenden Niederschlag finden. Um den Rahmen dieses Aufsatzes nicht zu sprengen, können nur die wichtigsten Stilarten kurz angerissen werden[15].

Der gotische Berichtsstil zeichnet sich durch eine deutliche, leicht überspitzte Sprache aus: „Die starke wirtschaftliche Stellung des Unternehmens wird dadurch gekennzeichnet, daß Eigenkapital in beträchtlichem Ausmaß aktiviert worden ist und selbst nach Abzug des Nennkapitals und der Rücklagen ein Aktivum verbleibt“. Hier bringt der Abschlußprüfer in verständlicher Form zum Ausdruck, daß er an nachfolgenden Prüfungsaufträgen sehr interessiert ist.

---

14 „Stilforschung erfaßt das Funktionieren der sprachlichen Mittel als Ausdruck einer Haltung“ (*Kayser,* a.a.O., S. 300).

15 Ausführlich dazu: *von der Socke,* Revisionsstil gestern und heute, 3 Bände, München 1974.

Als markantes Beispiel für den barocken Berichtsstil sei genannt: „Ein nicht geringer Teil der in hervorragend gepflegten Lagerstätten beheimateten Vorräte wurde während des für das Unternehmen glücklich verlaufenen Berichtsjahres körperlich erfaßt. Die allseits geschätzten Inventurunterlagen werden nach Abschluß unserer verantwortungsvollen Tätigkeit von der Gesellschaft in bewährter Weise vervollständigt". Hiermit wird der Hang des soliden Abschlußprüfers zum Detail dem Berichtsleser eindrucksvoll vor Augen geführt.

Der romantisch-empfindsame Berichtsstil führt zu Aussagen wie „Auf eine Prüfung des Kassenbestandes wurde verzichtet, nachdem – vor allem vom Kassierer – bereits kurz nach Prüfungsbeginn verschiedene, angabegemäß geringfügige Unterschlagungen zugegeben worden sind. Sie dürften sich nach unseren Erfahrungen im Rahmen der üblichen, im einzelnen nicht näher bekannten Fehlbeträge halten". Das hier dokumentierte Einfühlungsvermögen des angeblich hartgesottenen Abschlußprüfers sollte jeden Berichtsleser rühren.

Der sachlich-nüchterne Berichtsstil kennzeichnet den jeder Gefühlsduselei abholden Abschlußprüfer. Er äußert sich in Ausführungen wie „Die Bücher sind ordentlich und sauber geführt. Gelegentliche Radierungen wurden mit großer Sorgfalt gehandhabt. Dadurch konnte die Anzahl der Luftbuchungen wesentlich verringert werden". Hier besticht die klare Sprache jeden nachdenklichen Adressaten.

Der betriebswirtschaftlich geschulte Abschlußprüfer kommt immer wieder in Versuchung, das ihm verbliebene Fachwissen im Prüfungsbericht durchscheinen zu lassen. Als leuchtendes Beispiel für den wissenschaftlichen Berichtsstil sei zitiert: „Zur Liquidität des Unternehmens berichten wir, daß diese vom Zahlungseingang und von den Ausgaben maßgeblich beeinflußt gewesen sein dürfte". Selbst kritisch eingestellten Berichtsempfängern wird es schwer fallen, diese Prüferaussage fachlich anzugreifen.

Der alternative Jugendstil (z. B. „Die tierisch pornofrene Inventuraktion war eine totale Abschnalle“) hat sich auch in Kreisen progressiver Jungprüfer bisher nur wenig durchgesetzt[16].

Während über Berichtsumfang und Berichtsinhalt mit dem geprüften Unternehmen durchaus verhandelt werden kann, sollte der selbstbewußte Abschlußprüfer in Fragen seines persönlichen Berichtsstils keine Kompromisse schließen.

IV. Die Komposition des Prüfungsberichtes

In der Literatur wird überwiegend angenommen, daß der Prüfungsbericht vom Abschlußprüfer verfaßt wird[17]. In Wirklichkeit ist die Entstehung des Prüfungsberichtes jedoch komplizierter. Sie erfolgt in mehreren Schritten zunehmender Vollendung.

Die verantwortungsvolle Herstellung der Urfassung des Prüfungsberichtes obliegt dem Prüfungsassistenten[18], während sein Prüfungsleiter für Anzahl und Stellung der zu verwendenden Satzzeichen verantwortlich ist. Auf der Grundlage des so gemeinsam erarbeiteten Berichtsentwurfs entsteht in der sog. Schlußbesprechung durch u.U. massive Textanregungen des geprüften Unternehmens der eigentliche Prüfungsbericht. Ein gemeinsames Mittagessen versöhnt im Regelfall die Autoren von Berichtsentwurf und eigentlichem Bericht. Die WP-eigene Berichtskritik und die Fertigkontrolle schließen sich mechanisch an, um dem Prüfungsbericht durch sinnentstellende Eleganz und einwandfreie Rechtschreibung eine hohe Wertanmutung zu geben.

---

16 *Freaker,* Alternative Formulierungen für eine verkorkste Gesellschaft, Hamburg 1980.

17 In Anlehnung an § 1666 Abs. 1 Satz 1 AktG 1965 u.a. *Adler/Düring/Schmaltz,* Rechnungslegung und Prüfung der Aktiengesellschaft, Band 2, 4. Auflage, Stuttgart 1971, § 166 Anm. 3. Anderer Ansicht *Mullenkopp,* Der Reifeprozeß aussagefähiger Berichte, Marburg 1979.

18 *Abhakerle,* Forderung und Überforderung im Noviziat, 3. Auflage, Köln 1978.

Der Ur-Bericht basiert auf dem vorjährigen Prüfungsbericht[19]. Anstelle der kostspieligen, hohe Sorgfalt erfordernden Abschrift wertvoller Berichtstexte der Vorzeit wurde Mitte der 60er Jahre von fortschrittlichen Prüfern die sog. Manipel-Technik entwickelt. Dazu werden ein oder mehrere Exemplare des Vorjahresberichts in handliche Abschnitte (= Manipel) zerschnitten und in mühsamer Puzzlearbeit und rudimentärer Anpassung an den geprüften Jahresabschluß zum neuen Berichtsentwurf komponiert bzw. „manipeliert“[20]. Dies erfordert zwar hohes handwerkliches Können vom Prüfungsassistenten, jedoch werden dadurch Übertragungsfehler vermieden und vom geprüften Unternehmen im Vorjahr akzeptierte Texte automatisch berücksichtigt.

Die voreilige Kritik an der Maßgeblichkeit des Vorjahresberichtes hält einer strengen Überprüfung nicht stand. Die majestätischen Formulierungen des Abschlußprüfers prägen sich bei ständiger Wiederholung nachhaltiger ein und werden in ihrem Inhalt weniger angezweifelt[21]. Typisches Beispiel dafür ist der formelhaft verwendete Wortlaut des Bestätigungsvermerks. Hinzu kommt, daß ein vom Vorjahr abweichender Inhalt den Berichtsleser nur verwirren würde.

---

19 Liegt kein Vorjahresbericht vor, so kann eine Katastrophe durch den Prüfungsbericht eines nicht ganz unähnliches Unternehmens vermieden werden. Wichtig ist, daß der Namen des geprüften Unternehmens richtig in den Fremdtext eingesetzt wird.

20 Die Übung, anstelle des Berichtes des Vorjahres den Bericht des vorletzten Jahres für die Urfassung zugrundezuglegen, zeugt zwar von großer Kreativität, ist aber als Manierismus abzulehnen.

21 Sogenannter Sleeper-Effekt; vgl. *Wernicke,* Sprachwissen, 11. Auflage, Hamburg 1979, S,. 182.

V. Zweck und Inhalt des Prüfungsberichtes

1. Zweck der Berichterstattung

Der Prüfungsbericht stellt eine streng vertrauliche „berufliche Äußerung des Abschlußprüfers" dar, die fast jedem Interessenten zugänglich gemacht wird und deren Informationsgehalt bei fürsorglicher Abwägung der unterschiedlichen Interessenlagen der Berichtsempfänger zum Minimum tendiert[22].

Dem Aufsichtsrat des geprüften Unternehmens soll der Prüfungsbericht die feste Überzeugung vermitteln, daß er nach Lektüre des Berichtes seiner Überwachungspflicht in vollem Umfang genügt hat. Als Beispiel für hilfreiche Anmerkungen des Abschlußprüfers sei zitiert: „Bei dem Bilanzausgleichsposten handelt es sich um teils verjährte und teils um aus Zahlungsgründen erloschene Forderungen, die der Auslastung der Kontokorrentbuchhaltung dienen". Nützlich für den Aufsichtsrat sind ferner Hinweise wie „lesen Sie bitte auf der nächsten Seite weiter".

Aus der Sicht des Abschlußprüfers besteht die vornehmste Aufgabe des Prüfungsberichtes darin, den uneingeschränkten Bestätigungsvermerk zu relativieren bzw. das selten eingeschränkte Testat zu entschuldigen. In klassischer Manie formulierte WP *Oberwälzer* seine Schlußbemerkungen wie folgt: „Unter Hinweis auf meinen eingeschränkten Prüfungsauftrag (Seite 1) und auf die mir noch nicht vorgelegten Inventurunterlagen (Seite 5, 12 und 152) erteile ich dem Jahresabschluß zum 31.12.1980 den folgenden uneingeschränkten Bestätigungsvermerk: ...".

Der Bericht des Abschlußprüfers zerfällt meist in den unvermeidbaren Hauptbericht und den informativen Berichtsanhang. Der Berichtsanhang ist als Nachschlagewerk für die Mitarbeiter des Finanz- und Rechnungswesens konzipiert und stellt im Zweifel die Rechtfertigung für die Höhe des Prüfungshonorars dar.

---

22 *Mattdörfer,* Die Nullinformation, Bonn 1980.

2. *Der Berichtsinhalt*

Der wichtige Hauptbericht gliedert sich in Vor-, Mittel- und Hinterteil. Im ersten Kapitel findet man den beschränkten Prüfungsauftrag, die vom Abschlußprüfer sich selbst gesteckten Grenzen der Auftragsdurchführung sowie den unvermeidlichen Hinweis auf die Geschäftsbedingungen des Abschlußprüfers. Damit ist der eilige Berichtsleser in der Lage, unter Außerachtlassung des Mittelteils den Hinterteil des Berichtes, der nach allgemeiner Übung mit dem Bestätigungsvermerk des Abschlußprüfers endet[23], richtig zu würdigen.

Der Mittelteil enthält das literarische Oeuvre des Abschlußprüfers, soweit es die Eingriffe des geprüften Unternehmens überlebt hat. Unter den hier eingestreuten bilanztechnischen Ausdrücken dürfen Begriffe nicht fehlen, die bei unklarer Definition als Inbegriff betriebswirtschaftlichen Sachverstandes höchstes Ansehen genießen[24]. Die Kunst vollkommener Sprachbeherrschung ist bei Hinweisen auf Mängel oder Krisenerscheinungen gefordert. Sie dürfen weder dem Wortlaut noch dem Sinn nach erkennbar sein und dürfen selbst aus dem Zusammenhang heraus nicht ohne weiteres entdeckt werden

Ehrgeizige Abschlußprüfer sind bei der Erläuterung der Erfolgsrechnung nicht davon abzuhalten, anstelle der geprüften Gewinn- und Verlustrechnung die von ihnen nicht näher untersuchte, aber hohe Faszination ausstrahlende Betriebsabrechnung des Unternehmens zu besprechen. Jeder Liebhaber anspruchsvoller Prüfungsberichte goutiert die vergeblichen Versuche, das wesentlich höhere positive Betriebsergebnis der innerbetrieblichen Erfolgsrechnung auf das unerklärliche Jahresergebnis der Gewinn- und Verlustrechnung plausibel überzuleiten[25].

---

23 *Bierschaum,* Das Testat ist doch das Letzte, Frankfurt/München 1970, insbesondere S. 328 ff.

24 Vgl. *Bolzenknödel,* Dem Aufsichtsrat den Cash-flow ins Ohr setzen, in: Leidlinien für den Aufsichtsrat, München 1979, S. 324 ff.

25 *Vries,* Die Interdependenz der betrieblichen Erfolgsrechnung als wichtige Voraussetzung zur Lösung autarker Manageraufgaben, Diss. Frankfurt 1978, S. 28 ff.

§ 321 Absatz 2 HGB erlegt den Abschlußprüfer mit einer Redepflicht, „wenn er bei Wahrnehmung seiner Aufgaben Tatsachen feststellt, die den Bestand eines geprüften Unternehmens gefährden oder seine Entwicklung wesentlich beeinträchtigen können". Zur Früherkennung negativer Entwicklungen kann sich der Abschlußprüfer bei ungewöhnlich guter Ertrags- und Finanzlage des geprüften Unternehmens damit begnügen, mit Hilfe des dichotamischen Klassifikationstests oder der multivariaten Diskriminanzanalyse auf der Grundlage adäquater Gefährdungskathegorien die konventionellen Insolvenzwahrscheinlichkeiten für das Unternehmen im Bericht anzugeben[26]. Bei anderen Umständen muß dem Abschlußprüfer eine umfassende Crash-flow-Analyse[27] zugemutet werden. Ergeben die zugegebenermaßen zeitraubenden Untersuchungen einen positiven Crash-flow, so muß im Prüfungsbericht im allgemeinen grundsätzlich darauf hingewiesen werden. Der Crashflow ist dann positiv, wenn der Jahresverlust des Unternehmens nach Abzug des buchmäßigen Eigenkapitals durch die übrigen Cash-flow-Bestandteile nicht mehr gedeckt wird.

VI. Schlußbemerkungen

Es ist bisher nie ernstlich angezweifelt worden, daß der deutsche Prüfungsbericht eine ästhetische Form der Kommunikation zwischen dem Prüfer und bevorrechtigten Lesern des Jahresabschlusses einer Unternehmung darstellt. Die vorstehende Analyse hat dies ohne Einschränkung bestätigt. Obwohl in letzter Zeit eigenständige Formulierungen des Prüfers ein erschreckendes Ausmaß anzunehmen drohen, konnte der Nachweis erbracht werden, daß der Prüfungsbericht als sprachliches Kunstwerk von hohem Rang einzuordnen ist.

---

26 *Baetge,* Früherkennung negativer Entwicklungen der zu prüfenden Unternehmung mit Hilfe von Kennzahlen, WPg 1980, S. 655 ff.

27 *Fromm,* Die Crash-flow-Analyse als Prognoseinstrument, Hamburg 1981; ders., Die Pay-back-Periode des negativen Cash-Overflow, Osnabrück 1970, S. 184 f.

Zustände bei der professionellen Unternehmensbewertung

I. Die katastrophale Ausgangssituation
II. Der Grundsatz der resultativen Bewertung
III. Der A- und der R-Wert eines Unternehmens
IV. Der Erfahrungssatz des exzessiven Akquisitionswertes
V. Richtiges Verständnis des Going-Concern-Prinzips

Zustände bei der professionellen Unternehmensbewertung

I. Die katastrophale Ausgangssituation

Die Existenz des Berufsstandes der Wirtschaftsprüfer ist zunehmend gefährdet, weil andere Berufsgruppen typische Aufgaben des Wirtschaftsprüfers übernehmen wollen. Man mag die Aufregung darüber, daß die Vorbehaltsaufgabe der Prüfung des Jahresabschlusses unter bestimmten Voraussetzungen auch Steuerberatern überlassen werden soll, noch als gesunden berufständischen Fanatismus abtun[1]. Untragbar muß für den engagierten Wirtschaftsprüfer aber die Vorstellung sein, daß sich andere Amateure seiner alltäglichen Tätigkeiten bemächtigen wollen.

Neben dem Schreiben von Spesen- und Honorarabrechnungen sieht sich der Berufsstand der Wirtschaftsprüfer „nahezu täglich der Aufgabenstellung, ganze Unternehmen und deren Teile zu bewerten, gegenüber"[2]. Nur wenigen weltoffenen Wirtschaftsprüfern ist bewußt, daß sich verstärkt berufsfremde Personen und Institutionen mit der Unternehmensbewertung befassen. Dem Verfasser sind Einzelbeispiele bekannt, in denen auf die Hinzuziehung von Wirtschaftsprüfern zur Bewertung von Unternehmen bedenkenlos (!) verzichtet wurde. In einigen extremen Fällen unterhalten sonst durchaus seriöse Unternehmen eigene Stabsabteilungen mit so dubiosen Bezeichnungen wie „Diversifikation" oder „Unternehmensentwicklung", die sich ohne Skrupel eigenständig mit der Bewertung von Unternehmen befassen[3]. Dasselbe gilt für gemeine Unternehmensberater, exaltierten Anwaltskanzleien und sog. „M&A-Abteilungen" bisher angesehener Banken.

---

1 *Schrobel,* Vom Hobby zur Lobby, Hamburg 1982; vgl. auch den berufsständischen Ausbruch von *Scheffler* in DB 1983, S. 2205 ff. und die dort zitierten namhafteren Quellen.

2 *IDW* (Hrsg.), WP-Handbuch 1981, Düsseldorf 1981, S. 1245.

3 *Bruch,* Mathematische Ansätze der Unternehmensbewertung unter Berücksichtigung gruppenpsychologischen Verhaltens, Göttingen 1982; *Merger,* Wir lassen uns die Expansion nicht vermiesen, in: Stimulantia für Topmanager, Essen 1984, S. 115 ff.

Begründet werden diese Entgleisungen damit, daß die Bewertung von Unternehmen eine interdisziplinäre Aufgabe darstelle und mit strategischen Überlegungen verbunden sei[4]. Da die strategische Unternehmensplanung der umständlichste Weg ist, um einfache wirtschaftliche Zusammenhänge aufzuzeigen[5], müsse einleuchten, daß die Unternehmensbewertung nicht allein Fachleuten des Finanz- und Rechnungswesens überlassen bleiben kann.Obwohl die Wirtschaftsprüfer in den letzten Jahren bemerkenswerte Fortschritte hinsichtlich der für die Unternehmensbewertung ausdrücklich postulierten Unbeachtlichkeit des Vorsichtsprinzips verzeichnen können, muß dem Verfall berufsfreundlicher Usancen mit größerer Entschiedenheit entgegengewirkt werden.

Die Stellungnahme HFA 2/1983[6] stellt wirklich das Allerletzte dar, was das *Institut der Wirtschaftsprüfer* (IDW) zur Unternehmensbewertung offiziell verlauten ließ. Zum Wagnis dieser Stellungnahme wird einleitend ausgeführt, daß „sich in Theorie und Praxis Standpunkte gefestigt haben, die eine Formulierung von Grundsätzen zur Durchführung von Unternehmensbewertungen zulassen“[7]. Bei einer intensiven Analyse dieser Stellungnahme werden die Aufweichungstendenzen gegenüber einer soliden Unternehmensbewertung, die die Feststellung des Substanzwertes in den Mittelpunkt rückt, unverkennbar. Mit anderen Worten: Die Bewertung von Unternehmen ist schwieriger, als es der einfache Wortlaut der Stellungnahme ausdrückt.

Ergänzend zu den vier Schwierigkeitskomplexen, die in der Stellungnahme HFA 2/1983 angesprochen sind, müssen daher weitere Komplexe vom Berufsstand entwickelt und gepflegt werden (Schwierigkeitskomplex V ff.). Die vom Hauptfachausschuß des

4 *Katerling,* Diversifikation als dynamisches Element in wachstumsorientierten Unternehmen, Diss. Hamburg 1983.

5 *Hakelmacher,* Die hohe Schule der Unternehmensplanung, WPg 1983, S. 114 ff.; *Krampf,* Die permanente Stärke- und Schwächeanalyse in Großunternehmen, Köln 1982

6 WPg 1983, S. 468 ff.

7 WPg 1983, S. 469.

IDW schonungslos bloßgestellten fünfzehn Grundsätze zur Unternehmensbewertung sind unvollständig und bedürfen außerdem einer verfeinerten Auslegung, wenn nicht sogar einer sublimierten Exegese. Im übrigen muß innerhalb einer kurzen, wenn auch knappen Übergangsfrist dafür gesorgt werden, daß die Durchführung von Unternehmensbewertungen an den Nachweis einer adäquaten beruflichen Qualifikation geknüpft wird.

Die Stellungnahme HFA 2/1983 toleriert, daß der Unternehmenswert aus den künftig zu erwartenden ausschüttungsfähigen Einnahmeüberschüssen des zu bewertenden Unternehmens abzuleiten ist. Damit reduziert sich die bisher nützliche Wertevielfalt auf den Ertragswert. Der versierte Berufsangehörige hat sich zwar nie durch die angebliche Unsicherheit der zukünftigen Unternehmensentwicklung beeindrucken lassen. Er wird aber zugeben, daß Prognosen schwierig sind, wenn sie sich auf die Zukunft beziehen. Nur ungern wird er dagegen die starre Behauptung akzeptieren, daß „die Ertragserwartungen bei Unternehmensbewertungen stets mehrwertig sind“[8]. Die wissenschaftlich umstrittene, aber intuitiv richtig erfaßte Mehrwertigkeit des Unternehmenswertes hat ihre eigentliche Ursache in dem Grundsatz der resultativen Bewertung und dem Erfahrungssatz des exzessiven Akquisitionswertes.

II. Der Grundsatz der resultativen Bewertung

Art und Ergebnis der Unternehmensbewertung sind durch den vom Auftraggeber erwarteten Unternehmenswert determiniert. Dieser Grundsatz der resultativen Bewertung beseitigt die oft kritisierte Unberechenbarkeit der Unternehmensbewertung. Die verbliebene Problematik besteht darin, die relevanten Wertvorstellungen des Auftraggebers und ihre potentiellen Veränderungen in Erfahrung zu bringen.

---

8 *Moxter,* Grundsätze ordnungsmäßiger Unternehmensbewertung, 2. Auflage, Wiesbaden 1983.

Die Stellungnahme HFA 2/1983 ignoriert den Grundsatz der resultativen Bewertung, ohne das näher zu begründen. Ihr Wortlaut bietet aber ausreichenden Spielraum, um die von ihr postulierten Bewertungsgrundsätze zielkonform auszulegen und zu gewichten.Mit dem Grundsatz der resultativen Bewertung folgt die Durchführung von Unternehmensbewertungen einer allgemeinen gesellschaftlichen Entwicklung: Die produktive Tätigkeit tritt hinter die meditative Phase zurück[9]. Anstelle hektischer Analysen des Zahlenwerkes von Unternehmungen oder betriebsamer Markt- und Produktuntersuchungen konzentriert sich der aufgeschlossene Bewerter auf folgende Fragen:

- Welchen Zweck verfolgt der Auftraggeber mit der Unternehmensbewertung?
- Was bestimmt seine Wertvorstellung?
- Welchen Gremien wird der Auftraggeber das Bewertungsgutachten vorlegen und zu welchem Zeitpunkt?
- Wie können Dritte die Wertvorstellungen des Auftraggebers ändern bzw. ihre eigenen Erwartungen durchsetzen?
- Welche Auswirkungen können sich durch den festgestellten Unternehmenswert auf die Ziele und die Karriere des Auftraggebers ergeben?

Sind die vorstehenden Punkte zufriedenstellend untersucht und beantwortet worden, bleibt als letzte, aber entscheidende Frage: Wer ist eigentlich der Auftraggeber? Eigentlicher Auftraggeber ist der Manager, der die Entscheidung herbeiführen will, die durch das anstehende Bewertungsgutachten begründet werden soll. Er läßt sich eindeutig daran erkennen, daß er nicht derjenige ist, der für die Entscheidung verantwortlich gemacht werden kann, wenn sie sich später als falsch oder nicht (mehr) opportun herausstellen sollte[10].

---

9 *Kasbohrer*, Transzendentales Management im Frühstadium, München 1983, insbesondere S. 876 ff.

10 Sachdienliche Hinweise finden sich bei *Kruse*, Fallstudien im Topmanagement, Bremen 1983.

Kritische Beobachter mahnen, daß neben den Erwartungen des Auftraggebers die schwer abschätzbaren Reaktionen formal zuständiger Entscheidungs- oder Überwachungsorgane, zum Beispiel Konzernleitung oder Aufsichtsrat, in das Kalkül einzubeziehen seien. Intime Kenner der Managementszene halten das jedoch für irrelevant, da mit der Höhe der Führungsebene die Konfusion quadratisch zunimmt[11].Im übrigen muß eine unerwünschte Meinungsbildung derartiger Organe durch den sachverständig ausgebauten Informationsvorsprung des Bewerters und des Auftraggebers neutralisiert werden.

Eine detaillierte Diskussion des Bewertungsgutachtens ist ohnedies kaum zu besorgen, weil bedeutende Entscheidungs- oder Überwachungsgremien eine hohe Mitgliederzahl haben, was ihnen entsprechend hohes Ansehen und geringe Effizienz verleiht. Zur ausführlichen Information solcher Gremien sollte sich das Gutachten auf nebensächliche Einzelheiten konzentrieren, die durch zahlreiche Tabellen beweiskräftig untermauert werden. Knappe und übersichtliche Berichte würden den Verdacht wecken, daß der Bewerter unvollständig referiert, von stark simplifizierten Annahmen ausgegangen ist oder sogar die berufsübliche Sorgfalt bei der Ermittlung des Unternehmenswertes nicht hat walten lassen.

---

11 *Cooper,* The Level of Confusion in Industrial Hierarchies, Harvard 1980.

III. Der A- und der R-Wert eines Unternehmens

In Anlehnung an die grundlegenden Arbeiten von *F. Knobel* sind bei der Unternehmensbewertung grundsätzlich zwei Wertkategorien zu unterscheiden, die zum besseren Verständnis mit A und R bezeichnet werden[12].

Der sogenannte A-Wert oder Akzeptanzwert ist jener Wert, der die vom Auftraggeber gewünschte Entscheidung herbeiführt. Er ist infolgedessen im Bewertungsgutachten als angemessener Unternehmenswert zu nennen und muß auf einer für den Outsider und Laien plausiblen künftigen Entwicklung des zu bewertenden Unternehmens beruhen, die der Auftraggeber mit Überzeugungskraft leicht untermauern kann.

Die Glaubwürdigkeit des A-Wertes hat nichts mit den zugrunde liegenden Tatbeständen zu tun. Widersprechende Bewertungsfeststellungen beruhen auf einer falschen Anwendung der sekundären Bewertungsgrundsätze. Die schädliche Neigung des Berufsstandes zu Tradition und Gewißheit führt leider oft dazu, daß der Grundsatz der Vergangenheitsanalyse oder der Grundsatz der erfolgsorientierten Substanzerhaltung überbetont werden. Ein weiterer beruflich bedingter Störfaktor ist die pathologische Gläubigkeit der Wirtschaftsprüfer an finanzielle Ergebnisse. Bei konsequenter Korrektur derartigen Fehlverhaltens führt die im Grunde zukunftsbezogene Unternehmensbewertung fast automatisch zum Akzeptanzwert. Für etwa verbleibende Differenzen eröffnen die Modelle der strategischen Unternehmensplanung oder die Aufzählung von Synergie-Effekten hilfreiche Gestaltungsmöglichkeiten.

Der R-Wert oder Risikowert ergibt sich nach der auf dem A-Wert basierenden Entscheidung, und zwar durch die tatsächliche und damit von den Annahmen für den A-Wert abweichende Entwicklung des bewerteten Unternehmens. Der R-Wert markiert den Übergang von der Begeisterung für das erworbene Unternehmen zur Phase der Ernüchterung. Um damit verbundene Komplikationen zu vermei-

---

12 Das A und R der Unternehmensbewertung, Frankfurt 1982.

den, wird der erst später ermittelbare R-Wert in jedem professionellem Bewertungsgutachten soweit angedeutet, daß er die Voraussicht des Bewerters nachträglich belegen kann, ohne die Bedeutung des A-Wertes zu schmälern. Die Kompatibilität des R-Wertes mit dem A-Wert läßt sich am besten sicherstellen, wenn anstelle eines pedantisch wirkenden Einzelbetrages für den A-Wert großzügig bemessene Grenzwerte angegeben werden, zwischen denen der tatsächliche A-Wert nach Belieben gewählt werden kann. Selbstverständlich muß die Berichterstattung über die Durchführung der Unternehmensbewertung in ihrer Flexibilität korrespondieren.

Ist der Wirtschaftsprüfer als Schiedsgutachter bei Unternehmensbewertungen tätig, so stellen Differenzen zwischen A- und R-Wert kein Problem dar. Die richterliche Unabhängigkeit dokumentiert sich gerade darin, daß die Bewertungsergebnisse für die Parteien unvorhersehbar bleiben.

IV. Der Erfahrungssatz des exzessiven Akquisitionswertes

Im Gegensatz zur Stellungnahme HFA 2/1983 behandelt die praxisbezogene Literatur die Unternehmensbewertung ausschließlich aus der Sicht einer Käuferunternehmung[13]. Ihre Aussagen werden mit umgekehrten Vorzeichen auch für den Verkaufsfall empfohlen. Wie wenig diese Bewertungsliteratur empirisch unterlegt ist, zeigt sich daran, daß der Erfahrungssatz des exzessiven Akquisitionswertes bisher nicht erkannt oder beschrieben worden ist: Unabhängig vom Zeitaufwand, vom Informationsmaterial und von der Sorgfalt, die einer Unternehmensbewertung für Akquisitionszwecke zugrunde gelegt werden, ist ein überhöhter Kaufpreis unvermeidbar[14]. Im Akquisitionsfall ist also der A-Wert stets größer als der R-Wert.

---

13 *Sieben/Zapf,* UNternehmensbewertung als Grundlage unternehmerischer Entscheidungen, Stuttgart 1981; *Willi,* Praxis des Unternehmenskaufsa, Stuttgart 1983.

14 *Brecheisen,* Unternehmensbewertungen im Soll-Ist-Vergleich – Workshop-Gespräche 1983, unveröffentlichtes Manuskript.

Der naheliegende Schluß, daß diese Gesetzmäßigkeit aus dem Grundsatz der resultativen Bewertung folgt, erweist sich bei näherer Untersuchung als voreilig. Die eigentliche Ursache liegt vielmehr in einer hypertrophen Einschätzung von positiven Synergie-Effekten, die sich auf seiten des Erwerbers spätestens im Rahmen der Kaufpreisverhandlung durchsetzt. Hinzukommt der Managementeinfluß des Erwerbers auf das erworbene Unternehmen, der den bisher gewohnten Gewinn erheblich reduziert. Eine andere nicht weniger zutreffende, aber wissenschaftlich befriedigendere Ableitung bezieht sich auf Murphy's Gesetz: „If anything can go wrong, it will“[15].

Abgesicherte Bewertungsgutachten befassen sich nicht mit der Frage, ob das zu erwerbende Unternehmen finanziell und managementmäßig von der Käuferunternehmung verkraftet werden kann. Das strategische Wachstumsziel des Erwerbers verträgt solche banalen Sachzwänge nicht. Topmanager und Unternehmensbewerter denken und handeln gleichermaßen weit vorausschauend. Das Tun und Lassen des Abschlußprüfers ist dagegen durch das Vorsichtsprinzip verformt. Überlegungen auf dieser inferioren Ebene stehen im Widerspruch zur professionellen Unternehmensbewertung. Nur erfolgsbereite Wirtschaftsprüfer, die operatives und strategisches Denken mit sich vereinen können, brauchen auf die angesehene Tätigkeit der Unternehmensbewertung nicht zu verzichten.

V. Richtiges Verständnis des Going-Concern-Prinzips

Der verantwortungsbewußte Bewerter wird alles daran setzen, um Unannehmlichkeiten für den Auftraggeber zu vermeiden. Er darf sich nicht darauf verlassen, daß im Sinne der natürlichen Managementauslese bei größeren Fehlentscheidungen Kollegen des Auftraggebers als Verantwortliche prädestiniert sind. Diese geradlinige Lösung ist nur dann wahrscheinlich, wenn diese Kollegen erst seit

15 *Bloch,* Murphy`s Law, 4. Auflage, Los Angeles 1978, S. 11.

kurzer Zeit dem Kollegium angehören oder wenn sie innerhalb von drei Jahren ihr vertragliches Pensionierungsalter erreichen. Fehlt es an derartigen Kandidaten, so kann man im Zweifel auf den für Finanzen zuständigen Kollegen zurückgreifen. Dieser Zugriff ist insbesondere dann erfolgreich, wenn der Finanzvorstand ein Außenseiter ist, der naiv seiner fachlichen Kompetenz vertraut hat. Steht kein geeigneter Vorstandskollege zur Verfügung, so wird ein ausgebuffter Topmanager einem hierarchisch nahestehendem Untergebenen die Verantwortung zuweisen.

Der routinierte Unternehmensbewerter wird sich nicht auf die Beihilfe des Auftraggebers verlassen. Der R-Wert darf infolgedessen nicht zu sehr vom A-Wert abweichen. Hier gilt es, die Friktion irrtümlicher Renditeerwartungen (FIRE) zu vermeiden. Sie berechnet sich im Falle des Unternehmenserwerbs nach der FIRE-Formel[16] wie folgt:

$$\frac{R - A}{5g} \leq 10 \frac{V}{g}$$

g = jährlicher Durchschnittsgewinn des erwerbenden Unternehmens

V = Jahresvergütung des Auftraggebers

Es gehört zur Tragödie des Prüfungswesens, daß der bewertende Wirtschaftsprüfer häufig zugleich Abschlußprüfer der Käuferunternehmung ist und als solcher selbst auf einen geringeren R-Wert aufmerksam macht, indem er Abschreibungen auf den Beteiligungsansatz für ein erworbenes Unternehmen fordert. Diese Kurzsichtigkeit gilt es dadurch zu vermeiden, daß bei der Bilanzierung das Going-Concern-Prinzip weitherzig ausgelegt wird. Eine solche Stoßrichtung des Going-Concern-Prinzips zielt auf die unbegrenzte, glorreiche Fortführung des Unternehmens in der Zukunft. Sie entspricht dem Denken und Handeln überlegener Topmanager. Der ebenbürti-

16 *Heier/Feuer,* Kostenremanenz des Management, Hamburg 1984, S. 129 f.

ge Abschlußprüfer wird daher den Wertberichtigungsbedarf vertretbar dosieren. Bei größeren Abweichungen von A und R muß die Streckung der Abschreibung über zwei bis drei Geschäftsjahre durchgestanden werden. Für die spätere Zeit sind die Umwelteinflüsse zahlreich und stark genug, um die Abwertungsnotwendigkeit als außerhalb der Einflußsphäre des Auftraggebers liegend zu charakterisieren.

Scharfsinnige Interpreten des Going-Concern-Prinzips[17] weisen darauf hin, daß der englische Begriff „Concern“ nicht nur „Unternehmen, Geschäft“ bedeutet, sondern auch „Unruhe, Sorgen, Bedenken“. „Going-Concern“ heißt demnach „mit Sorgen herumlaufen“. Diese Auslegung unterstellt, daß bei Dominanz des Going-Concern-Prinzips Abschlußprüfer wegen der verengten Sicht des Vorsichtsprinzips von Sorgen und Bedenken geplagt sein könnten. Setzt dagegen ein charakterstarker Abschlußprüfer das Vorsichtsprinzip durch, werden ihre weniger standhaften Auftraggeber „mit Sorgen herumlaufen“.

17 *Redder,* The Impotence of Concern, London 1981; *Kauler,* Die Bewertung von Beteiligungen bei nachhaltigem Renditeausfall im theoretischen Ansatz, Frankfurt 1982.

Going Concern oder der Konzernierungsdrang

Going Concern oder der Konzernierungsdrang

I. Einführung

Im vergangenen Jahr durfte sich der Verfasser einem vom IFAC[1] geförderten Forschungsprojekt mit der ihm eigenen Exklusivität widmen. Unter dem unverfänglichen Kennwort „Vision 2000" sollte der Nachahmungstrieb des Wirtschaftsprüfers ausgiebig erforscht werden, um die vom Verfasser prognostizierte Fortentwicklung des Berufsstandes der Wirtschaftsprüfer empirisch zu untermauern.

Die in Berufskreisen allgemein verbreitete Kopierkunst bei der Erstellung des Prüfungsberichtes[2] und die aufrechte Ganghaltung der Wirtschaftsprüfer zeigten bereits, daß der Nachahmungstrieb bei dieser Berufsgruppe stark ausgeprägt ist. Zusätzliche Indizien lassen darauf schließen, daß sich der Imitationsdrang des Wirtschaftsprüfers in den letzten Jahren deutlich verstärkt hat: WP-Gesellschaften fusionieren wie gemeine Industrie- und Handelsunternehmen, Abschlußprüfer werden verhaftet wie ausgeflippte Devisenhändler und Berufsangehörige ergötzen sich an unernsten Fachaufsätzen wie ein gewöhnliches Publikum an lasterhaften Texten eines Liedermachers.

Da der Nachahmungstrieb zugleich eine Lernfähigkeit ausdrückt, ist er grundsätzlich positiv zu beurteilen[3]. Daher sollte auch untersucht werden, ob in jedem Wirtschaftsprüfer neben der Imitatkraft auch die Potentialkraft zu eigenständigen Verwicklungen schlummert. Deutliche Indizien lassen den Schluß zu, daß der Berufsstand der Wirtschaftsprüfer[4] eine ähnliche Entwicklung zu verzeichnen haben wird, wie sie andere Branchen bereits vorwegge-

---

1 = Institut für absonderliche Curiositäten, Düsseldorf.

2 Siehe dazu *Hakelmacher,* Der Prüfungsbericht als sprachliches Kunstwerk, WPg 1981, S. 146 ff.

3 *Grauganz,* Der Nachahmungstrieb als treibender Faktor der Evolution, Greifswald 1997.

4 In jüngster Zeit werden auch die Anwaltskanzleien von dieser Bewegung erfaßt.

nommen haben.Trotz berufseigener Komplikationen ist die Analyse der berufsfremden Entwicklungen für die Zukunft des WP-Berufes von großem Interesse.

II. Konzentration der Wirtschaftsprüfung

1. Der Hang des WP zur Größe

Der Nachahmungstrieb hat dem ursprünglich rein mental angelegten Hang des Wirtschaftsprüfers zur Größe eine neue Dimension gegeben[5]. Was für Industrie- und Handelsunternehmen rechtlich bedenklich und teuer ist, nämlich durch Akquisition oder Fusion Marktführerschaft und Wirtschaftlichkeit der Betriebsgröße zu sichern, muß den Wirtschaftsprüfern und vor allem den WP-Gesellschaften recht und billig erscheinen. Wer als WP nicht in der Provinzialität vereinsamen will, schließt sich mit anderen Sozietäten[6] oder WP-Gesellschaften zusammen, bis endlich über Treuhand, Treuhand-Vereinigung, Treuarbeit und Treuverkehr die Treueinigkeit[7] erreicht ist. Phänomenaler Ausgangspunkt derartiger Überlegungen ist die Erkenntnis, daß es nur sechs große WP-Gesellschaften unter den sogenannten „Big Eight“[8] gibt. Im internationalen Bereich zeichnet sich eine klare Strategie ab, die von den „Big Eight“ über die „Big Six“ zum „Big Brother“[9] führen soll.

Als Frühfolge des anhaltenden Konzentrationsprozesses konnte eine wesentlich verbesserte Redundanz der Vorstandsmitglieder in

5 Vgl. Die Welt vom 24.7.1989.

6 Auch Konkubinate mit Anwaltssozietäten werden ernsthaft erwogen und teilweise sogar vollzogen.

7 *Mullenkopp,* Die eilige Treueinigkeit, Band 1: Der Aufbruch, Köln 1988.

8 Gemeint sind damit die acht größten US-amerikanischen Prüfungsgesellschaften, die sich alle auch international betätigen.

9 Diese Bezeichnung wird als frauenfeindlich teilweise abgelehnt, doch konnte sich auch nicht der alternative Begriff „Big Mother“ vorbehaltlos durchsetzen. Vgl. *Blacker,* Big Mother is Matching You, Denver 1989.

WP-Gesellschaften diagnostiziert werden. In besonders günstigen Fällen stehen bereits je Mandant zwei Vorstandsmitglieder zur Disposition[10]. Als Spätfolge der Konzentration muß befürchtet werden, daß das beliebte RoKoKo-Verfahren[11] überflüssig wird, weil alle Abschlußprüfer innerhalb eines Konzerns derselben weltweiten Partnerschaft angehören.

Die bei Fusionen unvermeidliche Erweiterung des Vorstandes läßt sich mit der betriebswirtschaftlichen Maxime der vertretbaren Leitungsspanne begründen[12]. Respektable WP-Gesellschaften besitzen daher eine Mindestausstattung von 13 Vorstandsmitgliedern, um die unentbehrlichen Ressorts wie Internationale Kooperation, Kongreß- und Verbandswesen, Reisedienst, Fuhrpark, Haftpflicht und Publikationen abdecken zu können. Um eine weitere Aufblähung des Vorstandsgremiums zu vermeiden, sollten die weniger wichtigen Aufgabenbereiche „Prüfungswesen, betriebswirtschaftliche Gutachten, Steuerberatung und Fortbildung“ der nächsten Führungsebene überlassen werden.

2. Gründe der expansiven Konzentration

Die Tatsache, daß 100 % der Wirtschaftsprüfer ihren eigenen Kopf haben, verbietet es, bei dem generellen Expansionsdrang von einem Herdentrieb zu sprechen. Da Wirtschaftsprüfer zu einsamen Auffassungen neigen, könnten hier eher Anzeichen strategischen Managements vermutet werden. Für die Konzentrationswelle der WP-Gesellschaften werden mit „Globalisierung“ und „Full Service“ durchschlagende Gründe geltend gemacht[13].

---

10 *Buddel/Klemmt,* Die siamesische Patentlösung, München 1989, insbesondere Abschnitt IV.

11 RoKoKo = Robuste Kollegen-Kontrolle oder Peer-Review, vgl. *Hakelmacher,* Der integrierte Wirtschaftsprüfer, WPg 1980, S. 100.

12 *Bratengeier,* Die angespannte Leitungsspanne als Organisationsprinzip, Stuttgart 1989; *Puhvogel,* Die lange Leitung, Bremen 1992.

13 Siehe dazu *Sesselfurz,* Die Worthülse als Gerüst erfolgreicher Unternehmensführung, Beiträge zum Management (Lose-Blatt-Sammlung), 1987 ff., S. I bis IX.

Die Globalisierung soll verhindern, daß der Mandant im Ausland dem einnehmenden Wesen seines einheimischen Abschlußprüfers entkommen kann. Die früher üblichen internationalen Korrespondenzfirmen erwiesen sich als unzweckmäßig, weil sie bei Bilanz- und Honoraransätzen zu eigenständigen Wertvorstellungen neigten. Die Globalisierung stimuliert außerdem die unterentwickelte Weltgewandtheit der Wirtschaftsprüfer. Bezeichnenderweise konnten im Rahmen der erwähnten Untersuchung erstmals golfspielende Berufsanhänger in freier Natur und Flanellhosen beobachtet werden, die sich in Begleitung potentieller Mandanten trotz beachtlichen Handikaps bis zum 18. Loch durchgeschlagen hatten.

„Full Service" zielt auf ein All-Bilanzkonzept der Wirtschaftsprüfer analog zum All-Finanzkonzept der Banken und Versicherungen. Mit dem Zusatz „All" sollen keine Allerweltstätigkeiten angesprochen werden. Es ist damit z. Zt. auch nicht beabsichtigt, exterrestrische Bereiche einzubeziehen, da angesichts der dort herrschenden Schwerelosigkeit das fachliche Gewicht der Wirtschaftsprüfer wenig Wirkung entfalten würde. Gemeint ist vielmehr das durch eigene Kenntnisse unbelastete Angebot zusätzlicher Dienstleistungen.

Eine solche Diversifikation, die auf die unerschöpfliche Breite professioneller Beratung vom Abschluß bis zum Zusammenschluß von Unternehmen zielt, dürfte der universellen Kompetenz der Wirtschaftsprüfer durchaus gerecht werden.Der vielseitig unerfahrene Wirtschaftsprüfer ist heute bereit, unbekannte Probleme zu bearbeiten, die er fachlich unbeherrscht einer Lösung zuführt[14].

14 Zum Beispiel: *Windig,* Die intensive Betreuung von Intensivstationen öffentlicher Krankenhäuser als Beitrag zum Abbau medizinischer Vorurteile, Hamburg 1989.

III. Merger and Acquisition

1. Die Diversifixion

Da von zehn echten Diversifikationen nur sechs als totales Desaster enden und allenfalls eine einzige erfolgreich ist, ist der Mut zur Diversifikation ungebrochen. Wegen dieser starken Fixierung erscheint die Bezeichnung „Diversifixion“ plastischer[15]. Die durch Diversifixion bezweckte Überlegenheit erreicht man am schnellsten durch Akquisition oder Fusion. Der ruinöse Charme dieser Übernehmungen liegt im Zauber theoretisch nachweisbarer Synergien[16]. Als positive Synergieeffekte werden hauptsächlich stets überschätzte Rationalisierungsmöglichkeiten genannt, die allerdings auf keinen Fall das Topmanagement erfassen dürfen und auch sonst selten realisiert werden. Synergieeffekte können sich eher aus größerer Nachfragemacht ergeben, die dem Kartellamt gegenüber allerdings hartnäckig bestritten und schon deshalb erheblich behindert wird.

2. Feindliche Übernahmen

Die Übernahme von Unternehmen gehört inzwischen in Deutschland zu den alltäglichen Ereignissen. Von sog. „feindlichen Übernahmen“ sind deutsche Unternehmen bisher jedoch verschont geblieben wie die britische Insel von der Tollwut. Daher fordert der britische Minister für Handel und Industrie den beschleunigten Abbau innerhalb der EG bestehender Take-over-Barrieren[17].

15 *Humbuck,* Das lustorientierte Management - ein hedonistischer Ansatz oder ein religiös fundierter Utilitarismaus? Tübingen 1989; vgl. auch *Buggert,* Was hat Controlling mit Lust-Ethik zu tun, Controller Magazin 1994, S. 15 ff.

16 *Bolzenknödel,* Sünde und Sündergie – das Entlarvende in mittelalterlichen Handschriften, Bonn 1974.

17 Wirtschaftswoche vom 5.1.1990. Die historische Perspektive veranschaulicht *Brechtel,* Vom Hunneneinfall zum feindlichen Take-over, Frankfurt 1989. Die hysterischen Aspekte gelten auch heute noch unverändert.

Von „feindlichen Übernahmeangeboten“ spricht man dann, wenn der Vorstand des zu übernehmenden Unternehmens um seine Kontinuität fürchten muß. Gewinner feindlicher Übernahmen sind gemeinhin Börsenhändler, Finanz- und Rechtsberater, zufällig und selten die Aktionäre und das Unternehmen.Potentielle Objekte für feindliche Übernahmen sind Unternehmen mit ungenutzten Ertragsquellen, z.B. hohe stille Reserven oder im Ruhezustand befindliche Top-Manager.

Die üblicherweise empfohlenen Abwehrmaßnahmen[18] wie: Auflösung der stillen Reserven, Einführung vinkulierter Namensaktien, Stimmrechtsbeschränkungen, Kauf eigener Aktien sowie wechselseitige Beteiligungen von verläßlichen Unternehmen sind für einen selbstbewußten Vorstand zu simpel. Wesentlich effektvoller ist eine Übersteigerung des unternehmerischen Risikos[19], zu der jeder Vorstand Entscheidendes beitragen kann. Als probates Verteidigungsmittel erweist sich eine strategisch anmutende Selbstzerstümmelung durch übereilten Verkauf attraktiver Unternehmensbereiche in Kombination mit verzögerter Abgabe von problematischen Geschäftsfeldern[20]. Speziell für WP-Gesellschaften können die aggressive Testatpsychose[21] und die mono-idiomatische Isolation[22] sehr wirkungsvolle Verteidigungsmittel darstellen.

Von feindlichen Übernahmeangeboten dünkeln sich jene Top-Manager besonders betroffen, die ihre Amtsführung unter das Motto stellen: Erkenne Dich selbst, belaste das Unternehmen. In ihrer Opferbereitschaft gehen solche Top-Manager so weit, daß sie bei sinkenden Unternehmenserträgen vor allem um eine Anhebung ih-

18 Vgl. u.a. *Otto,* Übernahmeversuche bei Aktiengesellschaften und Strategien der Abwehr, DB-Beilage 12/1988.

19 Dazu insbesondere *Ende,* Selbstverwirklichung durch den Cooptus interrupttus, Frankfurt 1988.

20 *Matthäus,* Kapitel 5, Vers 29 und 30.

21 Vgl. dazu die grundlegende Arbeit von *Piepenbrink,* Pestilentia Testatis – Diagnose und Therapie, Düsseldorf 1983, 6. Auflage 1996. Ferner *Pagendarm,* Zur Linderung der ungehemmten Testatsucht, Hamburg 1988.

22 *Puhvogel,* Das Außerfriesische als Bedrohung der Unabhängigkeit, Emden 1986.

rer Bezüge und eine Verlängerung ihrer Amtszeit besorgt sind[23]. Einfühlsame Aufsichtsräte erkennen hierin eine starke Motivation des Managements zur Sicherung der Kontinuität glückloser Unternehmensverwaltung.

3. Der Management-Buy-out

In besonders kritischen Fällen kann nicht ausgeschlossen werden, daß sich das Management durch einen Management-Buy-out[24] übernimmt. Der Leveraged Buy-out (LBO; zu deutsch: Leichtfertige Beteiligungs-Orgie) könnte ein wirksames Mittel sein, um den Kapitalismus auszuhebeln, der im Vergleich zu Kommunismus und Sozialismus keinen Mehrwertkomplex ausweist. Der Kapitalismus versorgt allerdings die meisten Menschen materiell am besten, vor allem jene, die ideologisch gegen ihn protestieren[25]. Die überlegene Intelligenz des Sozialismus zeigt sich darin, daß er das Kapital verdammt und nur Geld benötigt, beides nicht versteht und daher ständig mit der Umverteilung von Kapital und Geld beschäftigt ist. In konsequenter Anwendung der Mengenlehre heißt das: wenn 2 Mio DM in der Kasse sind und 5 Mio DM ausgegeben werden, müssen 3 Mio DM umverteilt werden, damit nichts in der Kasse ist. LBO's beruhen auf einem ähnlichen Prinzip.

---

23 *Dünnemann,* Verdienste sind gut, Bezüge sind ist besser, Barbados 1992; *Duhse,* Der tantiemeabhängige Lustgewinn – Vergütung und Verhütung, Flensburg 1989.

24 *Anders,* Vom MbO zum MBO – modische Trends im Wirtschaftsleben, Beiträge zur Management, 2. Ergänzung, 1989, S. 1205–1236.

25 *Keinfühler,* Der zielstrebige Raubbau im Bereich wirtschaftlicher Vernunft, Stuttgart 1990, wiederholte Auflage 1995. Siehe auch *Mieske/Scheelich,* Die Sehnsucht nach kapitalistischen Greueltaten, Berlin 1989.

IV. Die postakquisitorische Phase

Die sich an die Akquisition anschließende Integrationsphase[26] gestaltet sich oft schwieriger als die Akquisition selbst, weil sie durch folgende Maßnahmen des Erwerbers verdorben wird:

- Durchsetzung der Konzernerfahrung, d. h. Anwendung bewährter Fehler in allen Konzernbereichen;
- Einheitliche Ausrichtung des Planungs- und Informationswesens[27], d. h. zusätzliche Formulare und Dateien neben den vorhandenen und zweckmäßigen, aber eben unvollkommenen Statistiken und Berichten;
- Besetzung von Schlüsselpositionen mit eigenen Vertrauensleuten[28], d. h. Organimplantation, die als Fremdkörper entweder eingekapselt oder abgestoßen wird;
- Zentralisierung von Stabsabteilungen, wobei von den operativen Tochterunternehmen insbesondere Marktanalysen und Marketingempfehlungen einer strategisch denkenden Holding-Zentrale geschätzt werden;
- Einheitliche Rechnungslegung, d. h. Wechsel der Bilanzpolitik und des Abschlußprüfers;
- Konzerntagungen, Management-Development-Systeme und ähnliche Rituale, die Narben schaffen, mit denen die Konzernzugehörigkeit nicht mehr verleugnet werden kann.

Empirische Untersuchungen[29] haben bestätigt, daß die Akzeptanz der Konzernzugehörigkeit mit Hilfe des Konzerngewöhnungsfaktors berechnet werden kann. Der Konzerngewöhnungsfaktor Kappa (K) ist eine Funktion der Konzerngröße (ausgedrückt durch

26 *Sieben/Sielaff* (Hrsg.), Unternehmensakquisition, Stuttgart 1989, S. 40 ff.

27 *Wetterbraus,* Meß- und Regeltechnik moderner Konzernführung, Köln 1987, Annex 8 bis 17.

28 In Ausnahmefällen eignen sich dazu auch Verwandte, doch sollte man Verwandte 3. Grades vermeiden, um nicht den Vorwurf der Vetternwirtschaft zu riskieren

29 *Bock-Gaertner,* Gruppale Effekte im faktischen Konzern, ZKR 1989, S. 121–189.

den Quotienten aus dem Konzernumsatz U und der Anzahl a der Konzernunternehmen), dem Zeitraum t seit Konzernzugehörigkeit und dem Gewinnbeitrag GT des Tochterunternehmens. Er berechnet sich wie folgt[30]:

$$K = \frac{Q_T \cdot G_T \cdot U}{a \cdot t} \cdot \sqrt{G_K}\,.$$

Angestrebt wird ein Kappa von 100 %. Dieses Ziel wird nach den vorliegenden Statistiken im Durchschnitt bereits nach 19,4 Jahren erreicht.

Die Formel für den Konzerngewöhnungseffekt läßt sich prinzipiell auch für WP-Konzerne anwenden, obwohl hier folgende Faustformel meist ausreichend ist:

$$K = \frac{U_T}{WP \cdot i} \cdot \frac{m}{i}\,,$$

wobei UT das Honoraraufkommen des Tochterunternehmens, m die nach Honoraraufkommen gewichtete Anzahl der Mandate und WP jeweils das addierte Gewicht der Wirtschaftsprüfer (in kg) und i die Anzahl der Staaten bedeuten, in denen der WP-Konzern tätig ist. Ausreichendes Erfahrungsmaterial über die durchschnittliche Gewöhnungszeit bei großen WP-Gesellschaften liegt zur Zeit noch nicht vor, doch dürfte sie der bei Industrieunternehmen ähnlich sein.

30 Zur Ableitung siehe *Brokenkämper,* Anpassung der Adjustierung an Gewohnheiten fremder Kulturen – dargestellt am Beispiel multinationaler Organisationen, München, Genf, New York 1989, S. 687 ff.

V. Das Leiden von Konzernen

1. Der Konzernierungsdrang

Das bei der Bilanzierung wenig beachtetet „going-concern"-Prinzip hat eine neue, aufwertende Sinngebung erfahren, wenn es in bedeutungsgerechter Auslegung als ständige Aufforderung zur Konzernbildung verstanden wird. Bei Spitzenkräften der Wirtschaft und der Wirtschaftsprüfung hat sich daraus eine schwer zu behandelnde Zwangspsychose entwickelt.

Die durch den Konzernierungsdrang ausgelöste Konzentrationswelle, die ungebrochen durch die Prüferlandschaft wogt, führt zu konzernähnlichen Partnerschaften oder zu WP-Konzernen. Zur Vermeidung der in anderen Branchen üblichen Irrwege sollte der Berufsstand für die Leitung solcher Gebilde gleich die optimale Form der Konzernholding ansteuern. Das strategische Konzernmanagement ohne operative Enge funktioniert am besten bei einer konzernleitenden Holding[31]. Sie deckt ihre Informationsdefizite durch taktischen Tiefgang und operative Entscheidungsfreude.

Das entscheidende Element eines Konzerns ist nach verbreiteter Auffassung die Konzernleitung. Juristisch wird präziser, wenn auch praktisch unzutreffender von der einheitlichen Leitung des Konzerns gesprochen, wobei es genügt, wenn sich die einheitliche Leitung auf Fragen der allgemeinen Geschäftspolitik der Konzernunternehmen beschränkt, z. B. auf den Erlaß einer konzerneinheitlichen Reisekostenordnung.

Eine fortschrittliche Konzernführung pflegt sich kooperativ und dezentral zu geben. Den kooperativen Führungsstil kennzeichnet, daß die Konzernleitung den Konzernunternehmen Ziele vorgibt und diese kooperieren. Dezentrale Führung bedeutet, daß wichtige Entscheidungen fern vom Zentrum des Geschehens getroffen werden

31 Grundlegend dazu *Hakelmacher,* Hält die Holding, was von ihr zu halten ist, WPg 1992; *Spießer,* Holding mit einem H!, Hamburg 1982.

und somit eine abgeklärte Distanz gegenüber operativen Notwendigkeiten gewahrt werden kann.

Nach Abschaffung der Gladiatorenkämpfe entwickelte sich im Christentum das kaufmännische Management, das im Konzernmanagement seinen letzten Höhepunkt erreicht hat. Idealerweise besteht ein Konzernmanagement aus dem charismatischen Konzernchef und seinen beeindruckten Kollegen. Den imponierenden Konzernmanagern stehen die unentbehrlichen Manager der abhängigen Unternehmen gegenüber. Es entbehrt nicht einer gewissen Logik, daß für den guten Konzernerfolg allein der Konzernchef verantwortlich ist, der bei entsprechenden Ausführungen zur strengen Ich-Form neigt. Das einzige, was sich ein smarter Konzernchef vorhalten läßt, ist ein Mikrophon. Die meist aufwendige Haltung von Kollegen erweist sich dadurch als nützlich, daß sie die für solche Vorhaltungen zweckmäßigen Unterlagen bereithalten, mit deren Beschaffung sie die Manager der abhängigen Unternehmen vom Geschäft abhalten. Die Manager der Tochterunternehmen sehen ihren konstruktiven Beitrag zum Konzernerfolg darin, daß sie sich mit subtilen Mitteln dem Informationsbegehren der Konzernleitung als Eingriff in ihre Geschäftsführung widersetzen

Ohne vertragliche Grundlagen führt der Konzernierungsdrang leicht zum praktisch malifizierten Konzern[32]. Er verdankt seine Existenz dem fanatischen Glauben von Juristen, daß jeder Nicht-Vertragskonzern von Grund auf böse ist[33] und durch Verlustausgleichspflicht oder gar Durchgriffshaftung ausgerottet werden muß. Diesem Justizmord kann die Konzernspitze dann entgehen, wenn sie die Grundsätze unzulänglicher Konzernleitung (GuK)[34] erfüllt. Nach den GuK darf die Leitungsmacht nur in dem Umfang ausgeübt werden, wie sie die Aufstellung eines Konzernabschlusses

---

32 Juristen sprechen vom „qualifiziert faktischen Konzern“, siehe u.a. *Emmerich/Sonnenschein,* Konzernrecht, 3. Auflage, München 1989.

33 Siehe *Emmerich/Sonnenschein,* a.a.O.

34 *Semmelhoff,* Der lockere Konzern mit freier Hand der Untergesellschaft als Folge des gesetzlichen Haftungssystems, Festschrift für Malte Gallenstein, Köln 1989, S. 264–305.

unter erheblichen Schwierigkeiten gerade noch möglich macht. Dabei kann sich die Konzernleitung auf die von Wirtschaftsprüfern nachdrücklich vertretene Auffassung berufen, daß der eigentliche Zweck einer Unternehmung die Rechnungslegung ist.

2. Die konzerninternen Spannungen

Das natürliche Spannungsverhältnis zwischen Konzernleitung und Management der Tochterunternehmen hängt, was Konzernrechtler nicht gern wahrhaben wollen, nur in Ausnahmefällen mit divergierenden Unternehmensinteressen zusammen[35]. In der Regel liegt es einfach daran, daß zumindest eine Partei durch ihre ureigenen Aufgaben schlicht überfordert ist, aber jede Partei davon ausgeht, daß dies bei der anderen der Fall ist. Wegen dieser einheitlichen Auffassung kann Begriff „einheitliche Leitung" für die Konzernpraxis akzeptiert werden.

Wenn die galaktische Attitüde des Konzernmanagements durch die globale Dominanz des Managements überstrahlt wird[36], ergibt sich jene kreative Spannung, die vorteilhafte Synergien im Konzern schnell absorbiert. Die sog. operativen Manager wissen stets, auf welchen Fehlern die von der Konzernleitung vorgegebenen Zielsetzungen beruhen. Nur sie begreifen die Markt-, Wetter- und sonstigen Widrigkeiten, die das von ihnen beeinflußbare Ergebnis mit konstanter Vehemenz beeinträchtigen, während die Resultate der Konkurrenz durch kontinuierliche Imponderabilien offenbar begünstigt werden. Sie sind die unermüdlichen Mahner, daß man das strategische Management nicht übertreiben darf[37].

---

35 *von Gleichen,* Die konstitutionell bedingte Abneigung von Konzernunternehmen, München 1992. Vgl. auch *Flintner,* Mutter-Tochter-Verhältnis – banale Beispiele der Alltagspädagogik, Jena 1927.

36 *Sprottenkopf,* Stil und Hofhaltung in Handel und Gewerbe, Wiesbaden 1987.

37 *von Moltke,* Strategie – ein System von Notbehelfen, Berlin 1885.

Die Geschäftsführung des abhängigen Unternehmens hat ihr Hauptaugenmerk darauf zu richten, daß die Konzernvorteile für das Unternehmen nicht durch persönliche Nachteile in Frage gestellt werden. So ist z. B. erhöhte Wachsamkeit gefordert, wenn die Sitzungstermine für Aufsichtsratsitzungen von der Konzernleitung koordiniert werden. Die Problematik dieses Beispiels wird dadurch unterstrichen, daß hier das Ausgleichssystem der §§ 311 ff. Aktiengesetz versagt[38].

38 Ähnlich *Emmerich/Sonnenschein,* a.a.O.

Vom simplen Jahresabschluß zur anspruchsvollen Kapitalflußrechnung

I. Entwicklung und Zweck der Kapitalflußrechnung
II. Inhalt der Kapitalflußrechnung
III. Anwendung der Kapitalflußrechnung
   1. Die Erstellung
   2. Die Kommentierung
IV. Optimierung der Kapitalflußrechnung
   1. Der Netto-Bilanzfonds
   2. Der Netto-Nullfonds
V. Zukunftsweisende Perspektiven

Vom simplen Jahresabschluß zur anspruchsvollen Kapitalflußrechnung

I. Entwicklung und Zweck der Kapitalflußrechnung

Jahrelange Verwicklungen konnten nicht verhindern, daß der Jahresabschluß nicht nur dem Wirtschaftsprüfer, sondern auch einem zunehmenden Kreis interessierter Juristen und anderer Laien in groben Zügen verständlich erscheint. Den „aristokratischen Berufsanforderungen“[1] an den Wirtschaftsprüfer konnte daher der simple Jahresabschluß auf die Dauer nicht genügen. In kühner Konsequenz wurde die Kapitalflußrechnung als eindrucksvolle Ergänzung des Jahresabschlusses entwickelt und propagiert[2]. Diese pubertäre Maturität exzessiver Rechnungslegung ist bereits 1977/78 sowohl vom Institut der Wirtschaftsprüfer (IdW) als auch vom International Accounting Standards Committee (IASC) sanktioniert worden[3], ohne daß damit der Unverständlichkeit der Kapitalflußrechnung wesentlicher Abbruch getan wurde.

Die Kapitalflußrechnung soll aus dem Jahresabschluß nicht ersichtliche Investitions- und Finanzierungsvorgänge in anspruchsvoller Form erkennbar machen[4]. Veränderungs-und Bewegungsbilanz waren erste unzulängliche Ansätze. Der eigentliche Verfrem-

1 *Moxter,* Wirtschaftsprüfung und Zeitgeist, WPg 1981, S. 581.

2 *von Wysocki,* Die Kapitalflußrechnung als integrierter Bestandteil des aktienrechtlichen Jahresabschlusses, WPg 1971, S. 617 ff.; ders., Die Kapitalflußrechnung als Ergänzung des Jahresabschlusses, WPg 1976, S. 14 ff.

3 *IDW,* Stellungnahme HFA 1/1978 Fachnachrichten des IDW 1978, S. 99 ff.; *IASC,* Internationaler Rechnungslegungsgrundsatz Nr. 7 (IAS 7): Kapitalflußrechnung, Fachnachrichten des IDW 1977, S. 313 ff. Zur neueren Verwirrungsversuchen vgl. *DVFA/SG,* Cash Flow nach DVFA/SG, Wpg 1993, S. 599 ff. sowie ganz grundlegend *IDW,* Stellungnahme HFA 1/1995: Die Kapitalflußrechnung als Ergänzung des Jahres- und Konzernabschlusses, WPg 1995, S. 210 ff.; *Mansch/Stolberg/von Wysocki,* Anmerkungen zu HFA 1/1995, Wpg 1995, S. 185 ff; *Amen,* Die Kapitalflußrechnung als Rechnung zur Finanzlage, WPg 1995, S. 498 ff.

4 Noch anspruchsvoller lautet der Hauptzweck: Offenlegung von Zahlungsströmen; *Mansch/Stolberg/von Wysocki,* a.a.o., S. 185

dungseffekt wurde erst durch die Kapitalflußrechnung erzielt, die eine sehr aufwendige und umständliche Interpretation von Investitions- und Finanzierungsvorgängen ermöglicht[5].

Mit der Kapitalflußrechnung wurde die Reputation des Wirtschaftsprüfers als höchstrangiger Sachverständiger zur Beurteilung der Finanzlage von Unternehmen stabilisiert und zugleich die Grundlage für zusätzliche Honorarforderungen gelegt[6]. Die Kapitalflußrechnung ist nicht nur neuer glanzvoller Höhepunkt jeden Prüfungsberichtes, sondern ein exotisches Spitzeninstrument betriebswirtschaftlicher Durchdringung des Bilanzdickichts.

II. Inhalt der Kapitalflußrechnung

Die Kapitalflußrechnung gliedert sich in die eigentliche und die uneigentliche Rechnung[7]. Die uneigentliche Kapitalflußrechnung beinhaltet einen wissenschaftlich genau präzisierten und damit nicht eindeutig definierten „Finanzmittelfonds“. Exakt wird er vereinfachend umschrieben als Zusammenziehung von Nutzenpotentialen, die einem bestimmten Zweck dienen, unter Abzug der Restriktionen, die gewisse Passiva im Hinblick auf den Zweck der Nutzenpotentiale darstellen[8].

Entsprechend bewährter Berufsausübung hat sich das *IdW* bei seiner Fondsabgrenzung nicht starr festgelegt. In einer mutigen Beschränkung empfiehlt aber die Stellungnahme HFA 1/1978 lediglich drei verschiedenartige Fonds, nämlich

5 *Würg,* Der Kapitalüberfluß bei geringem Eigenkapitalanteil als Investitionsanreiz, Bonn 1980.

6 *Kurzenberger,* Varianzbreiten von Honorarprognosen durch Intuition bei exponentieller Glättung, Frankfurt 1981.

7 Vgl. u.a. *Käfer,* Kapitalflußrechnungen ..., Stuttgart 1967; *Wöhe,* Bilanzierung und Bilanzpolitik, 5. Auflage, München 1979, Seite 293 ff.; siehe auch *Bocuse,* Der Fonds als Grundlage moderner Saucen, Paris 1977.

8 *Henseler,* Unternehmensanalyse, Stuttgart 1979, S. 127.

- Netto-verfügbare flüssige Mittel
- Netto-Geldvermögen
- Netto-Umlaufvermögen.

Die beiden erstgenannten Fonds, die auf Geldwerte abstellen, schalten einige gravierende Bewertungsunsicherheiten aus. Dagegen ist das Netto-Umlaufvermögen die im angelsächsischen Bereich häufigste Abgrenzung und disqualifiziert damit die anderen beiden Abgrenzungen enorm[9]. Außerdem wird beim Netto-Umlaufvermögen die engstirnige Unterscheidung zwischen Vermögensgegenständen und Finanzmitteln aufgegeben[10] und zugleich die Bewertungsproblematik durch Einbeziehung des Vorratsvermögens enorm gesteigert.

Bei der Fondsabgrenzung ist ein deutliches Nord-Süd-Gefälle festzustellen. Während in Niederbayern das Netto-Geldvermögen die bevorzugte Fondsabgrenzung darstellt (87,8 %), zeigt sich in Südschleswig ein deutliches Übergewicht des Netto-Umlaufvermögens (53,4 %). In einigen Stadtteilen von Hamburg und in Miesbach/Obb. erreicht das Netto-Umlaufvermögen sogar den traumhaften Prozentsatz von 92,3[11].

Die eigentliche Kapitalflußrechnung soll die Ursachen der Veränderung des Finanzmittelfonds als Mittelherkunft und -verwendung in Staffelform darstellen[12]. Um den Eindruck eines pragmatischen Ansatzes nicht zu sehr zu betonen, sollte das Hauptaugenmerk auf die fondsunwirksamen Veränderungen gelegt werden.

9 Inzwischen herrscht auch in der internationalen Diskussion der Trend vor, daß der Fonds nur Zahlungsmittel und äquivalente Posten (cash and cash equivalents) umfassen sollte.

10 Vgl. *Weber,* Die Kapitalflußrechnung als Ergänzung des Jahresabschlusses?, DB 1979, S. 611 ff.

11 *Miesmacher,* Der bajuwarische Wirtschaftsprüfer als Hüter kontinentaler Prüfertradition, München 1980, insbesondere Abschnitt IV.

12 *Hirsch,* Fond of Funds or Fun with Fonds, Louisville 1975; *Heffner,* Muß der erfolgsverwöhnte Manager auf die Kontoform endgültig verzichten? Playboy 1976, Heft 6.

III. Anwendung der Kapitalflußrechnung

1. Die Erstellung

Einseitiges Wirtschaftlichkeitsstreben hat die Mehrzahl der deutschen Unternehmen veranlaßt, die Erstellung einer Kapitalflußrechnung als zu aufwendig abzulehnen. Dabei wird der abstruse Charakter der Kapitalflußrechnung allgemein anerkannt. Hinter der ablehnenden Haltung verbergen sich Qualifikationsmängel beim eigenen Personal, die nicht allein der Oberstufenreform der Gymnasien in die Schuhe geschoben werden dürfen[13].

Der Abschlußprüfer ist infolgedessen auf eigene Bastelarbeiten angewiesen, was auf der anderen Seite der berufsüblichen Mystifizierung des Prüfungsberichtes zugutekommt. Während die Ermittlung des Finanzmittelfonds und die Errechnung seiner Veränderung von einem gut ausgebildeten Prüfungsleiter in einigen Stunden konzentrierter Arbeit erledigt werden kann, wird der Zeitaufwand für die Erstellung der eigentlichen Kapitalflußrechnung oft unterschätzt. Umfangreiche Arbeitsbogen, deren Format praktische Intelligenz und solide Heimwerkererfahrung beim Anwender voraussetzt, sind Ausdruck der hohen Anforderungen. Während die Eintragung der Urdaten meist nur wenige Tage beansprucht, verlangt die summenmäßige Abstimmung der verschiedenen Spalten Geduld und Ausdauer.

In günstig gelagerten Fällen sollte ein Drittel der gesamten Prüfungszeit für die Kapitalflußrechnung ausreichen. So konnte z. B. Prüfungsleiter Leberecht K. (47) in einem gelungenem Rekordversuch mit tatkräftiger Unterstützung seines Assistenten Gerhard W. (28) die Vorarbeiten zur Kapitalflußrechnung eines mittleren Unternehmens (5 Buchhalter) für 1979 bereits nach zwölf Tagen soweit abschließen, daß Wirtschaftsprüfer Karl L. (61) den Entwurf der Kapitalflußrechnung Ende 1981 vorlegen konnte.

13 So mit Recht *Grolle*, Die Unschuld der Hamburger Schulpolitik, Hamburg 1982.

Günstig für die Mystifizierung der Kapitalflußrechnung wirkt die Tatsache, daß der Finanzmittelfonds häufig eine negative Größe ausweist. Außerdem wirken alle negativen Fondsveränderungen inferioritätsfördernd auf das Management, auch wenn sie nicht in jedem Fall als negative Entwicklung zu qualifizieren sind. Hervorragende Berichtsarbeit des Abschlußprüfers bezeugt das folgende Zitat: „Die negativen netto-verfügbaren flüssigen Mittel haben sich im Berichtsjahr erhöht, das heißt die negative Liquiditätsposition hat sich gesteigert und ist damit zunehmend negativ geworden. Der Überschuß aus laufender Geschäftstätigkeit, der nicht durch Bareinlagen zur Kapitalerhöhung ergänzt wurde, reichte nach Tilgung langfristiger Kredite und ebenfalls üblichen Anlageinvestitionen nicht aus, um die Aufstockung der im Vorjahr stark abgebauten Vorräte zu finanzieren“[14].

Es ist beschämend festzustellen, daß die Kapitalflußrechnung trotz ihrer saldenaktiven Erkenntnisfrische noch wenig verbreitet ist[15]. Die Notwendigkeit einer fondsgebundenen Quellen- und Applikationsrechnung wird von der schweigenden Mehrheit der Wirtschaftsprüfer unüberhörbar verneint. Um diesem Mangel wirkungsvoll zu begegnen, muß das bisher nur introjizierte Konzept der Kapitalflußrechnung auf eine intransigente Basis transzendiert werden. Noch schärfer formuliert: Es darf nicht länger an der Tatsache vorbei diskutiert werden, daß die Kapitalflußrechnung in ihrer gegenwärtigen Form noch gegebenheitsbezogen und unzureichend dimensioniert ist.

---

14 Aus berufsrechtlichen Gründen kann als Quellenhinweis nur erwähnt werden, daß bei der fraglichen Aktiengesellschaft der Finanzvorstand Günther K. (43) durch den ehemaligen Berufskollegen Prof. Dr. Dr. Maximilian W. (59) abgelöst wurde, nachdem er in einer bisher unbekannten Erregung den Prüfungsbericht auf den Fabrikhof schleuderte, so daß der Betriebsrat den Bericht einsehen konnte und daraufhin den Wirtschaftsausschuß mit sofortiger Wirkung auflöste.

15 Durch die zunehmende Internationalisierung ist hier zwischenzeitlich eine größere Aufgeschlossenheit festzustellen, wobei der Sinn der Kapitalflußrechnung vielfach weiterhin im Dunklen gehalten wird.

IV. Optimierung der Kapitalflußrechnung

1. Der Netto-Bilanzfonds

Im Rahmen eines von der *Hakelmacher*-Stiftung zur Förderung der Prüferelite unterstützten Forschungsprojektes konnte die Kapitalflußrechnung zu einem Frühwarnsystem für den Abschlußprüfer ausgebaut werden. Mit Hilfe umfangreicher Optimierungsrechnungen gelang es Professor *von der Socke*[16], den Finanzmittelfonds zu maximieren, indem sämtliche Aktiva und Passiva in die Fondsabgrenzung integriert wurden. In zahlreichen Laborversuchen wurde die mutige These bestätigt, daß dieser Netto-Bilanzfonds bei Anwendung der Grundsätze ordnungsmäßiger Bilanzierung immer gleich Null ist. Nach *von der Socke* befindet sich der Fonds dann in seinem Normalzustand.

Härtetests bei drei landwirtschaftlichen Genossenschaften ließen ein unvermutetes Rationalisierungspotential dieser sensationellen Fondsabgrenzung erkennen. Wenn nämlich der Netto-Bilanzfonds im Normalzustand stets Null ist, tendiert auch seine Gesamtveränderung gegen Null. Der Abschlußprüfer kann also bei dieser genialen Fondsabgrenzung auf die Erstellung der eigentlichen Kapitalflußrechnung verzichten, da deren Ergebnis ebenfalls gleich Null ist. Kopfzerbrechen bereitet noch ein gelegentlich auftretendes Nullwachstum.

Weicht der Wert des Netto-Bilanzfonds dagegen von seinem Normalzustand positiv oder negativ ab, so befindet er sich in seinem kritischen Stadium. Es liegt dann nämlich ein Verstoß gegen die Grundsätze ordnungsmäßiger Bilanzierung vor. Damit wird die uneigentliche Kapitalflußrechnung zu einem Frühindikator für die mögliche Einschränkung oder Verweigerung des Bestätigungsvermerks des Abschlußprüfers.

16 Die Extremitäten des Jahresabschlusses im maximierten Zustand, Kloster Emmental 1983.

2. *Der Netto-Nullfonds*

Eine andere Forschungsrichtung zielt auf den minimierten Finanzmittelfonds, bei dem nach umfangreicher Selektion sämtliche Aktiv- und Passivposten eliminiert sind. Diese Fondsgröße ist wie der Netto-Bilanzfonds in seinem Normalzustand ebenfalls gleich Null. *Bolzenknödel* spricht daher recht anschaulich vom Netto-Null-Fonds[17]. Der Vorzug dieses kühnen Ansatzes liegt in der Tatsache, daß sämtliche Investitions- und Finanzierungsvorgänge fondsunwirksame Veränderungen darstellen. Die eigentliche Kapitalflußrechnung wird damit überflüssig, was einen enormen Rationalisierungserfolg darstellt. Noch weitgehend ungenutzt als Entscheidungsinstrument für das Konzernmanagement ist der konsolidierte Netto-Null-Fonds. Hier wird noch erhebliche Aufklärungsarbeit durch den Konzernabschlußprüfer zu leisten sein.

V. Zukunftsweisende Perspektiven

Der abgesicherten Ableitung des Netto-Bilanzfonds und des Netto-Null-Fonds ist es zu verdanken, daß die eindrucksvolle Zwecklosigkeit der Kapitalflußrechnung wissenschaftlicher Kritik standhält und zum Allgemeingut praktischer Rechnungslegung wird. Zur weiteren wissenschaftlichen Durchdringung war im Arbeitskreis *von der Socke* angeregt worden, anstelle von Kapitalflußrechnung nur noch von „Capital Flow Account" zu sprechen. Die positive Veränderung des Finanzmittelfonds läßt sich dann als „Capital Super-flow" einwandfrei definieren; die eigentliche Kapitalflußrechnung wird zur Kapitalüberflußrechnung.

Wesentlich schwieriger wird eine passende Umschreibung der negativen Veränderung der Fonds zu finden sein. Die Bezeichnung

---

17 Weniger ist mehr, Zeitschrift für bilanzmäßige Fondsrechnungen (ZfbF), Heft 1. Siehe auch *Hebber,* Das komfortable Nullergebnis in Theorie und Praxis, Düsseldorf 1981.

„Capital Sub-flow“ konnte sich bisher durchsetzen. Sowohl von gewerkschaftlicher Seite wie auch aus Kreisen der Kreditwirtschaft wurde drauf hingewiesen, daß hier im Interesse einer Konjunkturbelebung ein stärker motivierender Begriff gefunden werden muß.

In 1995 wurde in Anlehung an internationale Rechnungslegungsgrundsätze eine neue Stellungnahme des *IDW* veröffentlicht[18]. Nach bisherigen Erfahrungen ist nicht zu befürchten, daß dadurch die einschlägigen Passagen des Berichtes des Abschlußprüfers verständlicher werden.

---

18 Stellungnahme HFA 1/1995, WPg 1995, S. 210 ff.

Unternehmensberatung tut not!

I. Grundprinzipien der Unternehmensberatung
II. Auftragsbeschaffung
III. Auftragsdurchführung
IV. Praktisches Beispiel: Management by Cash
V. Weitere Aussichten

Unternehmensberatung tut not!

Wenn die Zahl der Vorstandsmitglieder die Zahl der Kunden zu übersteigen droht, überwindet der Vorstand seine Einsamkeit, indem er kongeniale Unternehmensberater einschaltet. Generell verspüren Topmanager in ihren depressiven Phasen ein unwiderstehliches Verlangen nach Unternehmensberatung. Aus tiefstem Verantwortungsbewußtsein geben sie diesem Begehren nach, damit Betriebsblindheit durch systematische Gemeinplätze und lahme Geschäfte durch abstrakte Konzepte ersetzt werden. Mit Hilfe des Beraters werden kleine Fehlentscheidungen vermieden, während man der Katastrophe entgegentreibt.

I. Grundprinzipien der Unternehmensberatung

Wer sich der Unternehmensberatung zuwendet, muß ihre Grundprinzipien akzeptieren. Wichtigster Erfolgsfaktor der Unternehmensberatung sind plausible, aber ausreichend komplizierte Lösungen für nicht vorhandene Probleme, die mit aus großem Abstand lesbaren Schaubildern eingängig demonstriert werden können. Der schwierige Teil der Unternehmensberatung ist die systematische und überzeugende Problemfindung sowie die allfällige unternehmensindividuelle Problemlösung durch aufwendige Verfremdung des unternehmenseigenen Know-hows.

Der zweite Grundsatz der Unternehmensberatung lautet: „Fortiter in modo, banaliter in re“, d. h. „Knallhart in der Darstellung, banal in der Sache“. Dieser Grundsatz kann in seiner praktischen Bedeutung kaum überschätzt werden. Wirtschaftswissenschaftliche Gemeinplätze schaffen nämlich jene fruchtbare Atmosphäre des lockeren Verständnisses, in der das leicht verderbliche Pflänzlein der Unternehmensberatung gedeihen kann. Der professionelle Berater muß befähigt sein, in geschliffener Fachsprache Selbstverständliches und Unwesentliches akzentuiert hervorzuheben. Seine

Kunst besteht darin, daß er Banalitäten mutig ausspricht und durch angloamerikanische Ausdrücke griffig aktualisiert. Der Avantgarde der Unternehmensberatern ist es gelungen, allein durch die Bezeichnung „Management Consultance“ ihre anspruchvollste Betätigungsform selbst zu definieren. Mit anderen Worten: nicht wissenschaftlich oder empirisch untermauerte Aussagen, sondern das Fluidum der Kundennähe und strategischer Überlegenheit werden im Beratungsgeschäft gefordert[1].

Von einem souveränen Unternehmensberater wird erwartet:

- Abgewogene Distanz zur Realität
- Systematische Erfassung der Irrelevanz
- Geistige Durchdringung des Nichts
- Fundierte Interpretation des Banalen
- Sorgfältige Analyse des Unvorhersehbaren

Hinzu kommt ein sicheres Auftreten in allen Beratungslagen. Das zeigt sich schon an der äußeren Erscheinung. Der Berater muß sich entscheiden, ob er als konservativer und solider oder als dynamischer und modischer Beratertyp auftreten will. Während im ersten Fall ein dunkelblauer oder dunkelgrauer Anzug mit Weste angebracht sind, werden für den zweiten Typ Tätowierungen, Ohrring und Vollbart unabdingbare Modeattribute sein. Man hüte sich vor farblos wirkenden Zwischentypen; Konsequenz von der Leder- oder Gummisohle bis zur Frisur oder Toupet zeichnen den erfolgreichen Unternehmensberater aus.

Zum sicheren Auftreten gehört, daß der seriöse Berater selbst vor solchen Aufgaben nicht zurückschreckt, die ihn eindeutig überfordern. Grundfalsch wäre zum Beispiel das Eingeständnis, von einer bestimmten Branche nichts zu verstehen. Offenheit in dieser Richtung würde die Beziehung zum Kunden trüben und den Erfolg des Unternehmensberaters in Frage stellen. Von Partnern oder Geschäftsführern renommierter Beratungsfirmen wird vor allem

1 Eine gute Einführung in diese Kunst findet der geneigte Leser bei *Weatherstone,* Das Pragmanentum in Indien zur Kolonialzeit, 2. Auflage, Marburg 1965

Durchsetzungsvermögen bei der Auftragseinholung gefordert. Der Routinier verdeckt die Abwesenheit einschlägiger Kenntnisse durch seine verfeinerte Beratungsmethodik, die in aufwendiger Form allgemeine betriebswirtschaftliche Erkenntnisse preisgibt. Eine alte Beraterweisheit besagt: Wer nichts weiß, weiß immer noch mehr als diejenigen, die überhaupt nichts wissen.

Der Unternehmensberater gleicht einem Mann, der 49 Liebespositionen kennt, aber kein einziges Mädchen.

II. Auftragsbeschaffung

Zu den kapriziösen Mitteln der Auftragsbeschaffung gehören Vortragsveranstaltungen für Top-Manager mit anschließendem kalten Buffet. Die Vorträge sind so zu gestalten, daß bei den potentiellen Kunden der Wunsch nach Unternehmensberatung nicht unterdrückt werden kann. Zum reibungslosen Geschäftsablauf sind an der Garderobe vorbereitete Beratungsverträge auszulegen. Für den künftigen Mandanten ist es eine wesentliche Erleichterung, wenn die Stelle angekreuzt ist, an der er durch einfache Unterschrift den Beratungsvertrag zustandebringt.

Beim ersten Kontaktgespräch kommt es darauf an, in dem potentiellen Mandanten ein unwiderstehliches Verlangen nach Unternehmensberatung zu wecken. Hilfreich ist ein sicheres Gespür für modische Trends der Unternehmensführung. Heute ist die Matrixorganisation out, obwohl sie so gut wie nie funktioniert hat. Der zeitgemäße Berater schwärmt von Business Reengeneering oder Change-Management. Darüber hinaus erweisen sich brillante Formulierungen der folgenden Art als beratungsfördernd: „Wenn der Cash-flow in seinem liquiditätswirksamen Trend strategisch analysiert wird, läßt er sich im Feedback innerhalb eines integrierten Management-Deformations-Systems ökonomisch-wirtschaftlich final interpretieren“[2] Kann der Berater nachweisen, daß namhafte Kon-

2 *Flatterbacke,* Der finale Cash-flow, Bremen 1995, S. 182 ff.

kurrenten des potentiellen Mandanten bereits geduldige Beratungsopfer waren, wird sich das Beratungsverlangen sogar zur Beratungsgier (aviditas consultationis)[3] steigern.

Ein wichtiger Ansatzpunkt zur Erlangung des Beratungsauftrages ist die Rigor cartis[4], an der viele Top-Manager leiden. Dieses fast krankhafte Interesse an Organisations- und Ablaufplänen äußert sich in dem glühenden Eifer, jeden Geschäftsvorgang ohne Rücksicht auf unsinnige Verzögerungen in strikter Übereinstimmung mit den Linien und Pfeilen solcher Pläne abzuwickeln. Daher ist die „Optimierung von Geschäftsprozessen“ ein so großer Beratungserfolg.

Im übrigen wird der weitblickende Berater jede Auftragsformulierung akzeptieren, um dann unbeschadet des ihm erteilten Auftrages ihm zusagende Aufgaben zu wählen (selfcreated tasks), die er mit größter Perfektion konzeptionell bearbeiten wird. Etwa auftretende Störgefühle des Auftraggebers werden in der Regel durch die bald einsetzende Beratungsapathie des Mandanten (resignatio consultationis)[5] überwunden. Daher werden selbst falsch angesetzte Beratungsaufträge nur in Ausnahmefällen storniert.

III. Auftragsdurchführung

Auftakt jeder anspruchsvollen Unternehmensberatung ist die „Presentation“ (sprich: prisänteeschen), bei der das grundlegende Beratungskonzept in graphisch und farblich ansprechenden Umrissen visualisiert wird. Der um Anschaulichkeit bemühte Berater wird

3 Dieser Beratungsgier der Manager entspricht auf der Beraterseite der Konsultationstrieb (cupuditas cons.).Vgl. *Kalkfuß,* Symptome der Aviditas und Cupiditas cons., Heidelberg 1969.

4 Die Entdeckung der Rigor cartis ist *Peter* und *Hull* zu verdanken (Das Peter-Prinzip, Hamburg 1970, S. 149).

5 Zu Ursachen und Langzeitwirkungen siehe *Brunzel,* Managementapathie als Krankheit und Sozialproblem, Stuttgart 1977. Vertsändlich für den interessierten Laien: *Mullenkopp,* Das Los der Teilnahmslosen, Göttingen 1989.

seine wenigen Aussagen auf möglichst viele Schaubilder verteilen. Das vermeidet zu frühe Überforderung des potentiellen Mandanten und verleiht dem Vortrag des Beraters knisternde Spannweite und asketische Intelligenz. Für jedes Dia oder Chart ist der Name des Mandanten ein unerläßliches Gestaltungselement, wobei die Verwendung des Firmenlogos dringend anzuraten ist. Das schmeichelt nicht nur dem Mandanten und seiner Corporate Identity, sondern erweckt vor allem den Eindruck eines individuell für den Mandanten entwickelten Beratungskonzepts.

Bei die Auftragsdurchführung lassen sich folgende Phasen unterscheiden:

1. Analyse des Ist-Zustandes
2. Ausarbeitung des Konzepts
3. Durchführung des Vorschlages

Der veranschlagte Zeitraum für die Analyse- und Konzeptionsphase sollte nicht unter sechs Monaten liegen. Das demonstriert Gründlichkeit, Präzision und Ausdauer, zeigt die Schwere der nicht vorhandenen Probleme und wirkt sich günstig auf das Honorar aus. Merke: die teuersten Gutachten sind die qualifiziertesten!

Am Ende der ersten Phase ahnt der Unternehmensberater, welche Art von Empfehlungen von ihm erwartet wird und ein sensibler Auftraggeber kann vermuten, auf was er sich eingelassen hat. Bei der Detaillierung des Konzeptes erkennt der Berater anstehende Probleme und vermag diejenigen auszuwählen, die seinem universellen Beratungskonzept entsprechen. Sonst muß er Substitutionsprobleme aufgreifen.

Zur Durchführung von Beraterempfehlungen, professioneller spricht man von „Implementierung“, sollte es aus Kostengründen und zur Wahrung des Rufes des Beraters nicht kommen.

Die sachverstandsneutralen, aber konzeptionell vorgegebenen Problemlösungen – im Beratungsgeschäft allgemein als Know-how bezeichnet – werden dem Auftraggeber in Zwischenpräsentationen schrittweise offenbart. Zur Auflockerung der sonst als distanziert empfundenen Berichterstattung sollten einige brauchbare Verbesserungsvorschläge eingestreut werden, die der gewissenhaft vorgehende Berater durch Befragung der Betriebsangehörigen des Mandanten in Erfahrung bringt.

Im übrigen ist größte Sorgfalt auf das Layout der Graphiken und Übersichten zu legen. Kolorierte Graphiken, große Schriftzeichen und maximale Reduzierung des Inhaltes (höchstens drei Zeilen je DIN-A 4- Seite)[6] verleihen den Präsentationen der Berater oder den Beratungsgutachten ihre enorme Aussagekraft. Auf die Erstellung der unentbehrlichen visuellen Präsentationshilfen verwendet der gediegene Berater etwa 74,8 % seiner Gesamtarbeitszeit.

Droht dem Berater trotz aller Vorarbeit die Mitwirkung an der praktischen Umsetzung seiner Empfehlungen, so ist die finale Beratungsbremse (Frenum cons.)[7] zu betätigen, indem eine unabdingbare Voraussetzung für den Erfolg des Beratungskonzepts in die Expertise eingebracht wird, die das Topmanagement zum Erhalt seiner Position nicht akzeptieren kann. Diese beeindruckende „Professional Escape Method“ (PEM) soll das folgende Beispiel veranschaulichen: „Die notwendige Kostenreduzierung um 30 Prozent setzt voraus, daß die Bezüge der Gesellschafter-Geschäftsführer und der Mitarbeiter der Finanzbuchhaltung kurzfristig auf Akkordlohn umgestellt werden.“

6 Wohlwollende Beobachter des Beratungsgewerbes erklären diese Gewohnheit mit der Kurzsichtigkeit des Topmanagements. Vgl. *Lilienkrohn,* Die Sichtweise etablierter Führungskräfte, Frankfurt 1993, S. 112 m.w.N.

7 Die lateinische Bezeichnung mag den Laien verwundern. Sie stammen aus dem Beichtbüchlein für Berater, herausgegeben vom Kloster Ötztal aus Anlaß der 13. Konsultantenfreizeit; auszugsweise abgedruckt in : *Damasus Pinsel,* OSB, Gebet und Buße in unserer Zeit, Innsbruck 1992.

IV. Praktisches Beispiel: Management by Cash

Als praktisches Beispiel wird aus Gründen des Mandantenschutzes ein zeitlich zurückliegender Fall ausgewählt, das zum leichteren Verständnis stark vereinfacht wurde.[8] Durch persönliche Verbindungen zum Vorsitzenden des Aufsichtsrates konnte der Seniorpartner der Wallawalla Consulting Group (WC)[9] den Vorstand der Dysentery Coal Ltd. (DCL) beratungsempfänglich stimmen und nach Präsentation der WC und ihres neuen Management by Cash (MbC) eine zügige Auftragerteilung sicherstellen.

Die WC-Group hat mit einem Entwicklungsaufwand von nur 1750 Mannmonaten die theoretischen Grundlagen des MbC erarbeitet. MbC konnte aus dem marktgängigen Management by Objectives (MbO) durch sinnvolle Reduktion der Objectives entwickelt werden. MbC orientiert sich allein an der Maximierung des Einkommens des Top-Managements. Es verwirklicht den Profitcentergedanken in höchster Egozentration. Die Hauptschwierigkeit bei der Modellumsetzung war die Defrustration des mittleren und unteren Managements. Sie konnte dadurch erreicht werden, daß in die aufzustellende Systemmatrix sogenannte Schlupfmanager eingeführt und diese nach der bewährten Komplexmethode aufgelöst wurden.

Nach einem 14tägigen Workshop mit führenden Managern der DCL wurden für die Einführung des MbC bei DCL drei Phasen vorgesehen. In der ersten, drei Monate dauernden Phase wurden von der Beratungsfirma WC dreizehn Interviews mit dem Hauptkassierer der DCL durchgeführt, die Kassenbelege der letzten drei Geschäftsjahre nachgezählt und neu nummeriert sowie zwei Kassenbücher umgeschrieben. Ferner wurde die Anregung des Kassenboten, Kassenüberschüsse nur zweimal in der Woche bei der Bank ein-

8 Ähnlichkeiten mit lebenden oder sterbenden Unternehmen sind nicht zufällig, aber völlig unbeabsichtigt.

9 Diese virtuelle Beratungsgesellschaft soll dem Fall die erwartete Glaubwürdigkeit verleihen.

zuzahlen, von Mitarbeitern der WC gründlich überarbeitet und anhand von 246 imponierenden Dias als erste Teilimplementierung des MbC dem Vorstand der DCL vorgestellt.

Nach ordentlicher Abrechnung dieser Einführungsarbeiten wurden in der anschließenden Zwischenphase das Beraterteam von 4 auf 8 Fachberatern erweitert und die Anzahl der Interviews auf 27 gesteigert, wobei selbst unternehmensexterne Personen nicht verschont wurden. Die Empfehlung des Abschlußprüfers von DCL, die Lohn- und Gehaltszahlungen bargeldlos vorzunehmen, konnte WC dem Prüfungsbericht entnehmen, der ihr von einem Betriebsratsmitglied zugespielt wurde. Dieser Vorschlag konnte WC nach zweiwöchigem Studium in die eigenen Ausarbeitungen unverändert übernehmen. Aufgrund einer weiteren Zwischenpräsentation im Rahmen eines zweitägigen Projektmeetings wurde die WC-Empfehlung vom DCL-Vorstand gutgeheißen. Allerdings wurden die Gehaltszahlungen an das Top-Management aus Geheimhaltungsgründen von der Neuregelung ausgenommen. Damit war der Weg frei für die zweite und dritte Beratungsphase.

Im zweiten Beratungsabschnitt kam es darauf an, das allgemeine MbC-Konzept als spezielle DCL-Lösung weiter zu verfeinern. Dazu wurde als Rückgrat des MbC das Allgemeine managementorientierte Kassenbuch (AmoK)[10] zur unverzüglichen Einführung bei DCL nachdrücklich angeraten. In der von WC tatkräftig untermauerten Überzeugung, daß durch zeitnahe und verdichtete Daten auf seine Bedürfnisse zugeschnittene Informationen zu erhalten seien, stimmte der Vorstand der auf 13 Monate kalkulierten Einführungskampagne für das AmoK spontan zu.

Das AmoK wird aus Gründen der Aktualität alle vier Stunden abgeschlossen. Dabei werden die Belege pro Stunde auf einem Sammelbeleg zusammengefaßt und nur als Saldo gebucht (balance per hour = bph). An jedem Monatsende errechnet sich bei Zugrun-

---

10 *Mintze,* Die Grundlagen des AMOK, Monatshefte für den Kassierer, 1970 Heft 12; ders., EDV-Einsatz beim AMOK, in: *Schneider* (Hrsg.), Der professionelle Kassenwart, Frankfurt 1994, S. 213 ff.

delegung der 35-Stundenwoche der Cash-overflow nach der Formel: C = I - (S + t x 7 bph), wobei mit I der tatsächliche Kassenbestand (Istbestand), mit S der Sollbestand laut Kassenbuch und mit t die Anzahl der Arbeitstage im abgelaufenen Monat gemeint sind.Da nur die bph im AMOK eingetragen werden, ist lediglich der Teil der Kassenbelege aufbewahrungspflichtig, dessen Summe die bph, d.h. also den eingetragenen Einnahmen- und Ausgabensaldo ergibt. Die Auswahl der aufzubewahrenden Belege kann entsprechend der jeweiligen Kassenstrategie bestimmt werden. Um die wiederholt anstehenden Entscheidungen auf eine möglichst breite Basis zu stellen, empfahl WC, von potentiellen Einzahlern und Geldempfängern Blankobelege anzufordern, die dann zweckgerecht ausgefüllt werden können.

Aufkommende Zweifel der vier Bankenvertreter im Aufsichtsrat von DCL an der Zweckmäßigkeit dieser sonst einleuchtenden Empfehlung konnte der Vorstand durch Hinweise auf die ungeheuren Rationalisierungseffekte im Keim ersticken. Besonderen Eindruck machte die Tatsache, daß die zeitraubenden Gänge des Kassenboten zu einem kurzen AmoK-Lauf zusammengefaßt werden konnten.

Die dritte Phase der Auftragsdurchführung steht noch aus, da sich DCL aus noch ungeklärter Ursache in Zahlungsschwierigkeiten befindet. Von der bei optimistischer Einschätzung der Situation nicht auszuschließenden Rückkehr der Vorstandsmitglieder von DCL, die angabegemäß günstige Geldanlagen in Südamerika untersuchen, erhofft sich WC neue Impulse für sein Beratungsgeschäft.

V. Weitere Aussichten

Die Unternehmensberatung hat sich zu einem großspurigen Geschäft entwickelt, das auch in Zukunft hohe Wachstumraten erwarten läßt. Es gibt angesichts der komplexen Einflüsse auf den Unternehmenserfolg trotz aller Simplizität der Unternehmensführung einen ständigen Beratungsbedarf. Die Bäume werden aber auch hier nicht in den Himmel wachsen, denn die nachhaltigen Erfahrungen zeigen, daß die Unternehmensberatung nicht verhindern kann, daß viele Unternehmen erfolgreich geführt werden.

Der hohe Anspruch an die Unternehmensberatung beruht auf dem Konsultations-Theorem von Prof. Dr. *I. M. Perfect*[11]: „Unternehmensberatung ist äußerst notwendig, weil sie dringend erforderlich ist". Der skeptischen Bemerkung ignoranter Beratungsmuffel, auch Berater können irren, muß entgegengehalten werden, daß Berater in jedem Fall anders irren und schon deshalb ihr Geld[12] wert sind.

---

11 *Perfect,* The Consultation Theorem, Boston 1960; *Zwerger,* Das Konsultations-Theorem in Theorie und Praxis, München 1982.

12 Mit diesem üblichen, aber wenig präzisen Ausdruck ist das Geld des Mandanten gemeint, das er für den Berater ausgibt und das damit dessen Geld wird.

Stichwortverzeichnis

R

S

T

U